Languedoc Roussillon

Marianne Bongartz

Reise-Taschenbuch

Inhalt

Schnellüberblick 8
Südfrankreich wie im Bilderbuch 10
Lieblingsorte 12

Reiseinfos, Adressen, Websites

Informationsquellen	16
Wetter und Reisezeit	18
Rundreisen planen	20
Anreise und Verkehrsmittel	22
Übernachten	24
Essen und Trinken	27
Aktivurlaub, Sport und Wellness	30
Feste und Unterhaltung	34
Reiseinfos von A bis Z	38

Panorama – Daten, Essays, Hintergründe

Steckbrief Languedoc-Roussillon	44
Geschichte im Überblick	46
Mensch und Natur im Einklang – Parc National des Cévennes	50
Sand, Wind und Mücken – die Küste des Midi	54
Frischer Wind für neue Energie – *parc éoliens*	58
Der Weinbau im Languedoc – Wohl und Wehe der Wirtschaft	60
Klasse statt Masse – die Weine des Midi	62
Archäologische Puzzlesteine – auf den Spuren der Römer	65
Kreuzzug gegen die Katharer – die Vernichtung der Vollkommenen –	69

Inhalt

Zuflucht und Verteidigung – Burgen, Forts, Wehrdörfer	72
Im Rausch der Farben – die Fauvisten in Collioure	76
Okzitanien und Katalonien – zwei Flaggen, zwei Kulturen	78
Rote Barke gegen blaue Barke – *joutes nautiques*	81
Im Büßergewand durch Perpignan – *la Sanch*	84

Unterwegs im Languedoc-Roussillon

Zwischen Ardèche und Camargue 88
Pont-St-Esprit 90
Gorges de l'Ardèche 91
Barjac 92
Vallée de la Cèze 95
Lussan 96
Alès 96
Vézénobres 97
Uzès 97
Pont du Gard 101
Villeneuve-lez-Avignon 103
Beaucaire 104
Nîmes 106
Sommières 113
St-Gilles 117
Petite Camargue 118
Aigues-Mortes 119
Le Grau-du-Roi 124
La Grande-Motte 125

Montpellier, Küste und Hinterland 126
Montpellier 128
Sète 141
Etang de Thau 148
Agde 150
Pézenas 152
Terrasses du Larzac 154
Gorges de l'Hérault 155

Inhalt

St-Guilhem-le-Désert	155
Pic St-Loup	158
Cirque de Navacelles	159
Lodève	160

Vom Canal du Midi ins Haut-Languedoc — 164
Béziers	166
Clermont-l'Hérault	176
Orb und Jaur	178
St-Pons-de-Thomières	180
Minervois	181
Montagne Noire	181
Canal du Midi	000

Pays Cathare und Pays Narbonnais — 188
Carcassonne	190
Castelnaudary	195
Limoux	196
Quercorb	197
Von Limoux nach Axat	198
Château de Puilaurens	198
Gorges de Galamus	200
Château de Peyrepertuse	200
Cucugnan	201
Château de Quéribus	201
Villerouge-Termenès	201
Lagrasse	204
Abbaye de Fontfroide	205
Narbonne	206
Montagne de la Clape	210
Gruissan	211
Etang de Bages	214
Etang de Leucate	215
Forteresse de Salses	217
Tautavel	217

Roussillon und Pyrenäen — 218
Perpignan	220
Elne	226
St-Cyprien	226
Argelès-sur-Mer	227
Côte Vermeille	228
Collioure	230
Port-Vendres	234
Banyuls-sur-Mer	235
Céret	236

Vallespir	237
Aspres	238
Prades	243
Pic du Canigou	244
Villefranche-de-Conflent	244
Mont-Louis	248
Capcir	248
Cerdagne	248
Lozère und Cevennen	**252**
Millau	254
Gévaudan	256
Aubrac	257
Margeride	259
Mende	260
Mont Lozère	261
Régordane	261
Le Pont-de-Montvert	262
Florac	263
Gorges du Tarn	265
Causse de Sauveterre	268
Causse Méjean	268
Meyrueis	269
Mont Aigoual	274
Le Vigan	275
Corniche des Cévennes	276
Vallée des Camisards	276

Auf Entdeckungstour

Course camarguaise – es lebe der Stier!	114
Austernzucht im Etang de Thau – ein Leben an der Kordel	146
Résurgence de la Vis – eine geheimnisvolle Quelle	162
Oppidum d'Ensérune – Ausgrabungen und Ausblicke	174
Canal du Midi – unter grünem Gewölbe	184
Salin de l'Ile St-Martin – Naturkunde und Chemie	212

Inhalt

Klöster am Fuß der Pyrenäen –
    Schmuckstücke der Romanik   240
Train Jaune –
    der kleine Bolide der Cerdagne   246
Aven Armand –
    im Urwald der 400 Stalagmiten   272
Musée du Désert –
    Glaubensstärke in den Cevennen   278

Karten und Pläne

Nîmes   111
Montpellier   134
Cirque de Navacelles   163
Béziers   169
Canal du Midi   186
Carcassonne   195
Narbonne   209
Perpignan   223
Train Jaune   247

▶ Dieses Symbol im Buch verweist auf die
Extra-Reisekarte Languedoc-Roussillon

Willkommen im Midi

Schnellüberblick

Vom Canal du Midi ins Haut-Languedoc
Von der Kathedrale in Béziers blickt man hinab auf den Orb und den Canal du Midi, der sich durch das Weinland des Biterrois und Minervois Richtung Westen schlängelt. Über die Rebenhügel erhebt sich das Haut-Languedoc, ein grünes Paradies für Sommerfrischler und Aktivurlauber.
S. 164

Pays Cathare und Pays Narbonnais
Über die Ebene der Aude erhebt sich Carcassonne mit imponierender Zinnenkulisse. In den ruppigen Corbière tragen Burgruinen auf steilem Fels sowie mittelalterliche Abteien die Stigmata der Katharerfeldzüge. Nahe am Meer lockt Narbonne, einst älteste Kolonie Roms, mit mächtiger Kathedrale und provinziellem Charme. S. 188

Roussillon und Pyrenäen
In Perpignan wähnt sich der Reisende schon fast in Spanien. Südlich der Stadt findet die Sandküste in den Felsen der Côte Vermeille ihr grandioses Ende. Keine Autostunde von den Stränden entfernt laden die alpinen Pyrenäentäler zum Wandern und Skifahren ein. Am Fuß des Canigou warten romanische Klöster auf Entdeckung. S. 218

Lozère und Cevennen
Von herber Schönheit zeigt sich die dünn besiedelte Bergregion um den Mont Lozère. Naturfreunde schwärmen von den unendlichen Weiten der Causses und der wild romantischen Felswelt der Gorges du Tarn. Die zerklüfteten Täler der Cevennen waren seit jeher ein Zufluchtsort für Aufständische und Freigeister. S. 252

Zwischen Ardèche und Camargue
Im Sommer ist die atemberaubende Schlucht der Ardèche das Ziel der Kanusportler. In den Hügeln der Garrigue laden der Pont du Gard und das traditionsreiche Nîmes zu einem Streifzug durch die Antike ein. In der Petite Camargue lebt der Mythos der schwarzen Stiere und weißen Pferde weiter. S. 88

Montpellier, Küste und Hinterland
Montpellier gibt sich selbstbewusst, schick und dynamisch – hemdsärmelig dagegen das Gehabe der Hafenstadt Sète. Der Etang de Thau ist als Mekka der Austernzucht bekannt. Im Hinterland sorgen der Cirque de Navacelles und die Schlucht des Hérault mit dem Klosterdorf St-Guilhem-le-Désert für Spannung. S. 126

Die Autorin

Mit Marianne Bongartz unterwegs
Während eines Auslandssemesters hat Marianne Bongartz ihre Liebe zu Frankreich und speziell zum Süden des Landes entdeckt. Seit mehr als 20 Jahren bereist sie regelmäßig das Languedoc-Roussillon – für sie eine der abwechslungsreichsten Regionen am französischen Mittelmeer. Nach einer mehrjährigen Tätigkeit im Verlagsbereich arbeitet sie seit 2005 freiberuflich als Reisejournalistin, Fotografin und Lektorin, wobei sie mehrere Monate im Jahr in ihrer Wahlheimat lebt. Bei DuMont hat sie mehrere Reiseführer veröffentlicht.

Südfrankreich wie im Bilderbuch

Mehr als 300 Tage Sonnenschein im Jahr, endlos lange Sandstrände, moderne, durchorganisierte Ferienzentren – all dies bietet das Languedoc-Roussillon. Und dennoch ist die Region an der französischen Mittelmeerküste hierzulande kaum bekannt.

Die Verheißungen des Midi

Im Gegensatz zu ihren prominenten Nachbarn Provence und Côte d'Azur schwingen im Namen »Languedoc-Roussillon« nicht die Verheißungen des Südens mit. Völlig zu Unrecht! Denn vor allem im Hinterland der Region ist die unverfälschte südfranzösische Provinz – der echte *midi* – noch zu finden: Weit verstreut in der Landschaft liegen archaisch anmutende Dörfer und Bauernhöfe. Aus den sonnendurchglühten Hügeln der Garrigue steigt der Duft von Rosmarin, Thymian und Lavendel, während das unermüdliche Zirpen der Zikaden die Luft vibrieren lässt. Boulespieler schieben im Schatten von Platanen eine ruhige Kugel, während nebenan im Café die Alten bei einem Gläschen *rouge* sitzen. Und auf den opulenten mediterranen Wochenmärkten bleibt zwischen dem Einkauf für das Mittagessen allemal Zeit für ein Schwätzchen mit Nachbarn und Bekannten.

Amphitheater am Mittelmeer

Wie ein weitläufiges antikes Theaterrund öffnet sich das Languedoc-Roussillon zum Mittelmeer hin. Die Bühne des Theaters bildet die 220 km lange und bis zu 40 km breite Küstenebene, die sich von der Marschlandschaft der Camargue bis hin zur Côte Vermeille an den Füßen der Pyrenäen erstreckt. An die fünf Millionen Urlauber finden hier ideale Bedingungen für die ›schönsten Wochen‹ des Jahres. Aber auch dauerhaft zieht es mehr Menschen denn je auf der Suche nach dem mediterranen Savoir-vivre an die Küste des Languedoc-Roussillons.

Ganz anders dagegen präsentiert sich das bergige Hinterland des

Spaziergang unter Platanen am Canal du Midi

Languedoc-Roussillon, das mit den weiten baumlosen Hochplateaus der Causses und den von Wind und Wetter gebeutelten Cevennengipfeln die am dünnsten besiedelten Gebiete Frankreichs aufweist. Ein Land von ungezähmter und zuweilen schwer zugänglicher Schönheit. Wasserläufe haben hier zauberhafte Unterwelten geschaffen, wildromantische Schluchten gefurcht und atemberaubende Felslandschaften geformt.

Es lebe der Unterschied!

Das Languedoc-Roussillon offenbart sich als eine Region der Kontraste, in der jeder seinen persönlichen Wunschurlaub verwirklichen kann. Kunstfreunde entdecken in einer vom römischen Erbe geprägten Kulturlandschaft Zeugnisse aus mehr als 2000 Jahren Geschichte. Sonnenanbeter und Wassersportfans profitieren von den weiten Stränden am *grande bleue*, während Wanderer fernab des Meeres in den Cevennen oder den Pyrenäen Ruhe und Einsamkeit finden. Wasser- und Klettersportler schwärmen von den Schluchten der Ardèche und des Tarn, Pferdeliebhaber finden auf dem Rücken weißer Camargue-Pferden im sumpfigen Rhône-Delta ihr Glück. Wer es etwas weniger aufregend mag, dem ist eine Bootsfahrt auf dem Canal du Midi, mitten durch endlose Rebenmeere und vorbei an verschlafenen Winzerdörfern, zu empfehlen.

Bei all dem kommen aber auch die Liebhaber französischer Tafelfreuden garantiert auf ihre Kosten: Fisch und Muscheln aus dem Meer und den Etangs werden ebenso in schmackhaften Kreationen angeboten wie deftige Eintöpfe aus den Bauernküchen des Hinterlandes und diverse Käsesorten von den Ziegenfarmen der Causses. Hierzu liefert das Languedoc-Roussillon als Frankreichs größter Weinberg vollmundige Rotweine, spritzige Rosés und fruchtige Weißweine. Ausgeschilderte Weinstraßen führen zu Châteaux und Domänen, deren Keller nicht selten zu einer *dégustation* verführen.

Eines jedoch ist gewiss: Ein einziger Urlaub reicht bei weitem nicht aus, um alle Schätze der Region zu bergen! Und so wird man sich wiedersehen im Languedoc-Roussillon.

Place de la Comédie – sehen und gesehen werden, S. 130

Pointe de l'Espiguette – baden und beachen, S. 122

Lieblingsorte!

Ecluses de Fonséranes – Spektakel an den Schleusen, S. 170

Bar des Templiers – wie im Kunstsalon, S. 232

**Abbaye de Fontfroide –
Einkehr im Kloster, S. 202**

**Place aux Herbes –
Marktbummel in Uzès, S. 98**

Auf der Comédie in Montpellier einen Kaffee schlürfen, in Uzès über den bunten Wochenmarkt schlendern, an den Ecluses de Fonséranes die Manöver der Skipper beobachten oder in der Bar des Templiers in Collioure zwischen unzähligen Gemälden den Abend ausklingen lassen. In der Abbaye de Fontfroide die Eleganz des Kreuzgangs ebenso bewundern wie die robuste Bauweise der Ferme Caussenarde. In den Dünen am Leuchtturm von Espiguette in der Sonne faulenzen oder durch die alpine Bergwelt der Pyrenäen wandern. Immer wieder erstaunt das Languedoc-Roussillon durch die Vielfalt seiner Landschaften, Architektur und Atmosphäre. Einige Orte üben eine ganz besondere Faszination aus, ihr Besuch ist jedes Mal aufs Neue ein wundervolles Erlebnis.

**Tour des Etangs – Bergseen und
schneebedeckte Gipfel, S. 250**

**Ferme Caussenarde d'Autrefois –
eine Reise in die Vergangenheit, S. 270**

Reiseinfos, Adressen, Websites

Die Caféterrassen in Perpignans Altstadt sind bis spät in die Nacht gut besucht

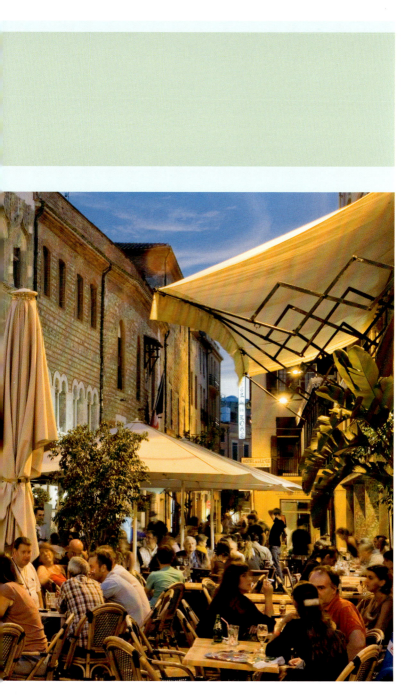

Informationsquellen

Infos im Internet

Die meisten Fremdenverkehrsämter und Hotels, viele Sehenswürdigkeiten und Sportveranstalter haben eine eigene Homepage. Die Websites stehen außer in Französisch oft auch in Englisch und Spanisch, seltener in Deutsch zur Verfügung. Bei der Suche im World Wide Web entfallen die im Französischen üblichen Akzente.

www.franceguide.com
Die Homepage des Maison de la France beantwortet u. a. reisepraktische Fragen und stellt Links zu den Regionen her (u. a. Deutsch).

www.frankreich-info.de
Das umfangreiche Frankreich-Portal ist von Deutschen für Deutsche gemacht, u. a. mit Community-Seite, Blog und Forum.

www.sunfrance.com
Das Regionale Fremdenverkehrsamt gibt einen Überblick über Kultur und Geschichte, Land und Leute im Languedoc-Roussillon. Dazu gibt es einen Veranstaltungskalender, eine Hotel- und Campingplatzsuche sowie die Möglichkeit zum Download von Broschüren (u. a. Deutsch).

www.cr-languedocroussillon.fr
Die Regionalbehörde veröffentlicht politische, wirtschaftliche und kulturelle Beiträge (Französisch).

www.audetourisme.com
Portal des CDT Aude (Fremdenverkehrsamt des Département Aude): Narbonne und die Küste, Carcassonne, Canal du Midi, Corbières und Katharerburgen (u. a. Deutsch).

www.tourismegard.com
Portal des CDT Gard: Nîmes, Uzès, Pont du Gard, Rhônetal, Petite Camargue und Cevennen (Französisch, Englisch).

www.herault-tourisme.com
Portal des CDT Hérault: Montpellier, Béziers, Sète, Etang de Thau und die Küste, Hérault-Tal, Haut Languedoc, Minervois (u. a. Deutsch).

www.lozere-tourisme.com
Portal des CDT Lozère: Mende, Aubrac, Margeride, Mont Lozère, Cevennen, Causses und Gorges (u. a. Deutsch).

www.pyreneesorientales tourisme.com
Portal des CDT Pyrénées Orientales: Perpignan und die Sandküste, Collioure und die Côte Vermeille, Pyrenäen mit Cerdagne, Conflent, Vallespir, Capcir (u. a. Deutsch).

www.midilibre.com
Die Regionalzeitung gibt online Veranstaltungshinweise sowie Tipps für den Restaurantbesuch und für Ausflüge (Französisch).

www.canaldumidi.com
www.canalmidi.com
Geschichte des Canal du Midi, seine Sehenswürdigkeiten sowie praktische Infos (Französisch, Englisch).

http://portail.cathares.org
Viele wissenswerte Informationen über die Katharer, jedoch unübersichtlich aufgebaut und mit kommerziellen Einträgen vermischt (Französisch).

www.fraclr.org
Informationen über die zeitgenössische Kunst in der Region (Französisch).

Reiseinfos

www.languedoc-wines.com
www.coteaux-languedoc.com
www.vins-du-roussillon.com
Vorstellung der AOC-Weinbaugebiete im Languedoc bzw. im Roussillon.

Informationsstellen

Französisches Fremdenverkehrsamt – Maison de la France
... in Deutschland
Zeppelinallee 37
60325 Frankfurt a. M.
Tel. 090 01 57 00 25 (0,49 €/Min.)
info.de@franceguide.com

... in Österreich
Lugeck 1–2, Stg. 1, Top 7
1010 Wien
Tel. 09 00 25 01 15 (0,68 €/Min)
info.at@franceguide.com

... in der Schweiz
Rennweg 42
8021 Zürich
Tel. 04 42 17 46 00
info.ch@franceguide.com

Fremdenverkehrsamt der Region
Comité Régional du Tourisme du Languedoc-Roussillon (CRT)
L'Acropole, 954, av. Jean Mermoz
34960 Montpellier Cedex 2
Tel. 04 67 20 02 20

Informationen vor Ort
Informationen über die fünf Départements der Region erteilt das jeweilige **Comité Départemental du Tourisme (CDT)**. Auf ihren Websites (s. o.) kann man die Veröffentlichungen einsehen, online bestellen oder herunterladen.

In nahezu jedem Dorf findet man ein **Office du Tourisme** oder ein **Syndicat d'Initiative**. In den kleinen Ortschaften sind sie oft im Rathaus, der *mairie*, untergebracht.

Lesetipps
Alphonse Daudet: Briefe aus meiner Mühle. Frankfurt a. M. 2000. Erzählungen aus dem südfranzösischen Leben im ausgehenden 19. Jh.
Lion Feuchtwanger: Der Teufel in Frankreich. Berlin 2000. Ergreifende Schilderung der Zustände in den Internierungslagern in Südfrankreich.
Lisa Fittko: Mein Weg über die Pyrenäen. Erinnerungen 1940/41. München 2004. Die Autorin und ihr Mann verhalfen Verfolgten des Nazi-Regimes in Cerbère zur Flucht nach Spanien.
Michèle Gazier: Die Blaumerle. Weitra in Österreich 2006. Ein Einwanderer aus Algerien erschleicht sich das Vertrauen eines Ehepaars, das zurückgezogen in Uzès lebt. Doch der vermeintliche Betrüger bereichert das einsame Leben der alten Leute.
Ernest Hemingway: Der Garten Eden. Reinbek 1999. Die ersten Szenen des Romans um ein frisch vermähltes Paar spielen 1946 in Le Grau-du-Roi, damals noch ein verschlafenes Fischerdorf.
Ian McEwan: Schwarze Hunde. Zürich 1996. Der Ich-Erzähler ergründet, woran die Ehe seiner Schwiegereltern Bernard und June zerbrach. Seine Reise führt ihn ins Nachkriegsjahr 1945 und zum Cirque de Navacelles.
Claude Simon: Die Trambahn. Köln 2002. Erinnerungen des Literatur-Nobelpreisträgers an seine Jugendjahre in Perpignan.
Kurt Tucholsky: Ein Pyrenäenbuch. Frankfurt 2007. In seinen Reiseimpressionen schildert Tucholsky u. a. den Aufstieg zum Canigou.
Birgit Vanderbeke: Die sonderbare Karriere der Frau Choi. Frankfurt a. M. 2007. In einem Dorf bei Uzès ereignen sich einige seltsame Todesfälle. Der Verdacht fällt auf Frau Choi, Besitzerin eines koreanischen Restaurants.

Wetter und Reisezeit

Ein Platz an der Sonne

Laut Statistik scheint im Languedoc-Roussillon an 300 Tagen im Jahr die Sonne. Doch in den Cevennen, im Haut-Languedoc, in der Montagne Noire und in den Pyrenäen sind Regentage auch im Sommer durchaus keine Seltenheit. Nur an der Küste steigt die Quecksilbersäule im **Juli und August** auf Rekordhöhen von weit über 30 °C, und zeitweise liegt eine lähmende Schwüle über dem Land. Für eine Erfrischung sorgen Mistral bzw. Tramontane. Mit schöner Regelmäßigkeit fegen diese kräftigen kühlen Nord- und Nordwestwinde von den Bergen herunter und putzen den Himmel blank.

Die schönsten Reisemonate sind **Mai, Juni und September.** Sie eignen sich gleichermaßen für einen Aktivurlaub wie für Entdeckungsfahrten. Die touristische Infrastruktur ist voll funktionsfähig und die sehenswerten Ziele sind nicht überlaufen. An der Küste ist es mit über 20 °C angenehm warm. Im Mai erreicht das Meer Badetemperatur und hält diese bis in den Oktober. Die Strände sind, abgesehen von den Wochenenden und Feiertagen, nur mäßig besucht, und man kann seinen Platz an der Sonne frei wählen.

Im **März und April** sind stabile Schönwetterperioden mit milden 15° bis 20 °C keine Seltenheit, während die Berggipfel der Pyrenäen noch eine dicke Schneehaube tragen. Im **Herbst** können heftige Gewitter mit sintflutartigen Regenfällen auftreten, die nicht selten zu bedrohlichen Überschwemmungen führen.

Der **Winter** ist an der Küste mit durchschnittlich 12 °C mild, aber regnerisch. Die Touristenzentren am Meer sind von Anfang November bis März verwaist. Außerhalb der Städte schließen viele Unterkünfte und Restaurants, und Sehenswürdigkeiten sind nur eingeschränkt geöffnet. Hochsaison haben hingegen von etwa Dezember bis in den März die Wintersportzentren in den Cevennen und Pyrenäen.

Einen **Wetterbericht** findet man im Internet unter www.meteo.fr

Hochwasser

Die mit den Herbststürmen einhergehenden Hochwasser sind im Languedoc ein bekanntes Naturphänomen, da der poröse, nach dem Sommer ausgetrocknete Kalkboden den Regen nicht speichern kann. So lassen kurze, aber kräftige Niederschläge rinnsalgroße Bäche in kürzester Zeit zu reißenden Flüssen anschwellen. Schilder mit der Aufschrift »*Route submersible en temps de pluie!*« warnen entlang

Klimadiagramm Languedoc-Roussillon

Reiseinfos

Am Strand sorgt der Eismann für Erfrischung

der Flussufer vor plötzlicher Überflutung der Straßen. Ungeachtet dieser Warnhinweise gibt es immer wieder Menschenleben zu beklagen.

Hochsaison

Wer nicht an die Schulferien gebunden ist, sollte im Juli und August keinen Urlaub am Meer planen: Verstopfte Straßen, überfüllte Strände, ausgebuchte Hotels und Campingplätze und dazu Preise auf Höchstniveau sind während der Hauptsaison im Midi so selbstverständlich wie blauer Himmel und Sonnenschein. Allerdings finden während dieser Zeit die ausgelassensten Feste statt. Selbst die kleinsten Dörfer bieten ein umfangreiches Unterhaltungsprogramm. Die Sehenswürdigkeiten und Freizeitattraktionen sind vielerorts durchgehend geöffnet. Wenngleich nun auch im Hinterland die touristischen Highlights stark frequentiert sind, kann man hier abseits der Touristenpfade einen relativ ruhigen und naturnahen Urlaub verleben.

Kleidung und Ausrüstung

Je nach Neigung kommen Badeutensilien, Wanderausrüstung oder Fahrradkleidung in den Koffer. Schickere Garderobe ist für den Besuch gehobener Restaurants oder Diskotheken erforderlich. Auch wer einen reinen Badeurlaub im Sommer plant, sollte einen warmen Pullover, lange Hosen sowie leichte Regenkleidung einpacken. Sonnenschutz benötigt man am Meer ebenso wie in den Bergen. Langärmelige Oberteile und beinlange Hosen empfehlen sich nicht nur gegen Sonnenbrand, sondern auch gegen Insektenstiche. Sandalen aus Kunststoff leisten an felsigen Stränden und an kiesigen Flussufern gute Dienste. Für den Stadtbummel und Besichtigungstouren sollte man bequeme Laufschuhe dabei haben.

Rundreisen planen

In drei Wochen kann man sich einen ersten Überblick über die gesamte Region Languedoc-Roussillon verschaffen. Aber nicht jeder wird so viel Zeit haben. Daher ist der folgende Tourenvorschlag in drei Etappen unterteilt.

Sieben Tage im Gard und Hérault

Den Auftakt der ersten Etappe bilden die grandiosen **Gorges de l'Ardèche**, die von Pont-St-Esprit aus auf einer Panoramastraße zu bewundern sind. Man verlässt die Schlucht in Richtung Süden und gelangt über **Uzès** zum antiken **Pont du Gard**. Am Abend lädt das nahe **Nîmes** mit vielen Cafés und Restaurants zu eine Bummel ein (Tag 1, ca. 180 km). Bei der Besichtigung von **Nîmes** stehen die Arena und die Maison Carré als wichtigste Zeugen der römischen Vergangenheit im Mittelpunkt (Tag 2). Weiter geht es durch die Petite Camargue – mit Stopps in **Aigues-Mortes, Le Grau-du-Roi** und **La Grande-Motte** – nach Montpellier. Unterwegs ergibt sich vielleicht die Gelegenheit, bei einer *course camarguaise* die Traditionen der Camargue hautnah zu erleben. Ansonsten bleibt Zeit für ein Bad im *grande bleue* – am schönsten ist die Plage de L'Espiguette (Tag 3, ca. 100 km). Für **Montpellier**, die quirlige Hauptstadt des Languedoc-Roussillon, sollte ein kompletter Tag reserviert werden. Ein Stadtspaziergang führt von der Place de la Comédie durch die Altstadt und in das moderne Viertel Antigone. Kunstliebhaber wird das neu eröffnete Musée Fabre begeistern (Tag 4). Ins Hinterland von Montpellier locken der spektakuläre Felsenkessel des **Cirque de Navacelles** sowie das Tal des Hérault mit dem mittelalterlichen Klosterdorf **St-Guilhem-le-Désert** (Tag 5, ca. 220 km). Noch keine Stunde entfernt von Montpellier liegen **Sète**, Frankreichs größter Fischereihafen am Mittelmeer, sowie der Küstensee **Etang de Thau**, landesweit bekannt für die Austernzucht. Es empfiehlt sich, hier oder weiter westlich in Beziers ein Quartier zu suchen (Tag 6, ca. 80 km). Die alte Weinkapitale **Béziers** besitzt eine verwinkelte Altstadt mit einer schattigen Esplanade und einer trutzigen Kathedrale hoch über dem Orb. Besondere Attraktion am Stadtrand ist die neunstufige Schleuse von **Fonséranes**. Hier starten Ausflugsboote zu einer Fahrt über den Canal du Midi (Tag 7).

Sechs Tage im Aude und Roussillon

Zu Beginn der zweiten Etappe steht **Narbonne** – einst die älteste Kolonie Roms und heute ein reizendes Provinzstädtchen mit imponierender Kathedrale – auf dem Programm. Am Nachmittag bleibt Zeit für den Besuch der Abtei von **Fontfroide**. Die Nacht verbringt man am Meer bei **Gruissan** (Tag

Reiseinfos

Fünf Tage in Lozère und Cevennen

Über die A 75 und das **Viaduc de Millau,** ein architektonisches Meisterwerk des 21. Jh., ist man von der Küste aus in zwei Stunden in **Mende,** der Hauptstadt des Lozère. Stolz reckt sich die mächtige Kathedrale Notre-Dame-et-St-Privat mit ihrem markanten ungleichen Turmpaar über das schmucke Städtchen am Ufer des Lot (Tag 1, ca. 200 km). Von dort führt eine Tour durch die raue Granitwelt des **Mont Lozère** zum Städtchen **Florac** (Tag 2, ca. 150 km). Völlig andere Eindrücke vermittelt eine Fahrt durch die Steppenlandschaft auf dem **Causse Méjean** und nach **Meyrueis.** Je nach Interesse lässt man sich dabei entweder von der unterirdischen Zauberwelt im **Aven Armand** beeindrucken oder man beobachtet die Geier in der **Gorges de la Jonte** (Tag 3, ca. 100 km). Ein absolutes Highlight sind die wilden **Gorges du Tarn,** die man am besten von **La Malène** aus im Kanu erkundet (Tag 3, ca. 120 km). Den Abschluss der dritten Etappe bildet eine Fahrt über die Panoramastraße der **Corniche de Cévennes,** die sich über mehrere Pässe hinunter nach **Anduze,** Hochburg des Protestantismus in Frankreich, schlängelt (Tag 5, ca. 70 km).

1, ca. 50 km). Absolutes Highlight ist weiter westwärts **Carcassonne,** dessen mit Zinnen und Türmen gespickte Burg das Mittelalter heraufbeschwört (Tag 2, ca. 70 km). Von Carcassonne aus geht es durch die wilde Hügellandschaft der Corbieres – hier stellt der beschwerliche Aufstieg zur Ruine der Katharerburg von **Peyrepertuse** eine unbedingt lohnenswerte Herausforderung dar – und weiter in die Pyrenäen zur Vauban-Feste **Mont-Louis** (Tag 3, ca. 160 km). Sportliche Naturen werden den Folgetag für eine Wanderung durch die alpine Bergwelt am **Lac des Bouillouses** nutzen, während Eisenbahnfans die **Cerdagne** im Train Jaune erkunden (Tag 4). Auf dem Weg zur Küste lohnen das Festungsstädtchen **Villefranche-de-Conflent** sowie die romanische Abtei **St-Martin-du-Canigou** einen Besuch. Der Nachmittag und Abend gehören **Perpignan,** das geistige und kulturelle Zentrum Kataloniens diesseits der Pyrenäen (Tag 5, ca. 80 km). Tief im Süden der Region bezauberte die **Côte Vermeille** mit dem pittoresken Fischerstädtchen **Collioure** bereits zahlreiche Maler zu Beginn des 20. Jh. (Tag 6, ca. 100 km). Die Fahrt zurück Richtung Norden könnte man am **Forteresse de Salses** unterbrechen, das einst die Grenze nach Spanien markierte.

Anreise und Verkehrsmittel

Einreisebestimmungen

Ausweispapiere

Bürger der EU und Schweizer benötigen einen gültigen Personalausweis bzw. Reisepass. Kinder müssen im Reisepass der Eltern eingetragen sein oder einen eigenen Ausweis besitzen. Motorisierte sollten außer Führer- und Kfz-Schein die Grüne Versicherungskarte mitführen, für Österreicher und Schweizer ist sie Pflicht.

Zollbestimmungen

EU-Bürger dürfen Waren für den Eigenbedarf unbegrenzt mitführen. Als Richtmenge gelten hierbei 800 Zigaretten bzw. 400 Zigarillos, 200 Zigarren oder 1 kg Tabak sowie 110 l Bier bzw. 90 l Wein (davon max. 60 l Schaumwein) oder 10 l Spirituosen. Für Schweizer sind die Freimengen begrenzt auf 200 Zigaretten bzw. 100 Zigarillos, 50 Zigarren oder 250 g Tabak sowie 2 l Wein oder 1 l Spirituosen. Entsprechende Merkblätter sind bei allen Zollämtern erhältlich (www.zoll.de).

Reisen mit Hund und Katze

Hunde und Katzen müssen mindestens drei Monate alt und nachweislich gegen Tollwut geimpft sein. Diese Impfung darf nicht länger als ein Jahr zurückliegen. Der EU-Heimtierpass oder ersatzweise der Impfausweis ist mitzuführen. Eine Chip-Kennzeichnung oder gut lesbare Tätowierung der Tiere ist ebenfalls vorgeschrieben.

Anreise

... mit dem Flugzeug

Der Billigflieger Ryanair unterhält derzeit eine Direktverbindung zwischen Franfurt/Hahn und Montpellier (www.ryanair.com). Alle anderen Flüge aus Deutschland, Österreich und der Schweiz ins Languedoc-Roussillon führen über Paris. Wer den Umweg scheut, kann die der Region benachbarten Flughäfen von Marseille und/oder Toulouse anfliegen.

... mit der Bahn

Mehrmals täglich verkehrt der **TGV** zwischen Paris (Gare de Lyon) und dem Süden (Nîmes 3 Std./Perpignan 5 Std.). Die obligatorische Reservierung und den Zuschlag erhält man bis kurz vor Abfahrt an den TGV-Automaten im Bahnhof. Von Lille aus besteht eine direkte TGV-Verbindung ins Languedoc-Roussillon ohne Umweg über Paris. Ab Straßburg, Basel oder Genf gibt es ebenfalls Direktverbindungen (www.voyages-sncf.com, www.tgv.com).

Fast ganzjährig fährt der **DB Auto-Zug** von mehreren deutschen Städten sowie von Salzburg nach Narbonne. (www.dbautozug.de).

... mit dem Auto

Die Benutzung der französischen Autobahnen ist gebührenpflichtig. Die Fahrt in den Süden kostet je Strecke bis zu 50 €. An den Mautstellen *(péage)* kann man an Automaten – ohne Eingabe der Geheimnummer – mit Kreditkarte *(carte)* zahlen.

Von Luxemburg bzw. Saarbrücken führt die A 31 schnurstracks gen Süden. Bei Beaune bzw. Lyon treffen die A 36 von Mulhouse und die A 42 von Genf auf die *Autoroute du Soleil* (A 7). In Orange wechselt man auf die *La Languedocienne* (A 9).

Die gebührenfreien Abschnitte (Metz/Nancy, Lyon, Montpellier) sind meist stark befahren. An den *péages* in

Reiseinfos

Lyon und Montpellier staut sich der Verkehr regelmäßig. Meiden sollte man den Ferienverkehr Anfang Juli und Ende August sowie die verlängerten Wochenenden an Ostern, um den 1. und 8. Mai, an Christi Himmelfahrt, an Pfingsten und um den 14. Juli.

Verkehrsinformationen im Radio auf FM 107,7 oder im Internet unter www.bison-fute.equipement.gouv.fr.

Verkehrsmittel vor Ort

Bahn

Regionalzüge (TER) verkehren auf der Hauptstrecke entlang der Küste von Nîmes über Montpellier, Sète, Béziers, Narbonne und Perpignan bis Cerbère sowie von Narbonne über Carcassonne nach Toulouse. Landeinwärts führen Nebenstrecken von Nîmes nach Alès bzw. Mende, von Béziers über Bédarieux und Millau nach Mende bzw. Marvejols, von Carcassonne über Limoux nach Quillan sowie von Perpignan nach Prades. Fahrplanauskunft: Tel. 08 36 35 35 35 (frz.) und Tel. 08 36 35 35 36 (dt.), www.ter-sncf.com.

Bus

In den größeren Städten gibt es einen Busbahnhof *(gare routière).* Die Verbindung auf den Hauptstrecken ist werktags gut, sonntags hingegen verkehren nur wenige Busse. Die Orte im Hinterland sind per Bus meist nur ein- bis zweimal täglich (am frühen Morgen und Abend) zu erreichen.

Auto fahren

Auf den Autobahnen (A 9, A 75, A 61) erreicht man schnell alle Winkel der Region. Zudem sind viele Landstraßen gut ausgebaut. Zeitraubender, aber landschaftlich reizvoller ist die Fahrt auf den kurvenreichen und schmalen Nebenstrecken.

Verkehrsvorschriften

Die Höchstgeschwindigkeit liegt innerorts bei 50 km/h, auf Landstraßen bei 90 km/h (80 km/h bei Nässe), auf Schnellstraßen bei 110 km/h (100 km/h), auf Autobahnen bei 130 km/h (110 km/h). Die Alkoholgrenze beträgt 0,5 Promille. Es besteht auf allen Sitzen Anschnallpflicht. Wer in einen Kreisverkehr einfährt, muss Vorfahrt gewähren *(Ceder le Passage).* Das Schild *Toutes Directions* weist Durchreisende durch Städte und Dörfer.

Die Geldbußen für Verkehrssünder sind drastisch; bezahlen muss man an Ort und Stelle. Bei einem Unfall vereinfachen Grüne Versicherungskarte und Auslandsschutzbrief die Einigung mit der Versicherung des Unfallgegners. Unbedingt ein internationales Unfallprotokoll mitführen! ADAC-Notruf: Tel. 04 72 17 12 22.

Parken

In den großen Städten parkt man bequem in den zentral gelegenen, ausgewiesenen und meist überwachten Parkhäusern. In der *zone bleue,* erkennbar an den blau markierten Bordsteinen, darf nur mit Parkscheibe geparkt werden. Ein gelber Streifen am Straßenrand bedeutet absolutes Halteverbot. Dieses gilt auch vor Krankenhäusern, Postämtern und Polizeirevieren.

Tanken

Das Netz der Tankstellen (*station-service)* ist dicht. Abends und am Wochende ist es dennoch schwierig, Treibstoff zu bekommen, denn die Tankautomaten akzeptieren nur französische Kreditkarten. Bleifreies Benzin heißt *essence sans plomb*, Diesel *gazole.* Benzin gibt es mit 89, 95 *(super)* und 98 Oktan *(super plus).*

Übernachten

Im Languedoc-Roussillon findet man Unterkünfte für jeden Geschmack und jeden Geldbeutel – vom Schlosshotel über Gästezimmer bis hin zum Zelt auf dem Campingplatz. Wer in erster Linie Sonne und Strand, Trubel und Nachtleben sucht, reist in die Urlaubszentren am Meer. Hier überwiegt die Unterbringung in Ferienwohnungen und auf Campingplätzen. Trotz des großen Angebots muss man für die Ferienmonate Juli und August frühzeitig reservieren. Im Hinterland findet man – zumindest abseits der touristischen Hauptattraktionen – auch kurzfristig eine Bleibe. Einen guten Überblick über das Beherbergungsangebot geben die Broschüren der regionalen Tourismuszentralen.

Hotels

Eine landesweite Hotelsuche ist im Internet unter www.hotel-france.com möglich. Verlässliche Hotel- und Restaurantempfehlungen geben die Führer von Michelin (www.viamichelin.com) und Gault-Millau (www.guidesgaultmillau.fr). Michelin ist umfassender, Gault-Millau überzeugt durch ausführliche Kommentare. Auf die in Frankreich landesweit übliche Kategorisierung von Hotels mit einem bis zu vier Sternen kann man sich nur bedingt verlassen.

Ein gutes Preis-Leistungs-Verhältnis sowie eine solide Ausstattung bieten in der Regel die meist familiär geführten Häuser des Hotellerieverbands **Logis de France**, die am gelbgrünen Kaminsymbol zu erkennen sind (www.logis-de-france.fr). Im Verband der **Relais du Silence** werden ausschließlich exklusive Häuser mit gutem Restaurant aufgenommen, die besonders ruhig und landschaftlich schön gelegen sind (www.silencehotel.com). Allerhöchsten Ansprüchen genügen die Häuser der Verbände **Châteaux et Hôtels de France** (www.chateaux-hotels.com) und **Relais & Châteaux** (www.relaischateaux.fr).

Die größeren Hotels bieten ein Frühstücksbuffet internationalen Standards an. Viele Unterkünfte halten es jedoch mit Pulverkaffee, Baguette, Butter und Marmelade traditionell französisch. Wenn dafür 8 € oder mehr berechnet werden, empfiehlt es sich, zum Frühstücken in die nächste Bar einzukehren, wo es oftmals auch Croissants oder Sandwiches gibt. Es ist auch nicht unüblich, zum Espresso oder Milchkaffee ein Stück Baguette oder Kuchen vom Bäcker zu verzehren.

Die französischen Betten sind heutzutage besser als ihr Ruf, und normale Kopfkissen liegen meist im Schrank bereit. Die Franzosen unterscheiden zwi-

Zimmerpreise
Die in diesem Buch genannten Preise berücksichtigen die Spanne von der Nebensaison bis zur Hauptsaison, in der die Unterkünfte insbesondere in Touristenhochburgen um ein Drittel teurer sein können. Alleinreisende zahlen häufig den vollen Zimmerpreis. In Städten und Touristenorten addiert sich auf den Zimmerpreis eine kleine Kurtaxe *(taxe de séjour)*. In Hotels mit gutem Restaurant lohnt sich häufig das Halbpensionsangebot, das in der Hochsaison mancherorts obligatorisch ist. In der Regel ist das Frühstück *(petit déjeuner)* in Frankreich nicht im Zimmerpreis inbegriffen.

Reiseinfos

Les Fleurines – ein uraltes Gehöft auf der Causse de Sauveterre empfängt Gäste

schen einem Zimmer mit zwei Betten *(chambre à deux lits)* und einem Zimmer mit einem französischen Bett *(chambre avec un grand lit),* das meist preiswerter ist.

Ferienhäuser und Apartments

Das Angebot an Ferienhäusern und Apartments ist insbesondere an der Küste, wo diese Art der Unterbringung überwiegt, immens groß. Wer nicht bereits zu Hause gebucht hat, erhält vor Ort beim Office du Tourisme eine Liste der Vermieter. Außerhalb der Hochsaison ist es dann kein Problem, eine den Vorstellungen entsprechende Unterkunft zu finden.

Unter dem Label **Clevacances** vermittelt der Tourismusverband der Region Ferienwohnungen und Ferienhäuser, die je nach Komfort durch ein bis fünf Schlüssel *(clé)* ausgezeichnet sind. Gebucht werden kann direkt beim Vermieter oder über Clevacances (www.clevacances.com). Zahlreiche private Anbieter von Beherbergungsmöglichkeiten sind in der Vereinigung der **Gîtes de France** zusammengefasst. Ein bis vier Ähren *(épis)* klassifizieren die Unterkünfte aufgrund ihrer Lage und Ausstattung (www.gites-de-france.fr). Auch verschiedene **Reiseveranstalter** offerieren Ferienhäuser und Ferienwohnungen in ihren Katalogen, so etwa Pierre & Vacances (www.pierre-et-vacances.de) und Interchalet (www.interchalet.de).

Reiseinfos

Bienvenue à la ferme
Unter dem Label mit der gelben Blume empfangen Landwirte und Winzer in ganz Frankreich Besucher. Ihr Angebot reicht von der Verkostung *(goûter)* und dem Verkauf hofeigener Produkte über die Bewirtung am Gästetisch *(ferme auberge)* bis hin zur Unterbringung auf einem Campingplatz im Grünen *(camping à la ferme)*, in urigen Ferienwohnungen und -häusern *(gîte)* oder im gemütlichen Gästezimmer *(chambre d'hôte)*. Pferdefreunde können auf den *fermes équestres* ihrer Leidenschaft frönen. Infos erteilen in allen Fällen die Fremdenverkehrsämter sowie die Website www.bienvenue-a-la-ferme.com.

Gästezimmer (Chambres d'hôte)

Die Unterbringung im Gästezimmer erfreut sich immer größerer Beliebtheit, da dies die Gelegenheit bietet, Land und Leute näher kennenzulernen. Das Angebot reicht dabei vom sehr einfachen Zimmer mit Etagenbad bis hin zu luxuriösen Zimmern auf Weingütern oder Schlössern. Letztere sind zwar oft landschaftlich ansprechend, aber einsam gelegen, und die Anfahrt über Feldwege kann abschreckend wirken.

Das Frühstück ist meist im Übernachtungspreis enthalten. Darüber hinaus stehen entweder Einrichtungen zur Selbstversorgung zur Verfügung oder die *table d'hôte,* der Gästetisch, lädt zum gemeinsamen Mittag- oder Abendessen ein. Es gibt ein täglich wechselndes Menü, auf dessen Zubereitung in aller Regel sehr viel Sorgfalt verwendet wird. Eine rechtzeitige Reservierung ist bei dieser Form der Beherbergung unerlässlich. Über das Angebot informieren Clevacances und Gîtes de France (s. o.).

Jugendherbergen

Die *auberges de jeunesse* sind sehr schlicht ausgestattet, aber die Übernachtung ist unschlagbar preiswert. Jugendherbergen gibt es in Carcassonne, Montpellier, Nîmes, Perpignan, Quillan und Sète. Ein internationaler Jugendherbergsausweis muss bei der Anmeldung vorgelegt werden, den man vorab beim internationalen Jugendherbergswerk erhält. Es empfiehlt sich, vor allem in der Hauptreisezeit den Aufenthalt vorab zu buchen (www.fuaj.org).

Camping

Trotz der großen Anzahl von Campingplätzen ist für Juli/Aug. eine frühzeitige Reservierung ratsam. In der Hauptsaison sind die schönsten Plätze an der Küste oftmals lange im Voraus ausgebucht. Aber auch die attraktiven, an Wasserläufen gelegenen Plätze im Hinterland können dann belegt sein. Das Angebot reicht vom einfachen kleinen Platz auf dem Bauernhof *(camping à la ferme)* bis zum luxuriösen Riesenterrain mit Restaurant, Pool, Tennis und Animation. Vielerorts können auch Bungalows, Hütten, Caravans oder fest installierte Zelte gemietet werden. Die kommunalen Plätze *(camping municipal)* sind meist preiswerter als private Terrains. Einen Überblick und Zugang zur Online-Buchung bietet das regionale Fremdenverkehrsamt auf seiner Website www.sunfrance.com. Informationen findet man außerdem unter www.campinglanguedocroussillon.com.

Essen und Trinken

Von mediterran leicht bis bäuerlich deftig

Ebenso vielfältig wie die Landschaften des Languedoc-Roussillon sind auch die Gaumenfreuden der Region. Olivenöl, Knoblauch, Tomaten und die Kräuter der Garrigue verleihen der Küche der Küstenbewohner den typischen mediterranen Duft und Geschmack. Fisch und Meeresfrüchte beherrschen das Speiseangebot, auch wenn längst nicht mehr alle Fische aus dem Mittelmeer stammen. Auch das Roussillon kocht vorzugsweise mit Olivenöl und Knoblauch und ist Meister in gewagten Kombinationen von Herzhaftem und Süßem, so z. B. Rebhuhn mit Orange, Ente mit Kirschen oder Kalmar mit Schokolade. In den Bauernküchen des Hinterlandes wurden die deftigen Eintöpfe erdacht. Das Haut-Languedoc, das Lozère und die Pyrenäentäler sind in puncto Wurst- und Schinkenfabrikation geschmacksprägend. Für den passenden Wein zu den regionalen Gerichten sorgen unzählige Winzer, die ehrliche Landweine ebenso wie Appellationsweine erzeugen (s. S. 62).

Aus dem Meer

Fisch und Meeresfrüchte kommen gleichermaßen als Vor- und Hauptspeise auf den Tisch. Ein Klassiker ist das *plateau de fruits de mer,* eine kunstvoll arrangierte Auswahl an rohen Schnecken, Muscheln und Austern. Anders als die berühmte *bouillabaisse* ist die *soupe de poisson,* hier eine sämige Suppe, in die man nach Belieben geröstete Brotwürfel, geriebenen Käse und *rouille* (eine Knoblauchmayonnaise) einrührt. Vorzüglich sind auch die *anchois de Collioure,* marinierte Sardellen, die meist mit gerösteten roten Paprika angerichtet werden.

Seewolf *(loup),* Goldbrasse *(daurade)* und Seeteufel *(lotte* bzw. *boudroie)* zählen wegen ihres festen Fleischs zu den begehrtesten Fischen. Aber auch unscheinbare Sardinen erweisen sich fangfrisch mit grobem Meersalz eingerieben und über Rebholz gegrillt als absolute Köstlichkeit. Am gesamten Golfe du Lion beliebt ist die *rouille de seiche,* in einer warmen Knoblauchmayonnaise mit Tomaten und Safran angerichteter Tintenfisch oder Kalmar. Knoblauchmayonnaise gehört auch in die *bourride,* ein Fischtopf aus Seeteufel. Die *brandade de morue,* das in Nîmes produzierte Stockfischpüree, wird zu Kartoffeln gegessen. *Zarzuela* heißt der für das Roussillon typische Eintopf aus Fisch und Meeresfrüchten.

Von der Weide

Auf den Causses, im Aubrac und Margeride sowie in den Pyrenäen wird eine naturnahe Viehzucht betrieben, weil Schafe, Kühe und Ziegen in erster Linie Milch für die Käseproduktion liefern sollen. Doch auch das Fleisch von Aubrac-Rind, Pyrenäen-Kalb oder Lozère-Lamm wird sehr geschätzt und seine Qualität durch Gütesiegel garantiert. Selbst der Camargue-Stier begeistert nicht nur in der Arena, sondern auch auf dem Speisezettel als *gardiane de taureau* (Rinderschmorbraten) oder als Wurst.

Eintopf und Co

Keine leichte Kost ist *cassoulet*, ein deftiger Bohneneintopf, der in Carcassonne, Castelnaudary und Toulouse als Spezialität gilt. In den Sennhütten des Aubrac wird aus Kartoffelpüree, fri-

Reiseinfos

Ein vielfältiges Angebot an Oliven fehlt auf keinem Wochenmarkt

schem Käse, Butter, ausgelassenem Speck und Knoblauch ein herzhaftes *aligot* zusammengerührt. Schinken, *chorizo* (Paprikawurst) und Blutwurst geben der katalanischen *ollada*, einem Eintopf mit Kohl, Porree, Möhren und Kartoffeln, eine pikante Note.

Zum geselligen Zusammensein lädt am Etang de Thau die *brasucade* ein. Hierbei werden Miesmuscheln auf großen Blechen über Rebholz gegart und mit aromatisiertem Olivenöl gewürzt. Auf ähnliche Art und Weise bereitet man im Roussillon bei der *cargolade* Weinbergschnecken zu, wobei diese allerdings mit ein wenig ausgelassenem Speck statt Olivenöl verfeinert werden.

Käsespezialitäten

Jede Landschaft besitzt selbstverständlich auch eine eigene Käsespezialität. Einige Sorten sind mit dem begehrten Herkunftssiegel *Appellation d'Origine Contrôlée*, kurz AOC, ausgezeichnet. Damit unterliegen sie einer strengen Qualitätskontrolle und dürfen nur in einer bestimmten Region produziert werden. Besonders aromareich sind die aus unpasteurisierter Milch hergestellten Rohmilchkäse *(au lait cru)*.

In den Höhlen des Örtchen Roquefort-sur-Solzon auf dem Causse du Larzac reift der berühmte *roquefort*, ein Blauschimmelkäse aus Schafmilch. Ebenso wie der mildere *bleu des causses*, der aus Kuhmilch hergestellt wird, besitzt er AOC-Weihen.

Die Ziegenbauern in der Garrigue bis hinauf in die Cevennen haben sich auf die Produktion des *pélardon* spezialisiert, dem 2001 das AOC-Prädikat verliehen wurde. Die kleinen runden Käse werden in verschiedenen Reifegraden angeboten und verzehrt: Frisch sind sie, mit aromatisiertem Olivenöl beträufelt und einigen Körnern groben Meersalzes bestreut, eine Delikatesse, leicht gereift begleiten sie als *chèvre chaud*, also überbacken, einen Salat. In den Pyrenäen heißen sie *fromagets* und werden gerne an Honig serviert. Nach

Reiseinfos

AOC-Weihen strebt der *pérail,* ein kleiner Weichkäse aus Schafmilch.

Bestandteil des *aligot* ist ein junger, halbfester Käse aus Kuhmilch, der unter der Bezeichnung *fourme d'Aubrac* oder *laguiole* in den Handel kommt. In den Pyrenäen liefern Schaf und Ziege Milch für den halbfesten *tomme.* Aus Kuhmilch hergestellt und von einer schwarzen Wachsschale umhüllt heißt er *tomme noire des pyrénées.*

Menü oder *à la carte*

In Frankreich wählt der Gast den Tisch nicht selbst, sondern wartet auf einen Vorschlag der Bedienung, die mit *Monsieur* respektive *Madame* angesprochen wird. Zum Auftakt trinken Franzosen gerne einen Aperitif, oft einen Pastis für die Herren, ein Glas Champagner für die Damen, wozu in der Regel Oliven oder Knabbereien gereicht werden.

Das Menü besteht aus drei bis fünf oder sogar mehr Gängen: Vorspeise, Fisch und/oder Fleisch, Dessert und/oder Käse. Der Kaffee danach wird schwarz und süß getrunken. Restaurants, die auf sich halten, verwöhnen ihre Gäste zudem mit kleinen Aufmerksamkeiten aus der Küche: ein Gaumenkitzler *(amuse-gueule)* vorneweg, ein Sorbet zwischen Fisch- und Fleischgang, einige Pralinés zum Kaffee.

Leider werden die Spezialitäten des Hauses oftmals nur in den teureren Menüs angeboten und auch die Sorgfalt der Zubereitung steigt mit dem Menüpreis. Einen Ausweg bietet die Bestellung *à la carte,* die allerdings teurer ist als ein Menü mit gleich vielen Gängen. Es ist aber kein Sakrileg mehr, nur ein Hauptgericht und dazu ein Dessert zu wählen. In immer mehr Restaurants gibt es ein *menu-carte*, das es erlaubt, die Speisen zu einem vorgegebenen Preis aus der Karte selbst zu einem Menü zusammenzustellen. Für besondere Delikatessen oder einen zusätzlichen Käsegang wird dabei ein Aufpreis verlangt.

Brot und eine Karaffe Wasser *(carafe d'eau)* werden kostenlos zu jedem Essen gereicht. Die Rechnung wird zum Schluss nur auf Aufforderung gebracht *(l'addition s'il-vous-plaît),* und zwar üblicherweise als Gesamtrechnung. Obwohl Trinkgeld inbegriffen ist *(service inclus),* fügt man normalerweise 5–10 % des Rechnungsbetrags für die Bedienung hinzu.

Märkte und Culinaria

Ein Stück unverfälschter Lebensart des Midi bewahren die Wochenmärkte sowie die vielerorts schönen alten Markthallen, wo lokale Produzenten und Händler ihre Waren feilbieten. Trotz flächendeckender Präsenz großer Supermärkte findet selbst in kleineren Orten an ein bis zwei Vormittagen pro Woche ein Markt statt. Außerdem sind die Hallen jeden Vormittag, außer montags, geöffnet. Besonders lebhaft geht es auf den Sonntagsmärkten zu. Zwischen dem Einkauf für das Mittagessen bleibt hier allemal Zeit für ein Schwätzchen mit Nachbarn und Bekannten oder auch für einen *Apéro* in der nächsten Bar. Und aus den Bäckereien zieht ein verführerischer Duft nach frischem Baguette über den Marktplatz.

Auf den Wochenmärkten findet man auch manches kulinarische Mitbringsel für daheim: rosa Knoblauch zu einem dicken Zopf gebunden, luftgetrocknete Würste aus den Cevennen und Pyrenäen, Lavendel- Thymian- oder Rosmarinhonig, *fleur du sel* (Meersalz) in dekorativen Dosen, Kräuter- und Lavendelsäckchen, Olivenöl sowie Töpfchen mit Oliven- und Knoblauchpasten.

Aktivurlaub, Sport und Wellness

Baden und Strände

Von der Camargue bis ins Roussillon reiht sich auf 180 km Länge Sandstrand an Sandstrand. Dennoch wird es in der Hochsaison unerträglich voll. Der schönste Strand liegt an der Pointe de l'Espiguette, eine nahezu unberührte Dünenlandschaft. Lange unbebaute Strandabschnitte, teils jedoch in Hörweite der Straße, findet man auf den Lidos bei La Grande-Motte, Maguelone, Sète, Gruissan und Canet. An der Côte Vermeille, am Fuß der Pyrenäen, laden kleine Buchten mit Sand-Kies-Stränden zum Baden ein.

Die Wasserqualität wird in der Saison regelmäßig überprüft und ist an allen Stränden gut. Die Ergebnisse werden in den Fremdenverkehrsämtern oder in der Hafenmeisterei ausgehängt. In den Sommermonaten sind weite Strandabschnitte überwacht. Grüne Flagge bedeutet ›Baden ungefährlich‹, gelb ›Baden gefährlich‹, rot ›Baden verboten‹. Alle Badeorte bieten ein breit gefächertes Sport- und Freizeitangebot für alle Altersgruppen.

Bootsurlaub

Der Canal du Midi, der Canal du Rhône-à-Sète und der Canal de la Robine stehen den Freizeitkapitänen (ohne Führerschein) zur Verfügung. Bei der gemächlichen Fahrt mit einem Hausboot kommt der Kreislauf immer dann in Schwung, wenn eine der zahlreichen Schleusen zu passieren ist. Hausboote vermieten u. a. Connoisseur (www.connoisseur.fr) und Crown Blue Line (www.crownblueline.fr). Über einen Bootsurlaub infomiert die Broschüre »Au fil de l'eau sur les canaux du Languedoc-Roussillon« des regionalen Fremdenverkehrsamtes (www.sunfrance.com).

Golf

Golfer finden direkt am Meer sowie im Hinterland und im Gebirge 20 Golfclubs mit 29 Terrains, darunter ein Dutzend 18-Loch-Plätze. Einen Überblick gibt die Website der Fédération Française de Golf (www.ffgolf.fr). Der Golf-Pass Languedoc-Roussillon, der je nach Saison drei Greenfees für 120 € bzw. fünf Greenfees für 250 € beinhaltet, ermöglicht es, einige Plätze der Region kennenzulernen. Der Pass kann online bestellt werden (www.sudfrancegolf.com).

Reiseinfos

Kanu, Kajak, Rafting

Kanuten aus ganz Europa zieht es in die Gorges de l'Ardèche, die sie von Vallon Pont d'Arc aus bezwingen. Sehr beliebt bei den Paddelfreunden ist außerdem die Tarnschlucht zwischen Ste-Enimie und La Malène. Aber auch an Gardon, Hérault, Orb und Aude sowie an der Rhône und den Kanälen in der Camargue kann man vom Frühjahr bis in den Herbst an vielen Stellen Kanus und Kajaks mieten. Rafting-Touren werden auf wilderen Gewässerabschnitten angeboten (Info und Reservierung u. a. www.crck.org/languedoc roussillon, www.france-rivieres.com, www.canoe-france.com).

Mai und Juni ist die beste Zeit für Touren. Im Sommer und Frühherbst führen die Flüsse oft zu wenig Wasser, können aber auch nach Gewittern blitzschnell zu reißenden Wildwassern anschwellen. Bei gefährlich hohem Wasserstand wird der Bootsverleih eingestellt.

Zusammen mit Boot und Paddel erhält man Schwimmwesten, ggf. eine Routenskizze sowie wasserdichte Behälter für Proviant und Ersatzkleidung. In der Bootsmiete ist der Rücktransport zum Ausgangspunkt immer mit eingeschlossen.

Klettern und Canyoning

Das zerklüftete Relief der Cevennenausläufer ist ein Paradies für Kletterbegeisterte. Die Schluchten in den Pyrénées Orientales eignen sich ideal für das adrenalinsteigernde Canyoning, das Elemente von Klettern, Schwimmen und Tauchen verbindet. Über Kletterspots sowie Veranstalter informieren außer den Fremdenverkehrs-

Etang de Thau – ein ideales Segelrevier für Dickschiff und Jolle

Reiseinfos

ämtern die Fédération Française de la Montagne et de l'Escalade (www.ffme.fr) sowie der Club Alpin Français (www.clubalpin.com).

Radfahren

Stets sind auf den Straßen Südfrankreichs viele Radsportbegeisterte unterwegs. Für die private Tour de France empfehlen sich die weniger befahrenen Nebenstraßen und befestigten Feldwege sowie die ehemaligen Treidelpfade am Canal du Rhône-à-Sète, Canal du Midi und Canal de la Robine. Gute Wegbegleiter sind dabei die IGN-Karten im Maßstab 1:100 000. Rennräder, aber vor allem Mountainbikes *(vélo tout terrain – VTT),* kann man in vielen Orten mieten.

Derzeit legt die Region ein Netz von sogenannten *voies vertes* an. Dabei werden u. a. stillgelegte Bahnstrecken als Radwege ausgebaut, z. B. zwischen Beaucaire und Remoulins, Nîmes und Sommières, Mons-la-Trivalle und St-Pons-de-Thomières, Perpignan und Thuir. Außerdem führen Radpisten von Montpellier, Béziers, Narbonne und Perpignan zum Meer.

Reiten

Auf 1200 km markierten Reitwegen, u. a. der *transéquestre,* kann man die Region zu Pferd erkunden. Ob an der Küste oder in den Bergen, vielerorts organisieren die *centres equestres* Ausritte von einigen Stunden bis zu mehreren Tagen. Auf den Reiterhöfen in der Camargue erlernt man sogar die Reittechniken der *gardians,* der Viehhirten. Infos zu Reiterhöfen, Kursen und Veranstaltungen gibt im Internet *Le Portail du Cheval* (www.terre-equestre.com).

Segeln

Die einmaligen Wetterbedingungen mit viel Wind und Sonne machen die Region zum Eldorado für Segler. Regelmäßig werden vor der Küste und auf dem Etang de Thau Segelwettbewerbe ausgetragen (www.ffvoilelr.net).

Am Meer, aber auch an den Etangs und den Seen im Hinterland gibt es zahlreiche Vercharterer, Segelschulen und Segelclubs. Die Jüngeren üben sich zunächst auf Optimisten. Ältere Kinder und Erwachsene werden auf Jollen und Katamaranen geschult oder lernen, eine Jacht zu manövrieren.

Speläologie

Einige Outdoor-Veranstalter bieten unter dem Stichwort *spéléo* den Einstieg in ungesicherte Höhlen an. Listen der Veranstalter halten die örtlichen Fremdenverkehrsämter bereit, oder man wendet sich an die Fédération Française de Spéléologie (www.ffspeleo.fr).

Surfen und Kitesurfen

Insbesondere die Etangs eignen sich hervorragend für die ersten Surfversuche. Der Etang de Mateille bei Gruissan ist ausschließlich Surfern vorbehalten. Fortgeschrittene kommen in Narbonne-Plage am Fuße der Montagne de La Clape, in Port-Barcarès und in Argelès auf ihre Kosten. Aber Achtung, die teils starken ablandigen Winde können auch erfahrenen Surfern gefährlich werden. Surfkurse und Materialverleih werden in allen Strandorten angeboten. Für die Qualität der Schulen bürgt das Label der Féderation Française de Surf (www.surfingfrance.com).

Reiseinfos

Den Trendsport Kitesurfen unterrichten inzwischen zahlreiche Wassersportzentren im Languedoc-Roussillon. Die beiden wichtigsten Einrichtungen befinden sich in Mèze am Etang de Thau (www.fildair.com) und in Gruissan (www.gruissankitepassion.com).

Wandern

Mehr als 6300 km ausgewiesene Wanderwege machen das Languedoc-Roussillon zu einem Paradies für Wanderer. Auf einem Netz von gelb markierten **Tages- und Halbtagestouren,** den *Chemins de Petites randonnées (PR),* kann man die gesamte Region auf Schusters Rappen erkunden. In vielen Office du Tourisme erhält man gute Wandertipps, wobei die Beschreibungen in der Regel nur auf Französisch vorliegen. Die schönsten Wanderwege der Region und der Départements hat die Fédération Française de la Randonnée Pédestre in ihren TopoGuides veröffentlicht, die im örtlichen Buch- und Zeitschriftenhandel oder über das Interent vertrieben werden (www.ffrandonnee.fr).

Mehrere **Fernwanderwege,** die *Chemins de Grandes Randonnées (GR),* durchqueren ebenfalls das Languedoc-Roussillon. Sie sind nummeriert und mit einem rot-weißen Balken gekennzeichnet (www.gr-infos.com).

Zur Orientierung sind die Wanderkarten des Institut Géographique National im Maßstab 1:25000 sehr zu empfehlen (www.ign.fr).

Wellness

Körper und Geist in Form bringen – dazu bedient sich die Thalassotherapie der natürlichen Heilkraft des Meeres.

Pilgerwege
Zwei Hauptstrecken des Jakobswegs nach Santiago de Compostela in Spanien berühren das Languedoc. Im Norden des Lozère durchquert die *via podiensis* (GR 65) von Le Puy-en-Velay der Auvergne kommend die Margeride und den Aubrac. Von Arles führt die *via tolosana* (GR 653) über St-Gilles, Montpellier, St-Guilhem-le-Désert und Lodève weiter Richtung Westen. Einem weiteren wichtigen Pilgerweg des Mittelalters zwischen Le Puy-en-Velay und St-Gilles folgt der *Chemin de Régordane* (GR 700).

Das Wellness-Programm umfasst u. a. Meerwasserduschen, Algenpackungen, Meerschlammwickel, Sauerstofftherapie, Massagen und Wassergymnastik. Im Languedoc-Roussillon kann man die Thalassotherapie in Port-Camargue, La Grande-Motte, Le Cap-d'Agde, Port-Barcarès, Canet und Banyuls kennenlernen (www.thalassoline.com, www.allo-thalasso.com).

Das Languedoc-Roussillon ist die zweitwichtigste Thermalregion Frankreichs. Mehr als ein Dutzend anerkannter Bäder von den Pyrenäen und vom Lozère bis hinunter an die Küste laden ein zu Thermalkuren und Fitnessaufenthalten. Die Kurbäder sind fast immer am Namenszusatz *les Bains* zu erkennen (www.france-thermale.org).

Wintersport

Ein gutes Dutzend Skizentren in den Pyrenäen, in den Cevennen, im Lozère und im Aubrac bieten insgesamt 150 km Pisten und 300 km Loipen auf 1500 bis 2600 m Höhe (www.pyrenees-online.fr/stations, www.skicevenneslanguedoc.fr/accueil.htm).

Feste und Unterhaltung

Der Midi versteht es, ausgelassen zu feiern. Der Festkalender ist voll gespickt mit Dorf- und Patronatsfesten, kulturellen und sportlichen Veranstaltungen, Musik- und Folklorefestivals sowie unzähligen Spezialitätenmärkten.

Christliches und Heidnisches

Carnaval de Limoux
Karneval wird im Languedoc-Roussillon mit Kostümumzügen von Januar bis Ostern gefeiert. Einzigartig ist der sehr ernste und zeremonienreiche Karneval in Limoux. Sonntags, jeweils um 11, 15 und 22 Uhr, tanzen maskierte Gruppen, die *fécos,* zum Takt ihrer überlieferten Musik durch die Stadt. Höhepunkt der Umzüge ist die *Nuit de la Blanquette* am Wochenende vor Palmsonntag, wenn *sa majesté carnaval*, der König Karneval, in Form einer Stoffpuppe verbrannt wird.

Procession de la Sanch
Schaurig muten die Karfreitagsprozessionen an, deren Teilnehmer sich in rote oder schwarze Kapuzenumhänge hüllen. Am Nachmittg ziehen die Gläubigen durch Perpignan, nach Einbruch der Dunkelheit durch Collioure und Arles-sur-Tech (s. S. 84).

Fête de la St-Pierre
Wesentlich lebensfroher sind die Schiffsprozessionen zu Ehren des hl. Petrus, dem Patron der Fischer. Das Fest des Heiligen wird traditionell in vielen Fischerorten an der Küste des Languedoc-Roussillon (z. B. in Grau-du-Roi, Sète, Mèze, Gruissan, Port-Vendres) gefeiert.

Stierspiele und Stierkämpfe

Bouvine
In der Camargue steht der Stier im Mittelpunkt vieler Traditionen, die mit dem Begriff *bouvine* überschrieben werden. Fast jedes Dorf besitzt eine Arena, in der zwischen März und Oktober die *courses camarguaises* ausgetragen werden. Zum Auftakt oder am Ende der Veranstaltung treiben *gardians*, die berittenen Viehhirten der Camargue, die Stiere oder Kühe zum *abrivado* bzw. *bandido* durch die Straßen (s. S. 114).

Während die *courses* Wettkampfcharakter haben, dient der *taureau piscine* der reinen Gaudi. Dabei geht es darum, einen jungen Stier in ein flaches Wasserbecken zu locken. Freiwillige vor! Auf vielen Stierzuchtbetrieben *(manades)* können Besucher bei einer *ferrade* erleben, wie die einjährigen Rinder mit dem Brandeisen gekennzeichnet werden.

Feria
Heftig umstritten sind auch im Süden die blutigen Stierkämpfe *(corridas),* die die Hauptattraktion der volksfestartigen Ferias sind. Dennoch lockt die **Feria de Pentecôte** alljährlich zu Pfingsten etwa zwei Mio. Besucher nach Nîmes, die auf Straßen und Plätzen oder in den improvisierten Bodegas bei Sangria und Flamenco-Rhythmen fünf Tage und Nächte ausgelassen feiern. Open-Air-Konzerte und Kostümumzüge, eine Pferdeschau im Jardin de la Fontaine und *abrivados* bilden das ganz und gar unblutige Rahmenprogramm zu den *corridas* in der Arena. Denn die passionierten Stierkampf-

Reiseinfos

Festkalender

Januar bis März
Carnaval de Limoux: An allen So bis Ostern. Maskenumzüge in Limoux.
Fête du Cochon: Ende Febr. Schlachfest in St-Pons-de-Thomières.
Fête de l'Ours: Variables Datum. Fest zum Winterende in Prats-de-Mollo.

April
Procession de la Sanch: Karfreitagsprozession in Perpignan, Collioure und Arles-sur-Tech.
Mondial du Vent: Mitte April. Weltmeisterschaft der Surfer und Kitesurfer in Leucate-La Franqui.

Mai/Juni
Vogua Monstra: Anf. Mai. Fünftägiges Volksfest mit *joutes* und *courses camarguaises* in Le Grau-du-Roi.
Feria de Pentecôte: Pfingsten. Fünftägiges Volksfest mit *corridas* in Nîmes.
24 Heures de Thau: Pfingsten. Segelregatta auf dem Bassin de Thau.
Les Ecluses en Fête: Mitte Juni. Volksfest mit Handwerker- und Bauernmarkt an den Schleusen von Fonséranes/Béziers.
Fête de la Cerise: Ende Mai/Anf. Juni. Fest zur Kirschenernte in Céret.

Juni
Printemps des Comédiens: Internationales Theaterfestival in Montpellier.
Total Festum: Um den 24. Juni. Fest der okzitanischen und katalanischen Kultur, Lesungen, Konzerte, Theater und Märkte in der gesamten Region.
Montpellier Danse: Anf. Juni–Anf. Juli. Internationales Tanzfestival.
Fête de la St-Jean: 23./24. Juni. Johannisfeuer in vielen Orten des Roussillon.
Fête de la St-Pierre: Um den 29. Juni. Bootsprozessionen zu Ehren des hl. Petrus in vielen Fischerorten.

Juli
Estivales: Tanz-, Theater- und Musikveranstaltungen in Perpignan.
Festival de la Cité: Opern, Tanz, Theater, Variétévorstellungen und Konzerte in Carcassonne.
Céret de Toros: Mitte Juli. *Corridas* und Straßenfest in Céret.
Festival de Thau: Mitte Juli. Fünftägiges Musikfestival am Etang de Thau.
Nuits Musicales d'Uzès: Zweite Hälfte Juli. Musikalische Nächte in Uzès.
Festival de Radio France à Montpellier: Zweite Hälfte Juli. Konzerte von Klassik bis Techno in Montpellier.
Festival de la Sardane: Ende Juli. Sardanewettbewerb in Céret.
Festival Pablo Casals: Ende Juli–Anf. Aug. Konzerte in Prades.

August
Foire aux Huîtres: Anf. Aug. Austernmarkt in Mèze und Bouzigues.
Feria de Béziers: Um den 15. Aug. Mehrtägiges Volksfest mit *corridas*.
Fête de la St-Louis: Um den 25. Aug. Mehrtägiges Fest zu Ehren des Stadtheiligen von Sète mit *joutes*.

September
Visa pour l'Image: Erste Hälfte Sept. Fotofestival in Perpignan.
Feria des Vendanges: Ende Sept. Feria zur Weinernte in Nîmes.

Oktober
Jazzèbre: Jazz- und Blueskonzerte sowie Weltmusik in Perpignan.
Fête des Vendanges/Fête du Vin Nouveau: Weinfeste in zahlreichen Orten.

35

Beim Dorffest tanzt das ›Pferdchen‹

liebhaber sind eher in der Minderheit. Mit mediterraner Leidenschaft wird auch in Alès (an Himmelfahrt), Céret (um den 14. Juli) und Béziers (um den 15. Aug.) gefeiert. Und dann nochmals in Nîmes bei der dreitägigen **Feria des Vendanges** (Mitte Sept.).

Regionale Traditionen

Fête de l'Ours
Dass der Bär einst durch die Pyrenäen zog und zur Gefahr für den Menschen werden konnte, daran erinnert in Prats-de-Mollo die *drada de l'os.* (Tag des Bären). Zum Winterende wird hier Jagd auf ein ›Monster‹ im Bärenfell gemacht, das versucht hat, eine Dorfschönheit zu entführen. Das Fest geht auf eine mittelalterliche Überlieferung zurück, derzufolge Holzfäller eine hübsche Schäferin in letzter Minute aus den Klauen eines Bären befreien konnten.

Transhumance
Sowohl in den Pyrenäen als auch in den Cevennen und dem Aubrac feierten die Bauern und Schäfer traditions-

Reiseinfos

gemäß im Frühjahr den Weidewechsel der Herden. Auch heute noch werden die Tiere im Frühjahr zu ihren Sommerweiden im Gebirge gebracht, in der Regel allerdings bequem per Lkw. Im Aubrac wird Ende Mai der Auftrieb der Rinder festlich begleitet, während Mitte Juni in den Cevennen Veranstaltungen rund um den Schafauftrieb stattfinden.

Sardane

Im Roussillon ist der Reigentanz fester Bestandteil aller sommerlichen Feste. Unter dem spanischen Diktator Franco verboten, hat sich die *sardane* zu einem Symbol der katalanischen Identität entwickelt. Zu den Klängen der *cobla*, einem aus zwölf Instrumenten bestehenden Orchester, finden sich die Tänzer zu Kreisen zusammen. Acht kurze langsame Schritte – Sinnbild der Nacht – wechseln mit 16 langen schnellen Schritten – Sinnbild des Tages. Beim großen **Festival de la Sardane**, das im Juli in der Arena von Céret stattfindet, zeigen hunderte Tänzer in typischen Trachten ihr Können.

Animaux totemiques

Zum Andenken an einen großen Gönner oder an einen Glücksbringer verehren einige Dörfer des Départements Hérault eine Art Totemtier. Im Karneval und beim Dorffest wird dieses Tier lebendig, indem ein knappes Dutzend junger Männer unter eine Attrappe aus Holz, Stoff und Pappmaché schlüpfen und diese durchs Dorf tragen. Zur Menagerie des Hérault zählen das Fohlen von Pézenas, der Stier von Mèze, der Esel von Gignac, das Kamel von Béziers, die Ziege von Montagnac, die Schnecke von St-Pargoire und der Wolf von Loupian. In jüngster Zeit gesellen sich Wildschwein, Pferd, Schwein, Igel und selbst Walfisch zu den traditionellen Kulttieren.

Wieder öfter sieht man auf den Dorffesten den Tanz des *chevalet*. Das ›Pferdchen‹ – am Stecken und im Faltenrock – wird von einem Tambourinspieler beruhigt, sodass der Hufschmied es beschlagen kann.

Traditionelle Sportarten

Boule

Zum Inbegriff südfranzösischer Lebensart gehört das geruhsame Spiel mit den Eisenkugeln. *Boule* bzw. *pétanque* ist im Midi sowohl fester Bestandteil der Freizeitbetätigung als auch offizieller Wettkämpfe.

Joutes nautiques

In Sète und einigen benachbarten Häfen kann man von Juni bis September die *joutes nautiques* – eine Art maritimer Ritterspiele – verfolgen (www.joutes.com, s. S. 81).

Rugby

In der gesamten Region ist Rugby mindestens so populär wie Fußball. Das Spiel mit dem Oval gelangte 1872 über den Ärmelkanal nach Frankreich und fand vor allem im Süden des Landes eine begeisterte Anhängerschaft. Auch nicht Eingeweihte lassen sich von der ausgelassenen Stimmung in den Stadien von Perpignan, Narbonne, Béziers oder Montpellier mitreißen (www.ffr.fr).

Tambourin

In den Sommermonaten spielen im Département Hérault Freizeit- und Amateursportler *tambourin*. Dieses mit Tennis verwandte Ballspiel ist nach dem tamburinartigen Schläger benannt, mit dem zwei Mannschaften aus jeweils fünf Spielern versuchen, den Ball ins gegenerische Feld zu schlagen (www.sport-tambourin-ffjbt.com).

37

Reiseinfos von A bis Z

Apotheken

Die *pharmacie* erkennt man am grün blinkenden Neonkreuz. Ein Aushang informiert über Notfallapotheken.

Ärztliche Versorgung

Mit der Auslandskarte (EHIC), die gesetzlich versicherte EU-Bürger bei ihrer Krankenkasse erhalten, kann man sich in Frankreich direkt an einen Vertragsarzt oder ein Krankenhaus wenden. Falls man die Behandlungskosten dennoch vorstrecken muss, erstatten die Krankenkassen gegen Vorlage der Arztrechnung die üblichen Honorarsätze. Der Abschluss einer zusätzlichen Reisekrankenversicherung ist zu empfehlen, da sie die vollen Behandlungskosten sowie die Kosten eines eventuellen Rücktransports übernimmt.

Diplomatische Vertretungen

Deutsche Botschaft
13–15, av. Franklin D. Roosevelt
75008 Paris, Tel. 01 53 83 45 00
www.amb-allemagne.fr
ambassade@amb-allemagne.fr

Österreichische Botschaft
6, rue Fabert, 75007 Paris
Tel. 01 40 63 30 63
www.amb-autriche.fr
paris-ob@bmaa.gv.at

Schweizer Botschaft
142, rue de Grenelle, 75007 Paris
Tel. 01 49 55 67 00
www.eda.admin.ch/paris
vertretung@par.rep.admin.ch

Elektrizität

Die Netzspannung beträt 220 Volt. Für Geräte mit Flachstecker braucht man keinen Adapter, Schukostecker passen jedoch meist nicht.

Feiertage

1. Januar: Neujahr *(nouvel an)*
Ostermontag *(lundi de pâques)*
1. Mai: Tag der Arbeit *(jour de travail)*
8. Mai: Waffenstillstand 1945 *(armistice de 1945)*
Christi Himmelfahrt *(ascension)*
Pfingstmontag *(lundi de pentecôte)*
14. Juli: Französischer Nationalfeiertag *(quatorze juillet)*
15. August: Mariä Himmelfahrt *(assomption)*
1. November: Allerheiligen *(toussaint)*
11. November: Waffenstillstand 1918 *(armistice de 1918)*
25. Dezember: 1. Weihnachtstag *(noël)*

FKK

An den meisten Stränden wird es toleriert, wenn Badende die Hüllen fallen lassen. Für die Freunde des Nackbadekults gibt es zahlreiche FKK-Zentren *(villages naturistes)*, das größte und bekannteste liegt bei Le Cap-d'Agde.

Geld

Während ist der Euro (gesprochen ›öro‹). Bargeld kann man mit der EC/Maestro-Karte oder Kreditkarte *(carte bancaire)* an Geldautomaten ziehen. Die meisten Restaurants, Hotels und Geschäfte akzeptieren eine Zahlung

Reiseinfos

mit der Kreditkarte, teils auch mit EC/Maestro-Karte und Geheimnummer.

Karten und Pläne

Als Straßenkarten sind die Michelin Regionalkarte Nr. 526 (1:300 000) oder die detaillierteren Lokalkarten Nr. 344 und 339 (1:150 000) zu empfehlen. Für Radtouren eignen sich die IGN-Karten Top 100 (Nr. 59, 65, 66, 72) im Maßstab 1:100 000. Wanderer benötigen die blauen IGN-Karten Top 25 im Maßstab 1:25 000 (www.ign.fr).

Kinder

Die flachen Sandstrände des Languedoc-Roussillon sind für den Urlaub mit Kindern wie geschaffen. Auf Schulkinder warten zudem zahlreiche attraktive Wassersportangebote. Ungetrübten Badespaß garantiert **Aqualand** in Cap d'Agde, Port-Leucate und St-Cyprien (www.aqualand.fr.). Vor allem Orte mit dem Label *Station Kid* sind mit ihrem Animations- und Betreuungsprogramm auf Urlaubsgäste mit Kindern eingestellt (www.stationkid.com). Nicht verschwiegen werden darf, dass vielerorts der Rummel beachtlich und kaum erträglich ist. Themenparks und Discos, Kirmesplätze *(fêtes foraines)* und Karaokeshows ›bespaßen‹ selbst die jüngsten Gäste fast rund um die Uhr und strapazieren enorm das elterliche Portemonnaie.

Nur wenige Kilometer von der Küste entfernt endet der Spuk, und dennoch bietet das Hinterland mit Wassersportmöglichkeiten auf Flüssen und Seen, mit Kletterfelsen und Kletterparks, mit Tierparks und Reiterhöfen, aber auch mit Tropfsteinhöhlen und Katharerburgen vor allem für ältere Kinder spannende Ferienerlebnisse.

Medien

Die lokale Tageszeitung im Languedoc ist der konservative *Midi Libri,* im Roussillon ist es der *Indépendant* aus gleichem Verlag. Freitags informiert die Beilage *Midi loisirs* über Veranstaltungen in der kommenden Woche und gibt u. a. Freizeit- und Restauranttipps. In den Ferienorten erhält man auch überregionale deutsche Tageszeitungen.

Notruf

Allgemeiner Notruf europaweit:
Tel. 112
Polizei: Tel. 17
Notarzt (SAMU): Tel. 15
Feuerwehr: Tel. 18
Pannenhilfe ADAC: Tel. 04 72 17 12 22

Öffnungszeiten

Banken: Mo–Fr 9–12, 14–16 Uhr.
Kirchen schließen oft über Mittag.
Museen: 10–12, 14–17/18 Uhr, meist Mo oder Di geschlossen, im Juli/Aug. vielerorts durchgehend geöffnet.
Offices de Tourisme: 9–12, 15–18 Uhr, in größeren Städten sowie im Juli/Aug. durchgehend geöffnet.
Post: Mo–Fr 9–19 Uhr, Sa 9–12 Uhr, auf dem Land über Mittag geschlossen.
Geschäfte: Mo–Sa 9–12, 15–19 Uhr, in Städten durchgehend. Bäckereien und Lebensmittelläden sind meist So vormittags geöffnet. Mo vormittags sind viele Läden geschlossen.
Supermärkte: 9–20/21 Uhr.

Rauchen

In Frankreich gibt es keine Zigarettenautomaten. Tabakwaren kauft man im

Reiseinfos

Reisekosten und Spartipps

Cafébesuch: Pausen im Café und Naschereien strapazieren die Urlaubskasse enorm. Ein Espresso kostet ab 1,25 €, ein großer Kaffee *(café double)* mit Milch ab 2,50 €, Bier oder Softdrinks (0,25 l) ab 2,50 €, eine Kugel Eis in der Waffel ab 1,60 €. Dabei ist zu beachten, dass es in Cafés und Bars am Tresen billiger als an einem Tisch oder auf der Terrasse ist.

Restaurantbesuch: Ein Abendessen zu zweit inkl. Getränke beläuft sich auf mindestens 80 €. Preiswerter speist man mittags. Viele Restaurants bieten wochentags ein preiswertes Tagesmenü *(plat du jour)* für 10–15 € an.

Eintrittsgelder: Museen und Sehenswürdigkeiten kosten im Schnitt 6–12 € Eintritt. In einigen Städten und Regionen reduzieren Pauchalarrangements oder ein spezieller Pass die Eintrittsgelder, u. a. der *Pass Romain* in Nîmes, die *City Card Montpellier*, der *Passeport des Sites en Pays Cathare*, der *Pass Inter-sites Terre Catalane* im Roussillon.

Tanken: Am preiswertesten tankt man bei den oftmals den Supermärkten angeschlossenen Tankstellen.

Übernachten: Ein einfaches Doppelzimmer ohne eigene Sanitäranlagen kostet etwa 50 € pro Nacht. Für mehr Komfort zahlt man 60–100 €. Nach oben sind den Zimmerpreisen keine Grenzen gesetzt. In der Regel sind Unterkünfte im Hinterland meist preiswerter als an der Küste und in den großen Städten. Am meisten schont man das Portemonnaie, wenn man außerhalb der Hochsaison Urlaub machen kann, denn die Preise unterliegen starken saisonalen Schwankungen. Das Frühstück, für das meist extra gezahlt werden muss (ab ca. 8 €/Person), ist im Café nebenan oft besser und vergleichsweise günstiger.

(bureau du) tabac. Seit 2008 ist das Rauchen in Frankreich in öffentlichen Räumen, in Restaurants, Bars und Cafés verboten.

Reisende mit Handicap

Behindertengerechte Einrichtungen in Hotels, Restaurants, Museen und Baudenkmälern sind eher selten. Holprige Straßen mit Kopfsteinpflaster in den Ortschaften sowie das hügelige Terrain des Hinterlandes schränken die Mobilität von Menschen mit Behinderungen stark ein.

Sicherheit

Autoaufbrüche *(vol à la roulotte)* sind in Südfrankreich ein ernst zu nehmendes Risiko. Deshalb sollte man immer – selbst dann, wenn man das Fahrzeug nur wenige Minuten verlässt – Fenster und Schiebedach schließen, keine Wertsachen zurücklassen und den Wagen ordnungsgemäß verriegeln. Am besten lässt man das Handschuhfach und die Kofferraumabdeckung offen, um zu zeigen, dass ein Einbruch nicht lohnt. Nachts stellt man das Auto möglichst auf einem gesicherten Parkplatz ab. Eine zusätzliche, sichtbare Wegfahrsperre empfiehlt sich, um potenzielle Autoknacker abzuschrecken. Wird das Auto aufgebrochen oder gestohlen, so muss man das Delikt bei der Gendarmerie zu Protokoll geben. Außerdem sollte man seine Kfz-Versicherung informieren.

Souvenirs

Insbesondere die Spezialitäten aus südfranzösischen Küchen und Kellern sind beliebte Mitbringsel. Wer mit dem

Reiseinfos

Auto unterwegs ist und Platz hat, kann ein paar gute Tropfen für den heimischen Weinkeller einkaufen. Kalt gepresstes Olivenöl und Olivenpasten aus den Olivenmühlen der Region, ein Töpfchen *fleur de sel* aus den Salinen in Aigues-Mortes oder Gruissan, Lavendelblüten-, Thymian- oder Rosmarinhonig, roter Reis aus der Camargue, eine Flasche Noilly Prat sowie Kosmetika aus Olivenöl und oder Kräuteressenzen passen auch in den Koffer.

Töpferwaren werden in der gesamten Region in Verkaufständen an der Straße angeboten. Qualitativ gute Produkte bekommt man in den Ateliers der Kunsthandwerker, u. a. in St-Jean-de-Fos bei Clermont-l'Hérault oder in St-Quentin-la-Poterie bei Uzès. Espandrillos, katalanische Tischwäsche oder Granatschmuck sind typische Produkte des Roussillon. Auf fast allen Wochenmärkten werden provenzalische Stoffe – als Meterware oder zu Tischdecken verarbeitet – angeboten. In der Camargue kann man in vielen Läden die farbigen Hemden der *mandiers* und *gardians* kaufen.

Telefonieren

Öffentliche Fernsprecher funktionieren fast nur noch mit Telefonkarten *(télécarte)* zu 50 oder 120 Einheiten, die man an Postschaltern und im *tabac* erhält. Französische Rufnummern haben zehn Ziffern, die innerhalb Frankreichs immer vollständig gewählt werden. Bei Anrufen aus dem Ausland entfällt jeweils die erste 0. Die Telefonauskunft (nur in französischer Sprache) erreicht man unter Tel. 12.

Mobil telefonieren

Mobiltelefone heißen in Frankreich *portables* oder einfach *mobiles*. Wer viel telefoniert, kauft am besten vor

Internationale Vorwahlen
Frankreich   00 33
Deutschland   00 49
Österreich   00 43
Schweiz   00 41

Ort eine Prepaid-Karte einer französischen Telefongesellschaft. Das Guthaben lässt sich bei Bedarf nachladen. Die Karten, z. B. von Mobiho (www.mobiho.fr), verkaufen viele *tabacs* oder Supermärkte.

Trinkgeld

Die Rechnung im Restaurant ist stets inklusive Service *(service compris)*. In Bars und Cafés wird jedoch üblicherweise der Rechnungsbetrag aufgerundet, im Restaurant sind etwa 5–10 % Trinkgeld *(pourboire)* angemessen.

Umgangsformen

Siesta: Wie im übrigen Frankreich, so wird auch im Languedoc-Roussillon gerne getafelt. Von etwa 12 bis 14.30/15 Uhr sind Geschäfte geschlossen, der Straßenverkehr erstirbt – der Midi sitzt zu Tisch und hält anschließend Siesta. Die Mittagsruhe sollte nicht gestört werden.

Im Restaurant: Es entspricht nicht der Etikette, im Strandoutfit in ein besseres Restaurant einzukehren. Auch wartet man, bis man zu einem Platz geführt wird. Separate Rechnungen sind in Frankreich unüblich.

Verständigung: Viele Südfranzosen sprechen schlecht Englisch und erst recht kein Deutsch. Ein wenig Französisch, und sei es noch so holprig, wird daher stets mit großem Wohlwollen aufgenommen.

Panorama – Daten, Essays, Hintergründe

Der Pont du Gard zeugt von der Genialität römischer Baumeister

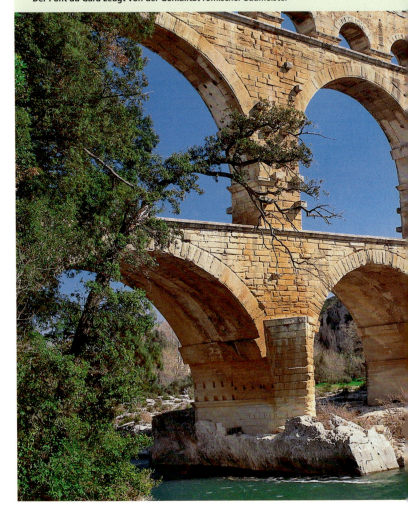

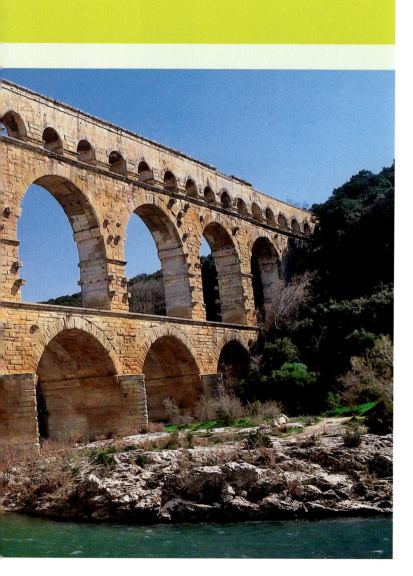

Steckbrief Languedoc-Roussillon

Daten und Fakten
Name: Région Languedoc-Roussillon
Fläche: 27 376 km²
Größte Städte: Montpellier (255 000 Einw.), Nîmes (147 000 Einw.), Perpignan (117 000 Einw.), Béziers (74 000 Einw.), Narbonne (51 000 Einw.), Carcassonne (48 000 Einw.), Alès (41 000 Einw.), Sète (40 000 Einw.)
Départements: Aude (340 000 Einw.), Gard (685 000 Einw.), Hérault (1 Mio. Einw.), Lozère (77 500 Einw.), Pyrénées-Orientales (426 000 Einw.)
Amtssprache: Französisch, Umgangssprachen Okzitanisch und Katalanisch
Einwohner: über 2,5 Mio.
Währung: Euro
Zeitzone: MEZ (mit westeuropäischer Sommerzeitregelung)
Flaggen: Französische Trikolore (blau-weiß-rot), goldenes Kreuz Okzitaniens auf rotem Grund, Kataloniens *sang et or* (goldene und blutrote Streifen)

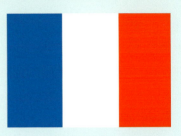

Geografie und Natur
Das Languedoc-Roussillon erstreckt sich entlang der französischen Mittelmeerküste von der Petite Camargue bis zu den Pyrenäen sowie landeinwärts bis in die Cevennen. Die Küstenlinie beträgt 220 km, vom Meer bis ins Hinterland sind es maximal 186 km. Auf 27 376 km² und damit 5 % der Fläche Frankreichs entfaltet die Region eine äußerst vielfältige und kontrastreiche Landschaftspalette. Von der meist flachen Küste am Golfe du Lion steigt das Land allmählich zu den Ausläufern des Massif Central und den Pyrenäen an. Wie Ränge in einem weiten Amphitheater schachteln sich die Landschaften: auf Meereshöhe Strände und Lagunen, gefolgt von Küstenebene und Garrigue, darüber die Causses und zu oberst die Bergmassive. Die Cevennen gipfeln im Mont Lozère (1699 m) und Mont Aigoual (1565 m), die Pyrenäen im Pic Carlit (2921 m) und Pic du Canigou (2784 m). Zum Schutz von Landschaft und Natur wurden ein Nationalpark und drei regionale Naturparks geschaffen.

Geschichte und Kultur
Früheste menschliche Spuren hinterließ der *homo erectus* vor etwa 450 000 Jahren in Tautavel. Um 560 v. Chr. gründeten griechische Händler Niederlassungen im westlichen Mittelmeerraum und führten Wein- und Olivenanbau ein. Nachhaltig beeinflusst wurden Gesellschaft und Kultur durch die Römer, die etwa 500 Jahre in der *provincia gallia narbonensis* herrschten. Anschließend fielen germanische Völker und Araber in die römische Provinz ein. Erst unter den Grafen von Toulouse und Barcelona erlebte die Region ab dem 9. Jh. eine neue Blütezeit. Der Kreuzzug gegen die Katharer gab den Vorwand, die weitgehend autonomen Fürsten im 13. Jh. unter das Joch der französischen Krone zu zwingen. Das Roussillon gehörte hingegen bis zum Pyrenäenfrieden 1659 zu Spanien. Im 16. Jh. zerrütteten die kriegerischen Auseinandersetzungen zwischen Katholiken und Protestanten das

Land. Die Eröffnung des Canal du Midi 1681 eröffnete der regionalen Wirtschaft neue Absatzmärkte. Im 18. und 19. Jh. prosperierte die Region durch Weinbau und Weinhandel. Im 20. Jh. führte die Abhängigkeit der Landwirtschaft und des Handels vom Wein wiederholt zu tiefen Depressionen. 1963 begann mit dem Bau von La Grande-Motte die Erschließung der Küste für den Massentourismus.

Staat und Politik

Frankreich ist eine Präsidialdemokratie, deren Staatsoberhaupt alle fünf Jahre vom Volk direkt gewählt wird. Regierungssitz ist Paris. Hier befinden sich alle Ministerien sowie die beiden Kammern des französischen Parlaments: die Nationalversammlung mit direkt gewählten Abgeordneten und der Senat mit Entsandten aus den Départements. Die Départements sind in 22 Regionen zusammengefasst, die ihrerseits ebenfalls ein Parlament wählen. Präsident des Conseil Général der Région Languedoc-Roussillon ist der Sozialist George Frêche, regionale Hauptstadt ist Montpellier. Die Region gliedert sich in die fünf Départements Lozère (Kennziffer 48), Gard (30), Hérault (34), Aude (11) und Pyrénées-Orientales (66).

Wirtschaft und Tourismus

Neben Tourismus, Handel und Bauwirtschaft spielen Weinbau und Fischerei im regionalen Wirtschaftsgefüge nach wie vor eine entscheidende Rolle. In der Küstenebene, und hier vornehmlich um Montpellier haben sich Hightech-Industrien und Forschungsbetriebe angesiedelt. Insgesamt bietet die Industrie jedoch vergleichsweise wenige Arbeitsplätze. Wichtigster Beschäftigungsmotor ist der Dienstleistungsbereich, der seit den 1990er-Jahren durch den Tourismus und die Baubranche neue Stellen schuf. Die Zahl der Erwerbslosen sank 2008 zwar auf 10 %, liegt aber wie gehabt über dem nationalen Mittel von 7 %. Mit ca. 15 Mio. Touristen jährlich, davon 5 Mio. Ausländer, ist das Languedoc-Roussillon die viertwichtigste Urlaubsregion Frankreichs. Dabei konzentriert sich der Tourismus vorwiegend auf die Küste.

Bevölkerung und Religion

Im Languedoc-Roussillon leben über 2,5 Mio. Menschen, das sind knapp 4 % der französischen Gesamtbevölkerung. In den letzten 40 Jahren stieg die Einwohnerzahl um mehr als 1 Mio. Nicht nur gut situierte Rentner, auch Studenten und der Führungsnachwuchs aus Paris streben auf der Suche nach angenehmen Lebensbedingungen gen Süden. Die Zuzügler tragen dazu bei, dass sich das starke demografische Ungleichgewicht in der Region weiter verschärft. So leben im Département Lozère nur 14 Einwohner/km², während es im Département Hérault 163 Einwohner/km² sind. Viele Bewohner haben italienische, spanische oder portugiesische Wurzeln. Hinzu kommen die *pieds noirs,* Franzosen, die in den 1960er-Jahren aus Algerien heimkehrten. Eine bedeutende soziale und religiöse Minderheit stellen die Immigranten aus Nordafrika *(maghrébins)* dar, bei denen es sich fast ausschließlich um Moslems handelt. Die Mehrheit der Bevölkerung ist katholisch, nur etwa 3 % gehören der evangelischen Kirche an.

Geschichte im Überblick

Vor- und Frühgeschichte

ca. 450 000 v. Chr. Der Tautavel-Mensch, der zur Spezies des *homo erectus* gehört, lebt und jagt in der Ebene am Fuß der Pyrenäen.

ca. 35 000 v. Chr. Der Cro-Magnon-Mensch siedelt in Südfrankreich. Er stellt einfache Werkzeuge her und beginnt Ackerbau zu treiben.

5000–2000 v. Chr. Während des Neolithikums errichten die Menschen Steinhütten, betreiben Ackerbau und Viehzucht. Die Toten werden in Steingräbern (Dolmen) bestattet. Überreste einer Siedlung der Frühsteinzeit wurden in Cambous nördlich von Montpellier freigelegt.

Griechen, Römer und Araber

7.–3. Jh. v. Chr. Griechische Händler aus Phokäa in Kleinasien gründen um 600 v. Chr. die Niederlassung *massalia* (Marseille) und um 560 v. Chr. *Agathè* (Agde). Die Griechen führen Wein- und Olivenanbau im westlichen Mittelmeer ein. Im Süden üben die Iberer Einfluss auf die Region aus. Im 3. Jh. dringen aus dem Norden die Kelten ans Mittelmeer vor.

214 v. Chr. Hannibal durchquert die Region auf dem Weg von Spanien nach Rom.

122–27 v. Chr. Die Römer erobern die westliche Mittelmeerküste und legen zwischen Rhône und Pyrenäen eine befestigte Militär- und Handelsstraße an, die *via domitia.* 118 v. Chr. gründen sie Narbonne. Julius Caesar vollendet 59–52 v. Chr. die Eroberung Galliens. Die römische Kolonie erhält den Namen *provincia gallia narbonensis* und umfasst die Provence und das Languedoc-Roussillon.

3. Jh. Die ersten christlichen Missionare treffen in Südgallien ein. Die Franken dringen bis zu den Pyrenäen vor und bedrängen die Römer.

5.–8 Jh. Germanische Völker fallen in Gallien ein. Das Reich der Westgoten, mit der Hauptstadt Toulouse, umfasst den Südwesten und Süden Frankreichs sowie große Teile der Iberischen Halbinsel. Um 507 erringen die Franken unter dem Merowinger Chlodwig die Vorherrschaft im Südwesten Frankreichs inklusive Toulouse. Die Küstenebene und das Roussillon bleiben jedoch bis zum 8. Jh. Teil des Westgotenreichs.

719 Die Araber erobern Narbonne und die *septimania.* Wie zuvor unter den Westgoten bestehen römische Sitten und die lateinische Sprache fort.

ab 759 Die Karolinger (Franken) vertreiben die Araber und etablieren im westlichen Mittelmeerraum das fränkische Feudalsystem. 803 stoßen sie nach Spanien vor und leiten die Rückeroberung Spaniens aus maurischer Hand ein. Die Region zu beiden Seiten der Ostpyrenäen, das spätere Katalonien, fällt als Lehen an die Grafen von Barcelona.

Blüte und Fall des unabhängigen Südens

9. Jh. Nach dem Tod Karls des Großen regieren die Grafen von Barcelona und Toulouse in wechselnden Machtkonstellationen weitgehend unabhängig von der französischen Krone im Süden Frankreichs. Unter ihrer liberalen Regentschaft erlebt die Region einen wirtschaftlichen Aufschwung. Die romanische Architektur und die Troubadour-Lyrik gelangen zu ihrer Blüte. Die Religion der Katharer kann sich ungehindert ausbreiten.

10./11. Jh. Der Einfluss der Kirche erstarkt. Pilgerströme Richtung Santiago de Compostela ziehen durch das Languedoc. Die Kreuzzüge fördern den Handel mit Italien, Griechenland und dem Vorderen Orient.

1137 Durch Heirat fällt den Grafen von Barcelona die Herrschaft über das Königreich Aragón zu.

1209–1255 Papst Innozenz III. ruft zum Kreuzzug gegen die Katharer auf. Das Heer der nordfranzösischen Kreuzfahrer kämpft unter der Führung von Simon de Montfort. Das Massaker von Béziers (1209) leitet die blutige Unterwerfung des Südens ein. Im Vertrag von Meaux (1229) erkennt der Graf von Toulouse die Lehnshoheit der französischen Krone an. Nach diesem offiziellen Ende des Kampfes gegen die Katharer soll die Inquisition die Ketzerei vollends ausrotten. 1255 fällt mit Quéribus die letzte Zufluchtsstätte der Katharer.

1258 Im Vertrag von Corbeil tritt der französische König alle Ansprüche auf das Roussillon, die Cerdagne und das Conflent an Aragón ab.

1276–1344 Durch Erbteilung Aragóns entsteht das Königreich Mallorca mit der Hauptstadt Perpignan, zu dem die Balearen, das Roussillon, die Cerdagne und Montpellier gehören. 1344 erfolgt die Wiedervereinigung des Königreichs Aragón, wobei Montpellier an Frankreich fällt.

1348 Die Pest rafft mehr als ein Drittel der Bevölkerung des Languedoc dahin. Die Schuld an der Epidemie wird den Juden zugeschrieben; es folgen Pogrome. Bis Ende des 15. Jh. erschüttern Kriege, Hungersnöte und Seuchen das Languedoc.

1479 Durch Heirat werden Aragón und Kastilien vereinigt. Mit dem Bau der Forteresse de Salses bekräftigen die spanischen Könige ihren Herrschaftsanspruch nördlich der Pyrenäen.

Die Religionskriege

1528–1532 Der protestantische Glaube breitet sich über das Rhône-Tal ins Languedoc aus. Vor allem in den Städten Uzès, Alès, Nîmes, Aigues-Mortes und Pézenas sowie in den Cevennen nehmen viele Einwohner den neuen Glauben an.

1539 Franz I. erhebt Französisch zur Amtssprache.

1598 Das Edikt von Nantes garantiert den Protestanten freie Glaubensausübung und beendet vorübergehend die blutigen Auseinandersetzungen zwischen den Religionsgemeinschaften.

1659 Durch den Pyrenäenfrieden fallen das Roussillon, die Cerdagne und das Conflent an Frankreich.

1666–1681 Gründung der Hafenstadt Cette (Sète) und Bau des Canal du Midi.

1685 Ludwig XIV. widerruft das Edikt von Nantes und zwingt viele Protestanten in die Emigration. Die Zurückgebliebenen üben ihre Religion an abgelegenen Orten im Geheimen aus *(assemblées du désert)*.

1702–1704 Die Protestanten setzen sich in einem Guerillakrieg gegen die königlichen Truppen zur Wehr. Da sie nur ein Hemd (okzit. *camiso*) und keine Uniform tragen, werden sie Kamisarden genannt. Das Toleranzedikt (1787) gewährt schließlich erneut Religionsfreiheit.

1789 Während die Protestanten die Französische Revolution massiv unterstützen, stehen die Katholiken ihr feindlich gegenüber. Der Hass zwischen den Bevölkerungsgruppen schwelt bis ins 19. Jh. weiter.

1790 Frankreich wird in Départements aufgeteilt.

1875 Die Reblausplage vernichtet im Languedoc-Roussillon große Teile der Weinstöcke.

1882 Durch die Einführung der allgemeinen Schulpflicht wird Französisch zur allein gültigen Unterrichtssprache.

Das Languedoc-Roussillon im 20. und 21. Jh.

1907 Der Protest der Winzer gegen den Import von Billigwein und gegen die Weinpanscherei wird vom Militär blutig niedergeschlagen.

1942 Die deutschen Wehrmacht besetzt die ›freie‹ Zone in Süfrankreich. In den Cevennen und Pyrenäen entsteht ein dichtes Netz der Resistance.

1951	Das Gesetz *Deixonne* erlaubt das Unterrichten von Katalanisch und Okzitanisch an Grund- und weiterführenden Schulen.
1962	Nach Ende des algerischen Unabhängigkeitskriegs lassen sich tausende Algerienfranzosen, die *pieds noirs,* im Languedoc-Roussillon nieder und verleihen der Landwirtschaft neue Impulse. Wenig willkommen sind die pro-französischen Algerier, sogenannte *harkis* (Verräter), die vor dem Hass ihrer Landsleute Schutz in Frankreich suchen.
1963	Mit dem Bau der Retortenstadt La Grande-Motte beginnt die touristische Erschließung der Küste zwischen Camargue und Pyrenäen.
1970	Der Parc National des Cévennes wird gegründet.
1972	Eine Verwaltungsreform teilt Frankreich in 22 Regionen ein. Hierbei entsteht die Bindestrichregion Languedoc-Roussillon.
1971–1981	Eine breite Bürgerbewegung protestiert gegen die Ausdehnung des militärisch genutzten Gebiets auf der Causse du Larzac.
1982	Der französische Präsident Mitterand erlässt Gesetze zur Regionalisierung und Dezentralisierung.
1985	Die UNESCO ernennt den Pont du Gard zum Welterbe.
1996–1998	Der Canal du Midi (1996), Carcassonne (1997) und St-Guilhem-le-Désert (1998) werden ins UNESCO-Welterbe aufgenommen.
2004	Im Dezember wird das Viaduc de Millau nach Plänen des Stararchitekten Sir Norman Foster für den Verkehr freigegeben.
2007	Nicolas Sarkozy von der konservativen UMP löst Jacques Chirac im Amt des französischen Staatspräsidenten ab. In Montpellier wird das Musée Fabre nach langjährigen Umbau- und Erweiterungsmaßnahmen wieder eröffnet.
2008	Das architektonische Werk Vaubans, darunter Mont-Louis und Villefranche im Roussillon, erhält den UNESCO-Welterbe Status.
2009	Auf dem Lido zwischen Sète und Marseillan wird zum Schutz der Küste die Straße landeinwärts verlegt.

Mensch und Natur in Einklang – Parc National des Cévennes

Auf dem Gipfel des Mont Lozère, dort wo karges Grasland die runden Felskuppen nur notdürftig bedeckt, fühlt man sich wie auf einem fremden Planeten. Der Mensch scheint dieses Fleckchen Erde vergessen zu haben. Dabei liegt die magische Landschaft, in der die Zeit stillsteht, nur wenige Kilometer entfernt von den Stränden des Mittelmeers und dem Touristentrubel.

Der Mont Lozère bildet zusammen mit der Causse Méjean, den Vallées Cévenoles und dem Mont Aigoual ein beeindruckend vielfältiges Landschaftsmosaik. Zu dessen Erhalt regte bereits 1912 Edouard-Alfred Martel, der Vater der französischen Höhlenforschung, die Einrichtung eines Nationalparks an. 50 Jahre später wurde der Gedanke erneut aufgegriffen und schließlich am 2. September 1970 der Parc National de Cévennes gegründet.

Frankreichs einziger bewohnter Nationalpark

Mit 321 800 ha, gegliedert in eine streng reglementierte zentrale Zone (91 279 ha) und eine Randzone, ist der Parc National de Cévennes der größte Nationalpark Frankreichs. Vom Fuß der Cevennen-Täler (378 m) schwingt er sich empor bis zu den Gipfeln von

Mont Aigoul (1565 m) und Mont Lozère (1699 m). Bodenbeschaffenheit und Klima – hier warm und trocken, dort kalt und feucht – lassen im Park 2656 sehr unterschiedliche und teils seltene Pflanzen, wie z. B. Türkenbund, Adonis-Röschen, Sonnentau und Orchideen gedeihen.

Aber nicht nur die Pflanzen-, sondern auch die Tierwelt ist äußerst vielfältig. Nachdem in den 1960er-Jahren eine massive Landflucht das Gebiet nahezu leer gefegt hatte, konnten bedrohte Tiere wie Schwarzspecht, Raufußkauz, Schmutzgeier und Adler, Seefrosch und Otter ihre angestammten Gebiete zurückerobern. Andere Arten wurden vom Menschen erfolgreich ausgewildert: Rothirsch, Reh und Wildschaf (Mufflon) in den Cevennen-Tälern und auf dem Mont Lozère, Gänse- und Mönchsgeier in den Schluchten von Tarn und Jonte, Auerhahn und Biber auf den Causses und in den Gorges.

Doch die Natur wird im Cevennen-Nationalpark nicht unter der Glasglocke gehalten. Denn schließlich wird der Park inzwischen wieder von über 41 000 Menschen bewohnt, von denen ca. 600 in der zentralen Zone leben und diese nachhaltig bewirtschaften. Natur, Landschaft und Kulturerbe gleichermaßen zu schützen, war von Anfang an das erklärte Ziel. Doch es ist bekanntlich keine einfache Aufgabe, Naturschutz und bäuerlichen Aktivitäten im

> **Maison du Parc**
> Im Château von Florac informiert eine umfangreiche Dokumentation über die Ziele und die Arbeit des Parc National des Cévennes. Spezielle Aspekte des Parks werden in mehreren Naturkundemuseen *(écomusée)* sowie auf Naturkundepfaden behandelt (La Maison du Parc, Tel. 04 66 49 53 01, www.cevennes-parcnational.fr, Juli/Aug. tgl. 9–18.30, Sept.–Juni Mo–Fr 9.30–12.30, 13.30–17.30 Uhr, Ostern–Sept. auch Sa/So).

Gleichgewicht zu halten und zudem einen sanften Tourismus zu entwickeln. Bereits 1985 wurden Teile des Cevennen-Nationalparks von der UNESCO zum Biosphärenreservat erklärt.

Im Reich von Granit und Kalkstein

Das Markenzeichen des Mont Lozère sind die kahlen Kuppen aus Granit, ein Gestein aus den Tiefen der Erde und an die 300 Mio. Jahre alt. Monströse Steinmurmeln, wie von Riesenhand hingeworfen, übersäen die von Wind und Wetter arg strapazierten Höhen. Millionen Schafe, die früher über die *drailles* (Herdenwege) auf die Sommerweiden emporkletterten, haben die Gipfel kahl gefressen. Seit die Weidewirtschaft zurückgeht, konnten sich Ginster und Heide ausbreiten. Kiefern, Tannen und Buchen wurden an den Südhängen des Sommet de Finiels wieder aufgeforstet.

Auf der weiten und menschenleeren Hochebene des Causse Méjean weicht der Granit weichem, hellem Kalkstein, aus dem die Erosion vielerorts bizarre Felsskulpturen geschaffen hat. Auf dem porösen und trockenen Untergrund gedeihen in erster Linie Gräser sowie robuste Kriech- und Dornengewächse, z. B. Buchsbaum, Heide, Ginster, Schlehe und Wacholder. Aber auch diverse Orchideenarten wachsen auf dem kargen Boden.

Charakteristisch für die Causses sind eisige Winter und sengendheiße Sommer, die zur Unfruchtbarkeit des Landes beitragen. Lediglich die Schafzucht bot den Bauern hier von jeher eine Erwerbsquelle. Da jedoch die Schafzucht immer mehr zurückgeht, drohen die kargen Weideflächen von Strauchwerk überwuchert zu werden, wodurch das fragile ökologische Gleichgewicht aus den Fugen gerät.

Begrenzt wird der Causse Méjean von den Gorges du Tarn und Gorges de la Jonte, deren wilde Felslandschaften jedes Jahr Tausende von Touristen faszinieren. Im mineralreichen Wasser der Flüsse fühlen sich Forellen, Flussbarben, Elritze und Gründlinge wohl. In den Felsen und am Ufer brüten Zaunkönige, Eisvögel und Wasseramseln, über den Schluchten kreisen Steinadler, Geier und Schwarzmilane, während der Biber wieder Burgen baut.

Brotbaum und Goldbaum

Von der Südflanke des Lozère-Massivs ziehen sich bis hinunter zu den Hügeln der Garrigue die blaugrünen Bergkämme der Cevennen. Das wild zerklüftete Schiefergebirge, in dessen tief eingeschnittenen Tälern zahlreiche Wildbäche dem Mittelmeer entgegenstreben, ist von Wäldern überzogen. Immergrüne Steineichen, Eichen, Edelkastanien und Buchen sind hier beheimatet, während Fichten, Tannen und

Kiefern, insbesondere am Mont Aigoual, meist das Ergebnis von Aufforstungsarbeiten sind. Im Unterholz findet der gewöhnliche Adlerfarn auf saurem Boden einen idealen Standort.

In den steilen Hängen der Cevennen legten Generationen von Bauern mühsam Terrassen für den Anbau von Gemüse und Getreide an. Die Ernteerträge waren mager und so wurden die Früchte der Edelkastanie *(châtaignier)* für die Bevölkerung zum Grundnahrungsmittel. Eindringlich beschreibt Jean Carrière in seinem Roman »Der Sperber von Maheux«, wie die Kastanie den armen Bauern das Brot ersetzte. Zu Beginn des 20. Jh. verlor der ›Brotbaum‹ zunehmend an Bedeutung, die Bestände verwilderten und erkrankten. Erst in jüngster Zeit werden einige Kastanienhaine wieder bewirtschaftet und Kastanienprodukte, etwa Mehl, Brot, und Kuchen, in einigen Läden vor Ort verkauft.

Vernachlässigt sind auch die Maulbeerbäume *(mûrier),* deren Blattwerk einst zur Mast der Seidenraupen genutzt wurde. Der Herbst lässt das Blätterkleid des Baumes gold-gelb strahlen. Die Bezeichnung ›Goldbaum‹ verweist aber in erster Linie auf den Wohlstand, den die Seidenraupenzucht dank des Maulbeerbaums im 19. Jh. in die armen Cevennen-Täler brachte. Die Entwicklung synthetischer Fasern zu Beginn des 20. Jh. bedeutete das Aus für die Seidenraupenzucht und die darauf aufbauenden Industriezweige.

Gehöfte – so vielfältig wie die Landschaft

Neben dem Naturerbe sucht der Nationalpark auch die traditionelle Architektur zu erhalten. In erster Linie handelt es sich hierbei um etwa 4000 Gehöfte in der zentralen Zone des Parks. Je nach Standort der Gebäude variiert nicht nur das Baumaterial – Granit am Mont Lozère, Kalkstein auf den Causses, Schiefer in den Cevennen –, sondern auch der Bauplan. Gemeinsam ist ihnen nur das Dach aus Steinplatten, den *lauzes.* Auf den Berghöhen und Causses sieht man gedrungene Gehöfte mit separat stehenden Stallungen, die dem Wind wenig Angriff bieten sollen. In den Tälern der Cevennen wachsen die Häuser hingegen in die Höhe, denn das gebirgige Relief bietet wenig Bauplatz und es gilt, möglichst wenig Weide- und Ackerland zu vergeuden. Hier wohnen Mensch und Tier unter einem Dach – unten der Stall, darüber der Wohnbereich. Unter dem Dach fand dann noch die *magnanerie,* die Seidenraupenzucht, Platz. Einen Eindruck von der traditionellen Bauweise vermitteln die Ferme de Troubat und das Mas Camargues, beide Teil des Maison du Mont Lozère in Le Pont-de-Montvert, sowie die Ferme Caussenarde d'Autrefois auf der Causse Méjean.

Am seidenen Faden
Wissenswertes über die Seidenraupenzucht und die Seidenspinnereien erfährt man im **Musée de la Soie** in St-Hippolyte-du-Fort (Tel. 04 66 77 66 47, http://museedelasoie-cevennes.com, April–Mitte Nov. Di–So 10–12.30, 14–18 Uhr, Juli/Aug. tgl. geöffnet) sowie in der **Magnanerie de la Roque** im Vallée Française bei Molezon (Tel. 04 66 45 28 79, www.mescevennes.com, Juni Sa/So sowie Juli/Aug. tgl. 10.30–13, 14.30–18 Uhr).

Sand, Wind und Mücken – die Küste des Midi

An der Küste des Mittelmeers und den Ufern der Etangs finden Fischer und Salzbauern seit jeher ein Auskommen. Zum Vergnügen hingegen suchte niemand das mit Mücken verseuchte Marschland auf. Vor mehr als 40 Jahren verscheuchte die Mission Racine die Mücken und ›versilberte‹ den Sand.

Sichelförmig legt sich die Küste des Languedoc-Roussillon von der Rhône bis zu den Pyrenäen um den westlichen Teil des Golfe de Lion. Nur bei Sète, Agde, Narbonne und Leucate unterbrechen Felsformationen den schmalen, 200 km langen Sand- und Dünengürtel. 20 km vor der spanischen Grenze, dort wo die Ausläufer der Pyrenäen steil ins Meer abfallen, endet der schier endlose goldgelbe Strand in einer buchtenreichen Felsenküste. Hinter dem Meeressaum reihen sich die *étangs* wie Perlen auf einer Schnur. Nur ein schmaler Lido trennt diese Salz- und Brackwasserseen vom Meer.

Die Dünen und Strände bestehen fast ausschließlich aus dem Sand, den die Rhône aus den Alpen ins Mittelmeer schwemmte und immer noch schwemmt. Vor der einst buchtenreichen Küste türmten Wellen und Meeresströmungen Sandbänke auf, die allmählich zu einem durchgehenden Dünengürtel zusammenwuchsen und die Buchten vom Meer abriegelten. Auf diese Weise entstanden die *étangs,* deren Zugänge zum Meer sich im 17. Jh. endültig schlossen.

Im Sand versunken

Ohne Unterlass transportiert die Rhône den Sand heran, und der Wind moduliert die Landschaft täglich neu. Aigues-Mortes, Agde und Narbonne wurden diese Naturkräfte zum Verhängnis. Von diesen Hafenstädten aus wurden Kreuzfahrer, Seide und Salz verschifft. Päpste, Könige und Piraten stritten um ihren Besitz. Doch schließlich versandeten die Zugänge zum Meer und die Häfen saßen buchstäblich auf dem Trockenen.

Abgesehen vom Fischfang und der Salzgewinnung hatte der unwirtliche Küstenstreifen nunmehr wenig zu bieten. Sengende Sonne, Stürme, Überschwemmungen und dazu Myriaden Mücken, die sich in den weiten Schilfgürteln und zahllosen Tümpeln ungehindert vermehrten, hielten die Menschen fern.

Dennoch entstanden ab Mitte des 19. Jh. einige kleinere Badeorte, etwa Le Grau-du-Roi, Carnon, Palavas, Valras, Gruissan und Le Barcarès. Denn wie andernorts fuhren die Städter nun am Sonntag ans Meer und in der feinen Gesellschaft kamen Kuraufenthalte am Wasser in Mode.

Auf Sand gebaut

In den 1950er-Jahren träumte schließlich auch die große Masse von Ferien am Meer. Die ersten Urlaubskarawanen machen sich auf an die Côte d'Azur, aber auch an die Costa Brava nach Spanien. Flugs besann sich Paris auf das Potenzial des verschmähten Sandstreifens zwischen der Rhône und den Pyrenäen. Am 18. Juni 1963 nahm die nach ihrem Vorsitzenden Pierre Racine benannte Kommission zur Erschließung der Küste für den Tourismus ihre Arbeit auf. Paris stellte alle Mittel zur Verfügung, um das weitenteils mückenverseuchte Sumpfland trockenzulegen und die erforderliche Infrastruktur zu schaffen.

Für geschätzte eine Million Sommerfrischler sollten sechs neue Touristenzentren aus dem Sand wachsen und die vorhandenen Küstenorte ausgebaut werden. Zwischen den Ortschaften waren naturbelassene Zonen vorgesehen, in denen jede Bebauung untersagt war. Wegweisend war der Bau von La Grande-Motte, für dessen Planung der Stararchitekt Jean Balladur gewonnen wurde. Im Sommer 1968 verbrachten hier die ersten Urlauber ihre Ferien. Schlag auf Schlag folgten von Nord nach Süd Port-Camargue, Le Cap-d'Agde, Port-Gruissan, Port-Leucate, Port-Barcarès, Canet-Plage und St-Cyprien.

> **Pavillon bleu**
>
> In 18 Gemeinden, an 68 Stränden und in 15 Jachthäfen flattert die blaue Flagge mit dem weißen Wellensymbol. Damit hält die Region Languedoc-Roussillon den französischen Rekord. Das internationale Ökolabel wird seit 1987 jährlich vergeben und garantiert eine hervorragende Wasserqualität, hohe Umweltstandards sowie gute Sicherheits-, Service- und Sanitäreinrichtungen (www.pavillonbleu.org).

Die einheimische Bevölkerung sah die Entwicklung mit Skepsis, war die touristische Erschließung doch von staatswegen angeordnet. Mit der Zeit verstummten die Kritiker, denn die Komission Racine beförderte das Languedoc-Roussillon zur viertwichtigsten Touristenregion Frankreichs und eröffnete damit eine neue wirtschaftliche Ressource.

Wenn der Sand schwindet

Die Quelle des neuen Reichtums ist indes in Gefahr, weil der Strand in letzter Zeit erschreckend schnell schwindet. Bis in die 1960er-Jahre dehnten sich die Dünen und Strände am Golfe du Lion kontinuierlich aus. Dann aber stoppten die Kanalisation der Rhône und der Bau von Hafenmolen das weitere Wachstum. Der größte Teil der angespülten Sedimente sammelt sich nunmehr vor der Mündung der Rhône an, und nur noch eine halbe Million Tonnen Sand landen an der über 200 km langen Küste – ein Tropfen auf den heißen Stein! Besonders drastisch ist die Situation am Grand und Petit Travers zwischen La Grande-Motte und Carnon-Plage, am Lido zwischen Sète und Marseillan-Plage sowie im Süden bei Torreilles-Plage und Ste-Marie-Plage.

Der Massentourismus und der damit einhergehende Ausbau der Infrastruktur verstärken die Erosion der Küste. Weite Strandzonen wurden mit Straßen, Parkplätzen und Feriensiedlungen zubetoniert und die stabilisierende Dünenflora wurde zerstört. So kann der Wind den Sand ungehindert hinwegwehen und die Stürme reißen immer größere Teile des Strandes ins Meer. Regelmäßig muss deshalb an den Stränden Sand aufgefüllt werden,

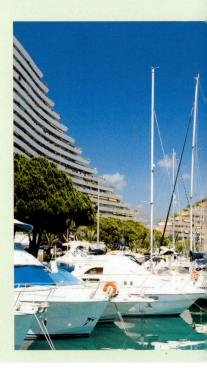

den man weit draußen im Meer oder vor der Rhône-Mündung abbaggert. Auf diese Weise wurde 2008 die Plage zwischen Grand und Petit Travers bei La Grande-Motte repariert, wobei Steinaufschüttungen im Untergrund für zusätzliche Stabilität sorgen sollen. Kritische Stimmen bezweifeln allerdings, dass die Freude an dem neuen, breiteren Strand von langer Dauer sein wird.

Andernorts versucht man, der Erosion mit Hilfe der *ganivelles* ein Schnippchen zu schlagen. Diese Zäune aus Kastanienholz festigen die Dünen und ermöglichen den Wuchs einer neuen Pflanzendecke. Wellenbrecher im Meer, zunehmend aus beweglichen Schwimmkörpern gebaut, sollen die Wucht der Stürme abfangen.

Den größten Erfolg im Kampf gegen die Erosion der Küste verspricht die Verlegung von Küstenstraßen und Parkplätzen. So wurde auf dem Lido zwischen Sète und Marseillan-Plage die D 912 komplett abgetragen und landeinwärts parallel zur Bahnlinie neu gebaut. Im Jahr 2010 soll das gigantische Projekt abgeschlossen und der Zugang zum Strand neu geregelt sein. Zwar kann man dann nicht mehr direkt vom Auto aus in *grande bleue* springen, doch das Badevergnügen fernab der Straße hinter einem schützenden Dünengürtel wird hoffentlich umso größer sein.

Markenzeichen von La Grande-Motte – Apartmenthäuser in Pyramidenform

Frischer Wind für neue Energie –
parc éoliens

Mehr als 250 Tage im Jahr herrscht der Wind im Languedoc-Roussillon mit einer ganz typischen meridionalen Üppigkeit. Da der Mensch ihn nicht zähmen konnte, hat er ihn zum Verbündeten gemacht. Heute verleiht der Wind der Region in puncto erneuerbarer Energien Flügel.

Bei unseren westlichen Nachbarn findet die Nuklearenergie eine hohe Akzeptanz. Wie sonst könnte die Krokodilfarm von Pierrelatte im Schatten der Kühltürme des Atommeilers Tricastin zur beliebten Freizeitattraktion für Familien avancieren? Dass Atomstrom sauber und ungefährlich ist, wird hier bereits dem Nachwuchs suggeriert. Allerdings darf nicht übersehen werden, dass die Kraftwerke und Versuchsanlagen an der Rhône – Cruas-Meysse bei Montélimar, Tricastin bei Bollène und Macoule bei Bagnols-sur-Cèze – seit Jahrzehnten Arbeitsplätze in einer eher strukturschwachen Region sichern. Selbst die Zwischenfälle in Tricastin im Frühjahr 2008, die international zur Sorge Anlass gaben, wurden in der Regionalpresse schnell von anderen Schlagzeilen verdrängt.

Während Paris weiter in den Ausbau der Atomenergie investiert, hinkt das Land im Aufbau einer alternativen Energieversorgung anderen europäischen Ländern hinterher. Im Hinblick auf die Förderung erneuerbarer Energien wird dabei der Windkraft eine wichtige Rolle beigemessen.

Ein treuer Verbündeter

Lange bevor die Hightech-Windräder den Hügelkämmen im Languedoc und Roussillon eine futuristische Silhouette verliehen, machten die Menschen hierzulande den Wind schon immer zu ihrem Verbündeten. So verweisen rund um Carcassonne zahlreiche Windmühlen auf den einstigen Ruhm des Lauragais als Kornkammer des Languedoc. Vertraut ist auch der Anblick von Windrädern auf rostigen Eisengestellen in den Feldern. Mit ihrer Hilfe wurde Waseer gepumpt, sei es um Etangs und Sümpfe trockenzulegen, sei es um Weinfelder und Gärten mit kostbarem Nass zu versorgen. Noch heute drehen sich die vielflügeligen Veteranen mancherorts quietschend im Wind.

Der Wind ist an der gesamten Küste des Languedoc-Roussillon, insbesondere aber im Département Aude, mit großer Regelmäßigkeit zu Gast. Mistral, Tramontane und Marin blasen nicht nur an 260 Tagen im Jahr, sondern auch in den Nächten konstant. Damit sind sie bei der Energieversorugng ein noch zuverlässigerer Partner als die Sonne.

Mit und gegen den Wind

Der erste Windpark *(parc éolien)* Frankreichs entstand 1993 in Port-la-Nouvelle. Fünf weitere Jahre dauerte es, bis Sallèles-Cabardes den Betrieb aufnahm. Danach ging es mit Windeseile voran. Inzwischen arbeiten im Languedoc-Roussillon über 20 Windparks, zahlreiche weitere Projekte sind in Planung. Im Jahr 2010 sollen in der Region ca. 20 % des häuslichen Strombedarfs durch Windkraft gedeckt werden.

Allerdings weht der Wind den Befürwortern dieser erneuerbaren Energie auch ins Gesicht. Umweltschützer weisen auf die Gefahren der Rotoren für Zug- und Greifvögel sowie für Fledermäuse hin. Landschaftspfleger geben zu bedenken, dass die Pylone mit ihren zwei- oder dreiblättrigen Rotoren das Landschaftsbild nachhaltig verändern. Zudem hinterlassen die zur Anbindung der Windparks ans Stromnetz erforderlichen Erdarbeiten tiefe Narben. Nicht zuletzt befürchten die Anwohner, durch die Geräusche der Rotoren belästigt zu werden.

Das schlagendste Argument gegen die Windkraft stellt natürlich die Wirtschaftlichkeit dar. Denn schließlich produziert Frankreich mehr Atomstrom, als es selbst benötigt. Dennoch, die großen Energiekonzerne investieren in den Wind. Gar nicht so neu ist dabei ihre Idee, einen Windpark im Meer zu errichten. Ganz im Stillen ist ein solches Projekt bereits vor der Küste von Le Cap-d'Agde baureif geworden.

Kleine Windkunde
Mistral: Kalter, trockener Nord-Nordostwind, der mit Spitzengeschwindigkeiten von über 100 km/h das Rhône-Tal herabfegt.
Tramontane: Die Schwester des Mistrals im südlichen Languedoc und im Roussillon weht aus westnordwestlicher Richtung. Rund um Narbonne wird sie **Cers** genannt.
Marin: Warmer Südostwind, der vom Meer Wolken und Regen bringt und manchmal eine starke Brandung aufbaut.
Autun: Auf Corbières und Montagne Noire begrenzter warmfeuchter Starkwind aus südöstlicher Richtung.

Der Weinbau im Languedoc – Wohl und Wehe der Wirtschaft

Millionen von Rebstöcken, die in Reih und Glied bis zum Horizont reichen – dieses Bild beherrscht die Ebenen und Hügel im Languedoc-Roussillon. Lange Zeit hing der Wohlstand der gesamten Region einzig und allein vom Wein ab.

Ab dem 18. Jh. verdrängte der Wein im Languedoc-Roussillon nach und nach andere landwirtschaftliche Produkte wie Getreide und Oliven. Über den Canal du Midi und später über die Eisenbahn konnten die Produzenten neue Märkte erschließen. Der Weinbau entwickelte sich zur lukrativen Einnahmequelle. Béziers erblühte als Kapitale des Weinhandels und wurde zur reichsten Stadt im Languedoc.

In der Hoffnung auf einen schnellen Gewinn wurde immer mehr Garrigue in Weinfelder verwandelt. Nach 1863 brachte die Reblausplage, die innerhalb von fünf Jahren ein Drittel aller Rebstöcke vernichtete, Angebot und Nachfrage zunächst wieder ins Lot. Viele kleine Bauern mussten in jenen Jahren aufgeben, wobei einige ihr Glück in Algerien suchten.

Die Revolte der *gueux*

Größere Weingüter hingegen gingen gestärkt aus der Krise hervor und trachteten nach schnellem Gewinn »*Faire pisser la vigne!*«, lautete die Devise der Zeit:. Es galt also, mit mög-

lichst niedrigen Kosten ein Produkt für den Massenkonsum herzustellen. Skrupellose Panscher erhöhten dabei den Ertrag gar durch den Zusatz von Zucker. Zusätzlich floss aus Algerien billiger Wein auf den französischen Markt.

So wiederholte sich die Geschichte: Die Vorräte wuchsen, die Preise purzelten, die kleinen Produzenten und Landarbeiter standen vor dem Ruin. Mehr als 500 000 dieser Hungerleider *(gueux)* schrien am 9. Juni 1907 in Montpellier ihren Frust heraus und forderten Maßnahmen der Regierung Clémenceau. Diese aber stand unter dem Druck der nordfranzösischen Zuckerindustrie und schickte das Militär in die südfranzösischen Städte. In Narbonne eskalierte die Situation, es gab sechs Tote und etliche Verletzte.

Schließlich verabschiedete die Regierung zwar ein Gesetz gegen die Betrügerei, doch die Konkurrenz aus Algerien, später auch aus Italien und Spanien, blieb bestehen. Selbst radikale Protestaktionen der südfranzösischen Winzer vermochten an dieser Situation nichts zu ändern.

Umdenken im Weinberg

Erst die konsequente Hinwendung zu mehr Qualität brachte den Weinen des Midi den ersehnten Erfolg. Vor allem junge und ambitionierte Winzer können mit exzellenten Produkten die Weinwelt überzeugen. Allen Anstrengungen zum Trotz trifft der rückläufige Absatz französischer Weine den Midi aber besonders hart. Schließlich wird hier nach wie vor in erster Linie Landwein produziert und das zu höheren Kosten als die Konkurrenz in Übersee. Auch 2007 gingen die Weinbauern auf die Straße und forderten Hilfe der Regierung. Um durch eine Reduzierung der Erträge den Markt zu stabilisieren, werden mit finanzieller Unterstützung aus Brüssel in der gesamten Region Weinfelder gerodet – und das nicht zum ersten Mal! Dennoch, Weinstöcke beanspruchen weiterhin ein Drittel der landwirtschaftlichen Fläche im Languedoc-Roussillon, und die hier produzierten Weine begeistern in zunehmendem Maß selbst eingeschworene Bordeaux-Fans.

Klasse statt Masse – die Weine des Midi

Unter mediterraner Sonne gedeihen im weltweit größten Anbaugebiet sehr unterschiedliche Rebsorten. Für jeden Geschmack und jede Gelegenheit gibt es hier den richtigen Tropfen. Selbst verwöhnte Gaumen werden nicht enttäuscht.

Fast 40 % aller in Frankreich erzeugten Weine kommen aus dem Languedoc-Roussillon. Hieß es lange Zeit Masse statt Klasse, so setzte nach drastischer Überproduktion in den 1970er- und 1980er-Jahren ein Umdenken ein. Die Winzer pflanzten hochwertigere Rebsorten, begrenzten den Ertrag pro Hektar Anbaufläche und modernisierten ihre Kellertechnik. Diese Maßnahmen wurden vielerorts mit der Verleihung des Prädikats *Appellation d'Origine Contrôlée* belohnt. Heute werden unter der Marke »Sud de France« Spitzengewächse verkauft, die den Vergleich mit den großen *crus* aus Bordeaux nicht zu scheuen brauchen.

Auch die *Vins de Pays,* die nach wie vor den Löwenanteil der regionalen Weine ausmachen, wurden in den letzten Jahrzehnten ständig verbessert. Dabei setzten die Winzer auf die süffigen, im Languedoc allerdings nicht zur Appellationproduktion zugelassenen Rebsorten Merlot und Cabernet Sauvignon und bauen diese auch zu charakterstarken sortenreinen Weinen aus. Auf dem Vormarsch sind die Biowinzer, die mit ihren Erzeugnissen eine neue Klientel auf die Weine des Midi aufmerksam machen.

Im Dschungel der Appellationen

Die Appellationslagen des Languedoc-Roussillon beginnen im Osten mit den Côtes du Rhône, die bis weit in die Provence hineinreichen. Zu den renommiertesten Lagen mit eigenem Herkunftssiegel zählen Tavel, Lirac, Laudun und Chusclan. Hinzu gesellen sich die Côtes du Rhône Villages und die Costières de Nîmes.

Von Nîmes bis Narbonne reicht das gigantische Rebenmeer der Coteaux de Languedoc. Unter den Terroirs in diesem Gebiet machen vor allem Pic St-Loup, Montpeyroux und La Clape mit qualitativ hochwertigen Produkten auf sich aufmerksam. Eigene Herkunftssiegel erhielten die Weine von Faugères und St-Chinian, nördlich von Béziers.

Von den Ausläufern der Montagne Noire bis hinab zum Canal du Midi und der Aude erstreckt sich die Appellation Minervois. Östlich und westlich von Carcassonne liegen die kleinen, weniger bekannten Anbaugebiete Cabardès und Malepère. In dem großen Karree zwischen der Aude, der Mittelmeerküste und den Felsen von Quéribus und Peyrepertuse findet die Herkunftsbezeichnung Corbières Anwendung. Bereits 1948 wurde den Roten aus Fitou das begehrte AOC-Prädikat verliehen.

Côtes du Roussillon und Côtes du Roussillon Village heißen die AOC-Weine des Roussillon. Auch Collioure im äußersten Süden der Region besitzt eine eigene Appellation. Der kleine, nur 480 ha große Weinberg erzeugt in einer außergewöhnlichen Lage am Meer gehaltvolle Rotweine, die zum allergrößten Teil gleich vor Ort verkauft werden.

Im April 2007 gesellte sich zu den zahlreichen territorial begrenzten Herkunftsprädikaten übergreifend die Appellation d'Origine Contrôlée Languedoc hinzu. Sie umfasst alle Anbaugebiete zwischen Nîmes und der spanischen Grenze.

Rot ist Trumpf

Die Produktion von Rotweinen hat im Languedoc-Roussillon eindeutig Vorrang. Vorwiegend werden hierbei die Rebsorten Carignan, Syrah, Grenache rouge, Mourvèdre und Cinsault verwendet. Ihre Assemblage ergibt vollmundige, kräftige Weine mit schöner Fruchtnote. Erfolge erzielen daneben auch sortenreine Weine *(vin de ce-*

Französische Gütesiegel

Die *Vins d'Appellation d'Origine Contrôlée,* kurz AOC, unterliegen strengen Vorschriften u. a. in Bezug auf Herkunft, Rebsorte, Ertrag und Alkoholgehalt. Nur wenig minder hohe Anforderungen werden an die *Vins Délimités de Qualité Supérieure* (VDQS) gestellt. Auch die Bezeichnung *Vin de Pays* ist an eine bestimmte Herkunft und Produktion gebunden. Der Ertrag pro Hektar liegt für den Landwein aber höher und auch die Anreicherung mit Zucker ist erlaubt. Am Ende der Skala steht der Tafelwein, *Vin de Table,* in der Regel ein aus Reben unterschiedlichster Herkunft verschnittenes Massenprodukt.

page). In allen Anbaugebieten wird auch Rosé gekeltert, in Tavel an der Rhône sogar ausschließlich. International vermarktet werden insbesondere die *Gris des Sables*, die auf dem Sandboden der Camargue wachsen.

Weißwein hingegen spielt im gesamten Midi eine untergeordnete Rolle. Das begehrte AOC-Siegels besitzt z. B. die trockene, blumige Clairette de Bellegarde aus dem Gard. Die sherryähnliche Clairette de Languedoc findet in erster Linie Verwendung in der Vermouth-Industrie. Am Etang de Thau wird der Picpoul-de-Pinet kultiviert, ein spritziger AOC-Wein, der hervorragend zu den hier gezüchteten Austern schmeckt. Die Vigonier-Traube, die eigentlich an der nördlichen Rhône beheimatet ist, wird gerne im Cabardès und Malepère angebaut.

Von natursüß bis prickelnd

Eine Spezialität stellen die *Vins Doux Naturels* (VDN) dar. Dazu zählen die rubinroten, körperreichen Süßweine aus Banyuls, Rivesaltes und Maury im Roussillon. Der honiggelbe Muscat de Rivesaltes, der ein starkes Nussaroma besitzt, trägt ebenso ein VDN-Prädikat wie die blumigeren Muskatweine aus Frontignan, Lunel und Mireval. Die natursüßen Weine werden gekühlt als Aperitif getrunken, passen aber auch gut zu Käse oder Dessert.

Tradition hat im Languedoc-Roussillon die Herstellung von Wermut: In Marseillan am Etang de Thau entsteht aus Wein und Kräutern der Noilly-Prat, in Thuir im Roussillon wird auf ähnliche Weise Byrrh erzeugt.

Gut 150 Jahre vor der Entdeckung des Champagners stellten die Benediktiner der Abtei St-Hilaire am Oberlauf der Aude 1531 erstmals einen Schaumwein her. Sie verwendeten dazu die Blanquette-Traube, die andernorts Mauzac genannt wird. Die fein perlige *Blanquette de Limoux*, die bereits 1938 eine Appellation erhielt, kann durchaus mit ihrem berühmten Bruder im Norden konkurrieren. Seit 1991 wird auch ein *Crémant de Limoux* produziert, der die Chardonnay-Traube stärker betont.

Weinkauf und -probe

Sowohl die örtlichen Winzergenossenschaften *(Caves coopératives)* als auch viele Weinbauern verkaufen ihre Weine direkt an den Endverbraucher. Schilder mit der Aufschrift *vente* oder *dégustation* weisen den Weg zu den Weingütern oder *caves*. Zum Kennenlernen der 32 AOC-Anbaugebiete und ihrer Produzenten laden ein knappes Dutzend beschilderte Weinrouten *(route du vin)* ein. Aber auch die Supermärkte bieten ein großes Angebot an guten regionalen Weinen. Gelegentlich finden dort auch mehrtägige Weinmessen statt.

Archäologische Puzzlesteine – auf den Spuren der Römer

Die Arènes in Nîmes – eines der am besten erhaltenen antiken Amphitheater

Als die Kelten 125. v. Chr. die Mittelmeerküste bedrohten, riefen die Bewohner der griechischen Kolonie Massalia ihre Verbündeten in Rom zur Hilfe. Die Römer eilten geschwind herbei und blieben 500 Jahre im Süden Frankreichs. Prachtvolle antike Bauwerke zeugen von der römischen Herrschaft, während zahlreiche ungehobene Schätze hier noch immer im Boden schlummern.

Als Leitfaden zu den römischen Stätten und Städten dient die *via domitia*, die antike Heer-und Handelsstraße entlang der Mittelmeerküste. Regelmäßig stoßen die Archäologen entlang der *via domitia* auf Zeugnisse der römischen Welt – hier eine Brücke in der Garrigue, dort ein Mosaik oder ein antiker Meilenstein inmitten von Weinfeldern. Die Ruinen von Ambrussum bei Lunel, der archäologische Park in Lattes, die Villa von Loupian oder das Oppidum d'Ensérune zählen zu den wichtigsten Ausgrabungsstätten vorrömischer und römischer Epoche. Vor allem aber in Narbonne und Nîmes sowie in den provenzalischen Städten östlich der Rhône ist die Ausbeute der

Archäologen reichhaltig. Erst im Frühjahr 2008 wurde in Arles eine Büste Caesars aus dem Wasser der Rhône gehoben. Spektakulärstes Zeugnis römischer Bau- und Ingenieurskunst im Süden Frankreichs ist zweifelsohne das UNESCO-Welterbe Pont du Gard nördlich von Nîmes.

Eine Schnellstraße römischer Bauart

Von der römischen Genialität zeugt auch die *via domitia,* ein Teilstück des sage und schreibe 100 000 km umfassenden antiken Straßennetzes. Kaum hatten die Römer die Kelten besiegt, trieb ihr Feldherr Domitius Ahenobarbus die systematische Eroberung Südgalliens voran. Dazu ließ er als erstes 118. v. Chr. den alten Küstenweg zwischen Italien und der iberischen Halbinsel auf Vordermann bringen.

Die sodann nach ihm benannte *via domitia* querte beim heutigen Beaucaire die Rhône und verlief auf schnurgeraden Trassen bis zum Col de Perthus in den Pyrenäen. Alle 10–15 km wurden Versorgungsstationen errichet, alle 30–50 km Herbergen für die Nacht. Im Abstand von 1,481 km, das entspricht einer römischen Meile, markierten Steine die Entfernungen zwischen den Stationen. Über diese Straße konnte der Nachschub aus Rom ungehindert rollen. Sie erlaubte sowohl eine schnelle Truppenbewegung als auch eine flotte Nachrichtenübermittlung. Zugleich erleichterte die *via domitia* Händlern und Siedlern den Zugang zu den Gebieten zwischen Rhône und Pyrenäen.

Die Dörfer *(oppidae)* der einheimischen Bevölkerung an der *via domitia* profitierten von den neuen Handelsmöglichkeiten. So beispielsweise Ambrussum, wo die Römer eine Brücke über die Vidourle schlugen. Ein Bogen dieser Brücke hat die Jahrhunderte ebenso überdauert wie gepflasterte Fahrbahnreste mit deutlich erkennbaren Spurrillen, Fundamente von Wohnanlagen, von Thermen und von vorrömischen Befestigungen.

Erste römische Kolonie außerhalb Italiens

An der Mündung der Aude gründete Domitius Ahenobarbus 118 v. Chr. *narbo martius* (Narbonne), die erste römische Kolonie außerhalb Italiens. Die Stelle war mit Bedacht gewählt, denn sie garantierte nicht nur einen schnellen Zugang zum Meer, sondern auch die Kontrolle über den Fernverkehr entlang der Küste und ins Landesinnere. Denn just hier zweigte die Fernstraße in Richtung Atlantik von der *via domitia* ab. Dank ihrer attraktiven Lage ließen sich viele Siedler in der Kolonie nieder. Nach der Unterwerfung Galliens durch Caesar (52 v. Chr.) kamen Kriegsveteranen hinzu, denen in *narbo martius* für ihre Verdienste Land zugeteilt wurde.

Kaiser Augustus erhob 27 v. Chr. Südgallien schließlich zur römischen *provincia gallia narbonensis* und machte *narbo martius* zu ihrer Hauptstadt. In der folgenden langwährenden Friedenperiode, dem *pax romana,* wurde die Provinz durchgreifend romanisiert. Neben Narbonne entwickelten sich insbesondere Béziers und Nîmes zu blühenden Gemeinwesen. Nach dem von Rom vorgegebenen Modell schmückten sie sich mit Tempel und Forum, Arenen und Thermen, während Aquädukte und Kanalsysteme die Wasserversorgung und Wasserentsorgung sicherstellten.

In Narbonne ging die gesamte römische Herrlichkeit in den späteren kriegerischen Zeiten unter. Allerdings wurden ab 1973 im Clos de la Lombarde die Überreste eines römischen Wohnviertels freigelegt, wobei u. a. die bedeutendsten Wandmalereien außerhalb Italiens gesichert werden konnten. Die Gemälde im pompejischen Stil sind heute im Musée archéologique der Stadt zu bewundern.

Eine unerschöpfliche Schatztruhe

Hinter der Hauptstadt der *provincia narbonensis* brauchte sich das römische *nemausus* (Nîmes) nicht zu verstecken. Im 21. Jh. kann sich die Stadt mit zahlreichen und aufs Beste erhaltenen antiken Monumente brüsten. Arènes, Maison Carrée, Temple de Diane und Castellum machen hier die Geschichte greifbar.

Unter dem Straßenpflaster und der modernen Bebauung schlummern die Überreste einer der größten römischen Städte, die sich über 220 ha ausdehnte. Jedes Bauvorhaben wird daher von den Archäologen voller Spannung erwartet, und der entsprechende Baugrund wird im Vorfeld penibel sondiert. So wurde 1990 beim Bau des Einkaufszentrums La Coupole des Halles ein Stück der *via domitia* freigelegt. Am Südhang des Mont Cavalier entdeckte man 1991/92 ein Oppidum aus vorrömischer Zeit. 2003 stießen die Archäologen in der Avenue Jean Jaurès auf eine römische Nekropole. Der vorerst letzte große Fund wurde ebenfalls in der Avenue Jean Jaurès im Sommer 2007 gemacht. Nur etwa 2 m unter dem aktuellen Bodenniveau konnte ein Bodenmosaik aus dem 2. Jh. n. Chr. nahezu unversehrt geborgen werden.

Römische Ausgrabungen

Ambrussum: Das Ausgrabungsgelände ist frei zugänglich. Einen Faltplan erhält man im Tourismusbüro in Lunel. Ende 2009 soll ein Museum die Fundstätte ergänzen. Ab Lunel Richtung Sommières, dann nach Villetelle fahren und kurz vor der Autobahnunterführung rechts den Schildern folgen, www.ot-paysdelunel.fr.

Musée Archéologique Henri Prades: Das Museum dokumentiert die Ausgrabung des antiken Hafens Lattara. Lattes, 390, av. de Pérols, Tel. 04 67 99 77 20, http://musee.lattes.free.fr, Mi–So 10–12, 14–17.30 Uhr, 3 €.

Via Domitia: Auf Überbleibsel der Römerstraße weisen Schilder mit der Zeichnung eines römischen Streitwagens hin. Bei Pinet am Etang de Thau führt ein gelb beschilderter, 6 km langer Wanderweg zu der römischen Trasse. Wissenswertes findet man auf der Website www.viadomitia.org.

Musée Villa-Loupian: Reste eines römischen Landhauses oberhalb des Etang de Thau mit einem gut erhaltenen Mosaik (s. S. 148).

Dieses Kunstwerk, das die Bestrafung des Pentheus zeigt, ist nur eines von zahlreichen in Nîmes entdeckten Mosaiken. Über 50 wurden inzwischen restauriert, aber nur einige wenige sind in den städtischen Museen zu sehen. So erwartet Dominique Darde, der Konservator des Musée Archéologique, mit Ungeduld auf die Errichtung des lange geplanten Musée de la Romanité. Doch er fürchtet, dass selbst dieses Museum nicht alle Schätze präsentieren kann.

Kreuzzug gegen die Katharer – die Vernichtung der Vollkommenen

»Tötet sie alle, denn die Seinen erkennt der Herr!« Mit dieser Parole legitimierte der päpstliche Legat Arnaud Amaury am 21. Juli 1209 die Brandschatzung Béziers und die Ermordung seiner Bewohner. Das Massaker von Béziers war der überaus blutige Auftakt des Kreuzzugs gegen die Katharer.

Die Anfänge des Katharismus verlieren sich im Gewirr verschiedener religiöser Einflüsse aus dem Orient und basieren insbesondere auf der Glaubenslehre des bulgarischen Priesters Bogomil. Die Grundgedanken dieser Lehre, die von der römischen Kirche als ketzerisch angeprangert wurde, verbreiteten sich im 11. und 12. Jh. in ganz Europa. Vor allem im Languedoc fielen sie auf nahrhaften Boden, sprachen sie doch der Bevölkerung zutiefst aus dem Herzen. Denn in der Gesellschaft des Südens keimte ein ständig wachsender Widerwillen gegen den ausufernden Machthunger und Reichtum des Papstes und des gesamten Klerus.

Alles Irdische ist Teufelswerk

Fundamental für den Katharismus (griech. *katharos* = rein) war der Dualismus zwischen Gut und Böse: Als Gegenpol zur spirituellen und vollkommenen Welt Gottes existierst die sichtbare, materielle Welt des Bösen. Demnach ist Satan der Schöpfer alles Irdischen. Sein Reich ist jedoch vergänglich, während das Reich Gottes ewig währt. Der Widerspruch zur römischen Kirche manifestierte sich vor allem in der Ablehnung aller Sakramente, insbesondere der Eucharistie. Die Katharer weigerten sich, Christus als Sohn Gottes und die Jungfrau Maria als seine Mutter anzuerkennen. Im Gegensatz zum mittelalterlichen und patriarchalischen Weltbild vertraten sie die grundsätzliche Gleichheit von Mann und Frau. Auch sollen die Katharer an die Seelenwanderung geglaubt haben sowie an die Wiedergeburt in einem menschlichen, aber auch tierischen Körper.

Durch tugendhaften Lebenswandel, Askese und die Abkehr von allem Weltlichen strebten die Katharer nach göttlicher Erlösung. Es galt, weder Mensch noch Tier zu töten, keusch zu leben, zu fasten, auf jegliche tierische Nahrung, also auch auf Butter und Eier, zu verzichten, nicht nach Besitz zu streben und keine Eide zu leisten. Wer die Regeln streng befolgte, war ein ›wahrer Christ‹ oder ›guter Mensch‹, dessen Seele bereits zu Lebzeiten zu Gott gefunden hatte. Erst die Inquisition bezeichnete die guten Menschen als Voll-

Mit Schwert und Feuer für den Glauben

> **Lesetipps**
> Die von Geheimnissen umwobene Epoche der Katharer hat neben Historikern auch immer wieder Mystiker und Okkultisten auf den Plan gerufen und zudem viel Stoff für spannende Historienromane geliefert.
> **Kate Mosse:** Das verlorene Labyrinth. München 2005. Bei Ausgrabungen in einer Höhle in Südfrankreich stößt die Britin Alice Tanner auf zwei Skelette und eine mysteriöse Zeichnung. Eine Zeitreise führt sie zurück ins 13. Jh., wo sich ihr Schicksal mit dem des Katharer-Mädchens Alaïs verknüpft.
> **Helene Luise Köppel:** Das Gold von Carcassonne. Berlin 2007. Carcassonne im Jahr 1299. Die Inquisition verbreitet in der Stadt Angst und Schrecken. Allen Warnungen zum Trotz wird die blutjunge Witwe Rixende die Geliebte des Inquisitors. Dabei hat das Schicksal sie zur Hüterin der geheimen Worte, dem Schatz der Katharer, bestimmt.

Die Unterwerfung des Südens

Die Katharer sowie deren Sympathisanten und Beschützer aus den Reihen mächtiger und selbstbewusster Feudalherren, namentlich die Grafen von Toulouse und die Vizegrafen von Trencavel, stellten zunehmend eine Bedrohung der christlichen Weltordnung dar. Papst und König sahen ihre uneingeschränkte Herrschaft in ernster Gefahr.

Um den rebellischen Süden zu zügeln, initiierte Papst Innozenz III. eine militärische Strafaktion. Die Ermordung des päpstliche Gesandten Pierre de Castelnau an den Ufern der Rhône bei St-Gilles lieferte Innozenz 1208 den willkommenen Vorwand, Christen in ganz Europa zu den Waffen gegen die Katharer und ihre adeligen Anhänger zu rufen. Im Juni 1209 stand ein mächtiges Kreuzfahrerheer in Lyon zum Abmarsch bereit, denn jeder war sicher, im Süden reiche Beute zu machen.

Bereits im Juli 1209 eroberten die päpstlichen Truppen unter dem Oberbefehl von Simon de Montfort Béziers. Knapp einen Monat später ergab sich Carcassonne. Mordend und brandschatzend zogen die chistlichen Ritter weiter durchs Languedoc: Fanjeux, Bram, Minerve, Termes – keine Burg konnte dem Ansturm standhalten. Im gesamten Süden loderten die Scheiterhaufen, auf denen die Katharer hingerichtet wurden. Nur Toulouse wehrte 1211 die Belagerung der Kreuzfahrer erfolgreich ab. Nachdem Simon de Montfort 1218 beim erneuten Kampf um Toulouse durch einen Steinwurf getötet wurde, brach ein neues Kreuzfahrerheer gegen Süden auf.

1226 beteiligte sich schließlich der französische König Ludwig VIII. höchst-

kommene *(parfait)*. Auch der Begriff Katharer, woraus sich das deutsche Wort Ketzer ableitet, wurde erst später geläufig. Daneben ist der Name ›Albigenser‹ in Gebrauch, abgeleitet von der Stadt Albi, einer Hochburg der Katharer im Süden Frankreichs.

Die Vollkommenen – Männer ebenso wie Frauen – zogen als Prediger durchs Land und erteilten den einfachen Gläubigen auf dem Sterbebett das *consolamentum* (Tröstung). Dieses sollte auch den Schwachen und Sündern die Pforte zum Reich des Lichts öffnen.

persönlich an den Kämpfen, bot dies doch die Gelegenheit, die nahezu autonom regierenden lokalen Fürsten zu entmachten und den Süden der französischen Krone einzuverleiben. Nach 20 Jahren Schlachtgetümmel war der Widerstand der Katharer und der Feudalherren schließlich weitgehend gebrochen. Der Vertrag von Meaux beendete 1229 offiziell den Albigenserkrieg, wodurch das Languedoc an Frankreich fiel und die Unabhängigkeit Okzitaniens endgültig beendet war.

Die Flammen der Inquisition

Doch noch kehrte keine Ruhe im Land ein. Die überlebenden Katharer verschanzten sich im schwer zugänglichen Bergland der südlichen Corbières auf den Burgen der ihnen weiterhin wohlgesonnenen lokalen Fürsten. Aber auch diese Zufluchtsorte wurden mit Hilfe der Inquisition, die Misstrauen und Terror unter der Bevölkerung verbreitete, aufgespürt und vernichtet.

Die letzte große Schlacht fand um die Burg Montségur statt. Diese Ikone des katharischen Glaubens und des freien Okzitaniens musste 1244 nach zehnmonatiger Belagerung an die päpstlichen Truppen übergeben werden. Über 200 Katharer weigerten sich, ihrem Glauben abzuschwören und zogen es vor, auf dem Scheiterhaufen zu sterben. Mit Quéribus fiel 1255 die letzte Fluchtburg der Katharer. Der angeblich allerletzte Katharer, Guillaume Bélibaste, starb 1321 in Villerouge-Termenès auf dem Scheiterhaufen.

Nach Jahrhunderten der Vergessenheit erwachte im 19. Jh. wieder das Interesse an der Geschichte der Katharer und deren Glaubenslehren. Da die Katharer weder Kultstätten noch Dokumente hinterließen, bilden die Protokolle der Inquisition die einzige historische Quelle. Vor Ort kann man der Geschichte der Katharer in den Dörfern und Burgen nachspüren, in denen sie vor langer Zeit lebten.

Museen
Maison Déodat Roché: Alles über die wissenschaftliche Auseinandersetzung mit dem Katharismus im Geburtshaus des 1978 verstorbenen Gelehrten Déodat Roché (Arques, Tel. 04 68 69 82 87, www.chateau-arques.fr, tgl. Juli/Aug. 9.30–19.30, April–Juni, Sept. 10–18, März, Okt./Nov. 10.30–12.30, 13.30–17 Uhr, 5 € inkl. Burgbesichtigung).
Musée Hurepel: Kleine Tonfiguren erzählen in szenischen Bildern die Geschichte der Katharer (Minerve, rue des Martyrs, Tel. 04 68 91 12 26, tgl. Juli/Aug. 11–19, April–Juni, Sept.–Mitte Okt. 14–18 Uhr, 2,50 €).
Maison des Mémoires de Mazamet: Ausstellung über die Katharer und ihre Epoche (Rue des Casernes, Mazamet, Tel. 05 63 61 56 56, www.maison-memoires.com, Juni–Aug. Mo–Fr 10–12, 14.30–18 Uhr, Sa/So 15–18, Febr.–Mai, Sept.–Dez. Mi–So 14.30–17.30 Uhr, 3 €).
Château et Musée de Montségur: Besichtigung der Burgruine und Einblick in den Alltag im 13. Jh. anhand archäologischer Funde (Tel. 05 61 03 03 03, www.montsegur.fr, Mai–Aug. 9–19.30, April, Sept./Okt. 9.30–18, März, Nov. 10–17, Febr., Dez. 10.30–16 Uhr, 4 €).

Zuflucht und Verteidigung – Burgen, Forts, Wehrdörfer

Gruissan – kreisförmig ordnen sich die Häuser um die Ruine der Burg

Nach dem Niedergang des Römischen Reiches durchlebte die Region zwischen Rhône und Pyrenäen unruhige Zeiten. Befestigte Städte und Dörfer, Burganlagen und Zitadellen erzählen aus dem Mittelalter und den nicht endenden Konflikten und Kriegen.

Die Vandalen und später die Westgoten eroberten die Region. Von Süden drangen die Sarazenen vor. Vor allem die Dörfer an der Küste fürchteten ihre Überfälle ebenso, wie die der Normannen einige Zeit später. Dazu gesellten sich die Rivalitäten örtlicher Feudalherren. Kaum kehrte Ruhe ein, da spaltete der Kreuzzug gegen die Katharer den Süden. Während des Dreißigjährigen Krieges zogen Soldatenbanden plündernd und mordend durchs Land. Nicht zu vergessen sind die Zwistigkeiten mit Spanien und die daraus resultierende Sicherung der südlichen Grenze.

Zitadellen in schwindelnder Höhe

Die Felsenfestungen in der Montagne Noire, den Corbières und den Ausläufern der Pyrenäen boten den verfolgten Katharern Zuflucht und wurden daher als Katharerburgen (*châteaux cathares*) berühmt. Wie Adlerhorste thronen die Burgen uneinnehmbar auf steilen Felsen. Aus der Ferne sind sie kaum auszumachen, scheinen doch ihre Mauern mit dem Berg verwachsen zu sein. Meist gruppieren sich mehrere Wohngebäude um einen mächtigen eckigen Verteidigungsturm, den *donjon*. Umschlossen wird das Ensemble von einer oder mehreren Ringmauern.

Nach dem Sieg über die Katharer und die ihnen wohlgesinnten lokalen Fürsten fiel das Languedoc Anfang des 13. Jh. an die französische Krone. Die zuvor belagerten Burgen wurden nun zu wehrhaften Grenzfesten ausgebaut. Insbesondere Aguilar, Quéribus, Peyrepertuse, Puilaurens und Termes – die ›fünf Söhne von Carcassonne‹ – sollten den Süden des Frankenreichs gegen Angriffe aus Spanien sichern. Mit dem Pyrenäenfrieden 1659 verloren die Burgen endgültig ihre Bedeutung. Dem Verfall preisgegeben, dienten sie den Bewohnern der umliegenden Dörfer oftmals als willkommener Lieferant von kostenlosem Baumaterial.

Kreis und Mauer

In der Ebene von Hérault und Aude fand die Landbevölkerung um das Jahr 1000 in den *circulades* Sicherheit. Aus der Vogelperspektive erklärt sich die Anlage dieser Dörfer von selbst: Die Häuser sind ringförmig um eine Burg, wie etwa in Gruissan, oder um eine befestigte Kirche, wie etwa in St-Pons-de-Mauchiens, erbaut. Die größte *circulade* ist Bram, westlich von Carcassonne am Canal du Midi gelegen. Der strategische Vorteil der ringförmig angelegten Ortschaften bestand in der Vermeidung von toten Winkeln. Ein Befestigungswall erübrigte sich meist, da der jeweils äußere Häuserring entsprechend verstärkt war und nur wenige Öffnungen aufwies. Etwa 50 Dörfer im Languedoc-Roussillon machen heute auf ihren Ortsschildern mit dem Label *Circulade – 1000 ans d'Histoire* auf ihre lange Geschichte und ihre städtebauliche Besonderheit aufmerksam.

Auf der weiten und wilden Hochfläche des Causse du Larzac trotzt hinter starken Mauern La Couvertoirade allen Unbilden der Zeit. Die Befestigungsmauern samt Türmen wurden im 15. Jh. von den Johannitern *(hospitaliers)* errichtet. Auch die Mehrzahl der Häuser stammt aus dieser Zeit. Die Burg hingegen war bereits im 12. Jh. von den Templern *(templiers)* gegründet worden und unterstand deren Komturei Ste-Eulalie-de-Cernon. 1312 wurden die Templer der Ketzerei beschuldigt, ihr Orden aufgelöst und ihr Besitz den Johannitern übereignet.

Auch die größeren Macht- und Handelszentren verschanzten sich schon seit der Antike hinter mächtigen Stadt-

Sentier cathare
Der Weg führt von Port-la-Nouvelle am Mittelmeer landeinwärts bis nach Foix im Département Ariège. Trainierte Wanderer können die 270 km lange gebirgige Strecke durch das Pyrenäenvorland in zwölf Tagen bewältigen. Auf den Spuren der Katharer sind dabei einige der beeindruckendsten Festungsanlagen zu entdecken, die im Mittelalter im Süden Frankreichs geschafffen wurden (www.cathares.org/le-sentier-cathare.html).

mauern. Zahlreiche Befestigungsanlagen wurden im Laufe der Jahrhunderte geschleift. In Nîmes sind noch Reste der römischen Stadtmauer erhalten, in Marvejols, Villeneuve-lez-Avignon oder Perpignan erinnern Tore und Mauerreste an die mittelalterlichen Bollwerke. Unbeschadet erheben sich aus den Weiten des Marschlandes im Rhône-Delta die Stadtmauern von Aigues-Mortes. Mitte des 13. Jh. hatte Ludwig der Heilige die Stadt als Hafen für sein Kreuzfahrerheer errichten lassen. Das Idealbild einer mittelalterlichen Festungsstadt verkörpert zweifelsfrei das UNESCO-Welterbe Carcassonne mit seinem doppelten Mauerring und den unzähligen Wehrtürmen.

Immer auf der Hut

Selbst Kirchen wurden ab Ende des 10. Jh. im Süden Frankreichs wehrhaft ausgebaut. Hohe Mauern mit wenigen schmalen Öffnungen, Pechnasen und Zinnenkranz verleihen ihnen das Aussehen kleiner Festungen und ihre Glockentürme in Form von Donjons eigneten sich hervorragend als Wachtposten. Insbesondere an der Küste, so beispielsweise in Maguelone und Agde, boten die robusten Bauwerke der Bevölkerung Zuflucht bei Überfällen von See aus.

An den schönsten Aussichtsplätzen an der Côte Vermeille sowie in den Pyrenäen stößt man vielfach auf mittelalterliche Türme und Turmruinen, etwa die Tour Madeloc bei Banyuls. Diese Wachttürme *(tours de guet)*, in exponierter Lage und in Sichtweite voneinander errichtet, dienten als Beobachtungsposten und Signalstationen. Mittels Rauch- und Feuerzeichen konnte die Bevölkerung in Windeseile vor feindlichen Angriffen gewarnt werden.

Das Forteresse de Salses wurde von Vauban weiter verstärkt

Der Mann der neuen Grenzen

Im 17. Jh. reiste Vauban, der Baumeister von Ludwig XIV., kreuz und quer durch Frankreich, entwarf neue Verteidigungsanlagen und verbesserte bereits vorhandene Bollwerke gegen Artillerieangriffe. Der König ließ ihm dabei vollkommen freie Hand.

Nach dem Pyrenäenfrieden organisierte Vauban im Roussillon die Sicherung der neuen Grenze. In Mont-Louis entstand ab 1679 in nur zwei Jahren aus dem Nichts eine neue Festungsstadt. Bis heute nutzt das Militär die Zitadelle, die umittelbar neben dem ebenfalls von Mauern und Graben umschlossenen Dorf liegt. Im selben Jahr ließ Vauban die weiter unten im Tal der Têt gelegene mittelalterliche Festung Villefranche-de-Conflent verstärken und durch das Fort Liberia ergänzen.

Vaubans Handschrift ist unverkennbar. Auch dem Palais des Rois de Majorque in Perpignan, dem Château Royal in Collioure und der Forteresse de Salses drückte er seinen Stempel auf. Diese Festungen waren bereits unter der Herrschaft der Könige von Arágon errichtet worden. Sie sollten seinerzeit den Machtanspruch der Spanier diesseits der Pyrenäen im wahrsten Sinne des Wortes untermauern.

Vauban verstand es, bei allen Projekten die natürlichen strategischen Vorteile optimal zu nutzen. Seine Entwürfe überzeugen nicht nur unter militärischen, sondern auch unter ästhetischen Aspekten. Bei all dem vergaß er nie, dass seine Bauwerke den Ruhm des Königs und Frankreichs mehren sollten. Viele der von Vauban geschaffenen Befestigungsanlagen fanden 2007 Aufnahme ins UNESCO-Welterbe, so im Languedoc-Roussillon Mont-Louis und Villefranche-de-Conflent.

Im Rausch der Farben – die Fauvisten in Collioure

Im Sommer 1905 machen Henri Matisse und André Derain den kleinen Fischerhafen an der Côte Vermeille zur Experimentierstube der modernen Malerei. Sie wollen das ungewöhnliche Licht und die starken Farben einfangen und begründen so den Fauvismus.

Im Mai 1905 ist Collioure nichts weiter als ein typischer katalanischer Fischerhafen, eingefasst von Bergen, wo auf Terrassen Wein für den Eigenbedarf wächst. Die gepflasterten Straßen säumen schmale Häuschen in der Farbe der umliegenden Hügel. An den drei Stränden liegen die katalanischen Barken eine neben der anderen. Morgens, wenn der Fang – in erster Linie Sardellen und Sardinen – ausgeladen ist, versperren die Masten, an denen die typischen dreieckigen Segel zum Trocknen flattern, den Blick auf die Bucht.

Bei Madame Rosette

Henri Matisse kommt mit dem Zug aus Paris in Collioure an und nimmt Quartier in der einzigen Herberge des Dorfes, im Hôtel de la Gare. Fremde werden hier zunächst einmal beargwöhnt. Doch dank seines ehrlichen Gesichts kann Matisse das Vertrauen der Wirtin Madame Rosette gewinnen und findet so eine Bleibe.

Einige Wochen später klopft auch André Derain, den eine Postkarte seinen Malerfreundes Matisse neugierig gemacht hat, bei Madame Rosette an. Dieser Fremde – ein dürrer Riese, ganz in Weiß gekleidet, mit einem langen Bart und den Augen einer Katze – gefällt ihr gar nicht. Doch wegen ihrer Verbundenheit mit Monsieur Henri erhält auch Derain ein Zimmer.

Zwei ›wilde Tiere‹ streifen durch Collioure

Zusammen durchstreifen die Malerkollegen das Dorf und die umliegenden Hügel. Sie arbeiten ununterbrochen, nehmen sich sogar manchmal kaum Zeit für das Mittagessen. Nicht selten stellen sie ihre Staffeleien oberhalb von Collioure auf, dort wo sie die Dorfszenerie bestens im Blick haben. Sie malen den Port d'Avall mit den bunten Booten, den Turm von Notre-Dame-des-Anges, das Château.

Ein Teil ihrer Werke entsteht auf dem von einer schmiedeeisernen Balustrade eingefassten Balkon des Maison Soulier. Matisse bezieht Anfang

Der Chemin du Fauvisme
Der Weg führt auf den Spuren der Fauvisten durch Collioure. An 20 Orten ihres Schaffens zeigen Reproduktionen die dort entstandenen Bilder (Faltblatt im Office du Tourisme).

So malte Henri Matisse 1905 Collioure

Juli 1905 dieses Haus im Quartier Boramar, als ihn seine Frau in Collioure besucht. Manchmal willigen auch die Einheimischen ein, dass die Maler ihre Stube als Atelier nutzen. Dementsprechend bilden Zimmerfenster auf mehreren Gemälde den Vordergrund.

Beide Künstler fasziniert vor allem das einzigartige goldene Licht, das die Konturen verwischt und die Farben aufleuchten lässt. In ihren Bildern versuchen sie, ihren subjektiven Gefühlen Ausdruck zu verleihen. Dazu bedienen sie sich reiner, gesättigter Farben, die sie als Flecken nebeneinandersetzen – eine Methode, die die Perspektive vernachlässigt.

Skandal im Kunstsalon

Derain, der sich während seines nur zweimonatigen Aufenthalts ganz und gar der Malerei widmete, hat bei seiner Rückkehr nach Paris 30 Gemälde, 20 Zeichnugnen und an die 50 Entwürfe im Gepäck. Darunter einige der wichtigsten Werke seines künstlerischen Schaffens, die er zusammen mit Matisse, de Vlaminck und anderen Künstlerfreunden beim Herbstsalon in Paris präsentiert.

Der Skandal ist perfekt! Die schreienden Farben, die scheinbar grobe Pinselführung und die verzerrten Perspektiven schockieren das Publkum. »Donatella dans la cage aux fauves!« (Donatella im Raubtierkäfig!), entfährt es dem bekannten Kunstkritiker Louis Vauxcelles beim Anblick einer zarten Mädchenbüste inmltten dieser Farborgie. Der Begriff der Fauves ist geboren, und Matisse wird zum Anführer dieser »Bande von wilden Tieren im Malerkittel« erklärt.

In den folgenden Jahren verbringt Matisse regelmäßig mehrere Wochen oder Monate in Collioure, seine Kinder besuchen hier sogar zeitweise die Dorfschule. Auch Dufy, Braque, Picasso und andere Maler besuchen das Hafenstädtchen an der Côte Vermeille.

Okzitanien und Katalonien – zwei Flaggen, zwei Kulturen

Die sardane tanzen die Katalonen diesseits und jenseits der Pyrenäen

Zwischen Nîmes und Carcassonne flattert das Banner mit dem gelben Kreuz Okzitaniens, während das Roussillon südlich von Salses mit (blut)roten und goldenen Querstreifen Flagge zeigt und damit seine Zugehörigkeit zu Katalonien betont. Dennoch sind die okzitanische und die katalanische Kultur eng miteinander verwandt und in der antiken römischen Tradition verwurzelt.

Okzitanien bezeichnete das Gebiet südlich der Loire, in dem früher die *langue d'oc* gesprochen wurde, im Gegensatz zur *langue d'oïl* des Nordens. *Oc* und *oïl* bedeuteten dabei ›ja‹ in dem jeweiligen Idiom. Der späteren Region Languedoc gab die ehemals verwendete Sprache ihren Namen.

Die Kultur des alten Okzitanien war ihrer Zeit weit voraus. Bereits im dunklen Mittelalter zeichnete sie sich durch Liberalität, Toleranz und ein geradezu modernes Bild der Frau und der Liebe aus. Die *langue d'oc* avancierte im 11. Jh. durch die Troubadourdichtung sogar zur ersten europäischen Literatursprache.

Die katalanische Welt – diesseits der Pyrenäen im Roussillon ebenso wie jenseits der Bergkämme – wurde durch die Reconquista und die Gründung zahlreicher Klöster geprägt. Literatur und Kunst waren dem christlichen Glauben und insbesondere der Marienverehrung verpflichtet. Der religiöse Eifer manifestiert sich noch heute in den Prozessionen zur Karwoche sowie in Marienwallfahrten.

Zurück zu den Wurzeln

Während das Languedoc nach den Kreuzzügen gegen die Katharer zu Beginn des 13. Jh. unter die Herrschaft der nordfranzösischen Zentralmacht geriet, konnte das Roussillon als Teil des Königreichs Mallorca die katalanische Kultur weiter festigen. Erst 400 Jahre später ereilte auch das Roussillon im Rahmen des Pyrenäenfriedens das Schicksal des benachbarten Languedoc: Es fiel an Frankreich. Dennoch hat das Gefühl der Zugehörigkeit zur katalanischen Kultur allen, teils gewalttätigen Übergriffen aus Paris getrotzt. Im Gegensatz zum spanischen Catalunya, das 1980 den Status einer autonomen Provinz errungen hat, entspringen die Rufe nach Unabhängigkeit im Roussillon allerdings weitgehend einem volkstümlichen Regionalismus ohne politische Dimension. Die katalanische Identität wird auch heute noch beim Tanz der *sardane,* die unter Franco in Spanien verboten war, beschworen.

Im Languedoc leben regionale Traditionen bei den *joutes nautiques,* den *courses camarguaises* und den *jeux de tambourin* fort. Seit einigen Jahren bemüht sich die Regionalregierung mit dem Festival Total Festum um die Pflege des kulturellen Erbes – sei es nun Okzitanisch oder Katalanisch. Rund um den 24. Juni finden landauf, landab Lesungen, Konzerte und Theateraufführungen in den regionalen Idiomen statt. Wobei selbstverständlich auch die lukullischen Traditionen nicht vernachlässigt werden.

Vor allem aber manifestiert sich die Rückbesinnung auf das katalanische bzw. okzitanische Erbe im Bereich der Sprache. Eine wachsende Zahl von Schülern besucht zweisprachige Grundschulen – im Languedoc heißen sie *calandreta,* im Roussillon *bressola.* Dass der Süden Frankreichs dreisprachig ist, dass nämlich neben Französisch auch *occitan* und *català* gepflegt werden, darauf machen den Reisenden mehrsprachige Ortsschilder aufmerksam.

Die Sprachen des Midi

1539 erließ Franz I. das Edikt von Villers-Cotterêts, erhob so den Pariser Dialekt zur Amtssprache und machte den Süden ›sprachlos‹. Aber erst durch die allgemeine Schulpflicht, eingeführt von der Französischen Revolution 1789, wurden die regionalen Sprachen in den häuslichen Bereich verbannt und galten schließlich als Dialekte einer rückständigen Landbevölkerung.

Das Katalanische, das auch jenseits der Pyrenäen und in Andorra gesprochen wird, konnte dem Französischen besser widerstehen als das Okzitani-

> **Einige Worte occitan – català**
> **Guten Tag**
> bonjorn – bon dia
> **willkommen**
> benvenguda – benvingut
> **Wie geht es?**
> Consi anatz? – Com esteu?
> **bitte**
> per plase – si us plau
> **danke**
> mercé – gràcies
> **Entschuldigung**
> perdon – perdoni
> **ja**
> òc – sí
> **Auf Wiedersehen**
> al reveire – adéu

sche. Während der Franco-Diktatur wurde die katalanische Sprache erst recht zum Vehikel des Protests gegen die Unterdrückung. Literarische und musikalische Strömungen wie Nostra Terra oder das Nova Cançó und sein berühmter Sänger Lluís Llach verstärkten ab Mitte des 20. Jh. die Popularität des Katalanischen. In Andorra und in Katalonien ist *català* sogar die offizielle Sprache.

Die *langue d'oc* mit ihren diversen regionalen Ausprägungen, z. B. Gaskonisch im Südwesten oder Provenzalisch im Südosten Frankreichs, drohte dagegen zu verschwinden. Anfang des 19. Jh. erwachte die bereits totgeglaubte Sprache durch die Veröffentlichung einer Sammlung von Troubadour-Gedichten zu neuem Leben. Besondere Meriten bei der Wiedergeburt der *langue d'oc* erwarben der Dichter Frédéric Mistral und der von ihm 1854 gegründete Literatenzirkel *félibrige* bzw. *lou felibrige* auf *occitan*. In Toulouse bemühte sich ab 1945 das Institut d'Etudes Occitanes um eine Neubelebung und Reformierung des Okzitanischen, indem es eine verbindliche Schreibweise und Grammatik für alle okzitanischen Dialekte festlegte. Das vorläufig endgültige Wörterbuch des Okzitanischen erstellte der 2006 verstorbene Louis Combes.

Zur Popularität des Okzitanischen trugen nicht zuletzt Sänger wie Patric, Claude Marti und Mans de Breish bei. Die Musikgruppe Massilia Sound System entwickelte in den 1980er-Jahren eine neue okzitanische Musik, indem sie alte Melodien und Instrumente mit modernen Musikstilen und Instrumenten kombinierte. Auch die Fabulous Trobadors oder Mauresca Fracàs Dub vermischen moderne Musikrichtungen von Jazz über Folk und Rap bis Punk mit okzitanischen Klängen und kreieren daraus den sogenannten *ragga-aïoli*.

Katalonisch und Okzitanisch wurden 1951 durch das Gesetz Deixone als Unterrichtsfach an staatlichen Schulen zugelassen und sind seit 1969 neben dem Französischen auch bei den Abiturprüfungen als gleichwertige Sprache anerkannt. Jedoch gilt Französisch gemäß Artikel 2 der Verfassung weiterhin als einzige legitime Sprache der Republik: »*La langue de la république est le français*«. Bis heute hat Frankreich nicht einmal die Europäische Charta zur Förderung der Regionalsprachen ratifiziert.

> **Kulturpflege**
> Das **Centre International de Documentation Occitane** widmet sich der Pflege und Verbreitung der okzitanischen Kultur und Sprache und unterhält in Béziers eine umfangreiche Mediathek. Im Internet informiert das Portal www.locirdoc.fr.

Rote Barke gegen blaue Barke – *joutes nautiques*

Mit Schild und Lanze auf schwankendem Boot

In den Sommermonaten beleben die joutes nautiques die Fischerhäfen im Hérault und Gard. In Weiß gekleidet kämpfen die Ritter des nassen Elements um die Ehre – die eigene und die ihres Clubs.

Nur einmal, 1891, wagten zwei Frauen, die Schwestern Anne und Elyse Sellier aus dem Fischerviertel Pointe Courte in Sète, die Sprossen der *tintaine* zu erklimmen. So sind die *joutes nautiques*, die Fischerstechen in Sète und den umliegenden Gemeinden, bis heute reine Männersache. Doch am Clubleben hat die ganze Familie regen Anteil.

Bootsritter ist man von Geburt an! Ob das Talent bzw. das Gewicht reicht, zeigt sich erst später. So trainieren bereits die ganz Kleinen, kaum dass sie stehen können, auf dem Trockenen, wobei ein kleines Wägelchen das Boot ersetzt. Mit acht Jahren beginnt das Training auf dem Wasser. In den traditionellen weißen Ruderbooten – das eine immer rot, das andere blau verziert – nehmen die *jouteurs* dann erstmals ihre Kampfposition ein. Auf der obersten Sprosse der *tintaine,* die wie eine Art Leiter am Heck der Boote emporragt, stehen sie gut und gerne 2–3 m über dem Wasser.

Die Ritter des hl. Ludwig

Mehr als ein Dutzend Clubs – davon allein sechs aus Sète – streiten alljährlich darum, wer die stärksten und standhaftesten Lanzenstecher hat. Den Auftakt der Saison bildet in der Regel am ersten Wochenende im Juni das Turnier der Pointe Courte in Sète. An jedem weiteren Samstag und Sonntag im Sommer findet das Spektakel dann in einem anderen Hafen, aber auch auf dem Hérault in Agde oder dem Orb in Béziers statt. Mit dem Kampf um die – wenn auch regional stark begrenzte – französische Meisterschaft endet die Saison im September.

Höhepunkt in jedem Jahr ist fraglos die St-Louis, das Turnier zu Ehren des Stadtpatrons von Sète, um den 25. August. Seit 1846 bildet der Canal Royal den passenden königlichen Rahmen für dieses Ereignis. Jeder *jouteur* träumt davon, hier zu gewinnen. Die Sieger schreiben nicht nur Stadtgeschichte, sondern werden sogar im Musée Valéry geehrt.

Die Geschichte der *joutes* geht auf das Jahr 1270 zurück. In Aigues-Mortes sollen sich die Kreuzfahrer des hl. Ludwigs die Warterei bis zur Einschiffung mit Lanzenspielen von Boot zu Boot vertrieben haben. 1601 trug Agde ein Turnier zu Ehren des Duc de Montmorency aus und 1629 unterhielt Frontignan den Kardinal Richelieu auf diese Weise. Auch die Vollendung des Canal du Midi und die Gründung von Sète wurden 1666 mit einem Fischerstechen gefeiert.

Mit Schild und Lanze auf der *tintaine*

Die Wettkampfteilnehmer sind nach Alter und Gewicht in vier Klassen eingeteilt, wobei den Schwergewichten von über 85 kg stets das meiste Interesse und die größte Bewunderung zuteil werden. Zu Beginn des Kampfes bezieht der weiß gekleidete *jouteur*, ausgerüstet mit einem hölzernen Schild *(pavois)* und einer 2,80 m langen

Ob rote Barke oder blaue Barke – die Ruderer haben die anstrengenste Aufgabe

hölzernen Lanze *(lance)*, seine Stellung auf der *tintaine*. Zur eigentümlich anmutenden Melodie von Oboe und Trommel legen sich die Ruderer in die Riemen, die Boote bewegen sich aufeinander zu und die Ritter senken ihre Lanzen zum Angriff.

Begleitet vom Gejohle des Publikums versuchen sie, den Gegner mit einem gezielten Lanzenstoß auf dessen Schild ins Wasser zu befördern. Rutscht dabei die Hand auf der Lanze zu weit nach vorne, ist das Spiel ebenfalls verloren. Über die Einhaltung der Regeln wacht ein mehrköpfiges Kampfgericht, dessen Urteile nicht selten Anlass zu temperamentvollen Diskussionen geben. Die Sieger des mehrstündigen Wettkampfs werden von den Zuschauern mit einem abschließenden Defilée gefeiert.

Die sportlichste und sicherlich schweißtreibendste Rolle dürfte wohl

Hintergründe und Aktuelles
Im **Musée Valéry** in Sète wird die Geschichte der *joutes* nachgezeichnet, Videos helfen, die Regeln zu verstehen (Rue François Desnoyer, Mi–Mo 10–12, 14–18 Uhr, Juli/Aug. tgl. geöffnet). Aktuelle Informationen und einen Terminkalender findet man auf der Website des Vereins der Jeune Lance Sportive Mézoise unter **www.joutes.com**.

fraglos den acht bis zehn Ruderern *(rameurs)* zukommen. Sie rudern an einem Nachmittag bis zu 50 km. Verdienste erwirbt sich auch eine Musiktruppe, die in den Pausen während des Schlachtgetümmels flotte Rhythmen spielt und so für das entsprechend südliche Ambiente sorgt.

Im Büßergewand durch Perpignan – *la Sanch*

Karfreitag, Schlag 15 Uhr, kündigen metallisches Geläut und ein kurzer, dumpfer Trommelwirbel den Beginn der Procession de la Sanch an. In den Gassen von Perpignan hält für drei Stunden das Mittelalter Einzug.

Anfang des 15. Jh. kam der spanische Dominikanermönch Vincent Ferrier zu Missionszwecken ins Roussillon. Seine flammenden Predigten über den Leidensweg Christi blieben nicht ohne Wirkung. In Perpignan gründete sich die *Confrérie du Très Précieux Sang de Notre Seigneur Jésus-Christ,* kurz Confrérie de La Sanch. Diese Bruderschaft des kostbaren Blutes (katal. *sanch*) unseres Herrn Jesus Christus erinnerte in Bußumzügen an die Passion. Darüber hinaus übernahm sie seelsorgerische Aufgaben, insbesondere begleitete sie die zum Tode Verurteilten auf dem Weg zur Hinrichtungsstätte. Dabei verlieh eine von allen getragene Kapuzenkappe dem Verurteilten Anonymität und bewahrte ihn davor, vom Mob vorzeitig gelyncht zu werden.

Unter der *caperutxa*

Angeführt vom *régidor* mit der eisernen Handglocke startet die Sanch an der Kirche St-Jacques. Die Frauen tragen Schwarz, während die Männer in die Furcht einflößende schwarze oder scharlachrote *caperutxa* gehüllt sind, eine bodenlange Kutte mit spitzer Kapuzenkappe. Zum Zeichen besonderer Bußfertigkeit ist der eine oder andere Teilnehmer sogar barfuß unterwegs. Zum Gesang katalanischer Kirchenlieder *(goigs)* bewegt sich die Prozession gemessenen Schrittes in Richtung der Kathedrale St-Jean.

In allen Gassen, insbesondere rund um das Castillet, drängen sich die Journalisten und Schaulustigen – Touristen ebenso wie Einheimische und Zigeuner aus dem benachbarten Viertel St-Jacques. Schlagartig verstummt die Menge beim Anblick der Vermummten, während der metallene Klang der Glocke und dumpfe Trommelwirbel eine Gänsehaut verursachen.

Vorneweg wird der *Devôt Christ,* ein mächtiges Kreuz mit Zeichen der Passion getragen – u. a. Hahn, Hammer, Nägel, Lanze und Dornenkrone. Er ist nur eine der zahlreichen mit Blumen geschmückten *mysteris* des Prozessionszuges. Diese lebensgroßen Skulpturen, die einzelne Szenen der Kreuzigung darstellen, wiegen schwer und müssen meist von mehreren Personen gemeinsam geschultert werden.

Seit 1950 zieht die Sanch, 1777 nach Selbstgeißelungen und sadomasochistischen Ausschreitungen verboten, wieder durch Perpignan. Für die einen ist sie Ausdruck tiefer Religiosität, für die anderen ein grandioses touristisches Spektakel.

Die caperutxa schützt vor neugierigen Blicken

Unterwegs im Languedoc-Roussillon

Mit dem Hausboot auf dem Canal du Midi

Das Beste auf einen Blick

Zwischen Ardèche und Camargue

Highlights !

Pont du Gard: Der Aquädukt über den Gardon ist mit seinen Arkadengeschossen das spektakulärste Bauwerk der Römer im Süden Frankreichs. 1985 wurde er in das UNESCO-Welterbe aufgenommen. S. 101

Nîmes: Die Hauptstadt des Département Gard schlägt mit der Arena, der Maison Carrée und dem Carré d'Art einen Bogen von der römischen zur modernen Architektur. Mediterranes Leben entfaltet sich in ihrem historischen Zentrum zwischen Place de l'Horloge und Place aux Herbes. S. 106

Auf Entdeckungstour

Course camarguaise: Bei den unblutigen Stierkämpfen der Camargue konkurrieren Mensch und Stier in puncto Schnelligkeit und Geschicklichkeit. In der Petit Camargue, wo die *courses* fester Bestandteil des regionalen Sportprogramms sind, beschäftigen sich zahlreiche Bauernhöfe *(manades)* ausschließlich mit der Zucht der benötigten ›Kampf‹-Stiere. S. 114

Kultur & Sehenswertes

Aven d'Orgnac: In keiner anderen Tropfsteinhöhle der Ardèche präsentiert sich die Urzeit so eindrucksvoll. S. 93, 94

Villeneuve-lez-Avignon: In der ›neuen‹ Stadt am jenseitigen Rhône-Ufer errichteten die Kirchenmänner aus Avignon Residenzen und Klöster. S. 103

Aigues-Mortes: Unversehrt erhebt sich das Mauergeviert des alten Kreuzfahrerhafens aus den Weiten des Rhône-Deltas. S. 119

Aktiv & Kreativ

Gorges de l'Ardèche: Die atemberaubende Felsschlucht ist Ziel von Kanufahrern und Wanderern. S. 91

Petite Camargue: Die versteckten landschaftlichen Reize in der amphibischen Welt des Rhône-Deltas erlebt man am besten auf dem Pferderücken. S. 118

Genießen & Atmosphäre

Uzès: Der von Arkaden umstandene Place aux Herbes gibt den stimmungsvollen Rahmen für den prächtigen, mediterranen Wochenmarkt am Samstagvormittag. S. 98

Route Touristique des Côtes du Rhône: Auf der Weinroute entdeckt man hübsche Winzerdörfer, degustiert beim Produzenten die *grands crus* aus Tavel und Lirac und besucht im Château de Clary ein Weinseminar. S. 104

Abends & Nachts

Les 3 Maures: Das Café gegenüber der Arena in Nîmes ist Treffpunkt der Stier- und Rugbyfans. Besonders während der Feria vibriert es im Rhythmus des Flamenco. S. 113

Grande-Motte: Auf den Terrassen der Strandclubs lässt sich der Sundowner beliebig in die Nacht hinein ausdehnen. Besonders schick ist der Club Effet Mer. S. 125

Zwischen Ardèche und Camargue

An der Grenze zur Region Languedoc-Roussillon zieht die grandiose Felslandschaft der Gorges de l'Ardèche zigtausende Touristen in ihren Bann – ob sie nun mit dem Auto auf der Panoramastraße oder mit dem Kanu auf dem Fluss unterwegs sind. Stiller und lieblicher ist das Tal der benachbarten Cèze, an deren Ufern Wein, Oliven und Obst gedeihen. Richtung Süden erstrecken sich die Garrigues des Département Gard. Im Frühjahr leuchtet der Ginster gelb und hüllt das Land in seinen schweren Blütenduft. Später steigt das würzige Aroma von Rosmarin, Thymian oder Lavendel in die Nase und das unermüdliche Zirpen der Zikaden betäubt das Gehör. Namengebend ist die weit verbreitete immergrüne Steineiche, auf Okzitanisch *garric*. Akzente setzen auf den Hügelkuppen hübsche Dörfer wie La Roque-sur-Cèze, Lussan oder Vézénobres. Auf dem Weg zum weltberühmten antiken Pont-du-Gard sollte man nicht versäumen, in der Herzogstadt Uzés Station zu machen. Weiter östlich an der Rhône bauten sich die Kardinäle aus dem nahen Avignon prächtige Paläste. Mit Monumenten aus 2000 Jahren wartet Nîmes auf, zugleich fühlt sich die Kapitale des Départements Gard den Traditionen der Camargue verpflichtet. Der Mythos der schwarzen Stiere und weißen Pferde, die im weiten Marschland des Rhône-Deltas umherziehen, wird bei Feria und *course camarguaise* immer wieder neu belebt. In Aigues-Mortes sammelten sich einst die Kreuzfahrer Ludwigs des Heiligen. Heute sind die Gestade des Mittelmeers mit den Retortenstädten Port-Camargue und La Grande-Motte das Ziel des Sommertourismus.

Pont-St-Esprit ▶ R 5

Wer von Lyon aus entlang der Rhône zum Mittelmeer reist, überschreitet bei Pont-St-Esprit (9500 Einw.) die Grenze zum Languedoc. Für den Dichter Frédéric Mistral war das Städtchen bezeichnenderweise das Tor zur heimischen Provence, die sich am linken Ufer des Flusses erstreckt.

Zu Beginn des 14. Jh. gab die Brücke zum Heiligen Geist dem Ort seinen Namen und begünstigte als strategisch wichtiger Rhône-Übergang seine wirtschaftliche Entwicklung. Die dicht beieinander stehenden Pfeiler der fast 1000 m langen **Pont St-Esprit,** gepaart mit widrigen Strömungsverhältnissen und Sandbänken, wurden so manchem Schiff zum Verhängnis. Denn bis ins 19. Jh. war die Rhône ein viel befahrener Transportweg. Einen schönen Blick auf das steinerne Bogenband, über das immer noch der Verkehr rollt, hat man von der Place St-Pierre, den die stattlichen Kirchen **St-Pierre** und **St-Saturnin** sowie eine kleine Kapelle flankieren.

In der **Maison des Chevaliers** (12. Jh.), deren Prunkräume im 14. und 15. Jh. mit Wandmalereien und Holzdecken ausgestattet wurden, präsentiert

Infobox

Regionale Websites
www.ardeche.com, www.ceze-rhone.com, www.uzes-pontdugard.com, www.camargue.fr.

Verkehr
Nîmes liegt an der TGV-Strecke Paris–Perpignan, Regionalzüge verkehren von hier nach Beaucaire, Le Grau-du-Roi und Alès. Busse der Lignes du Gard fahren von Nîmes aus ins Umland (www.stdgard.fr).

das **Musée d'Art Sacré** sakrale Kunst und liturgische Objekte (2, rue St-Jacques, Di–So 10–12, 14–18, im Sommer 10–19 Uhr, Eintritt frei).

Gorges de l'Ardèche

▶ Q 4

Ein kurzer Abstecher in die Region Rhône-Alpes führt zu einer der beeindruckendsten Flusslandschaften Frankreichs. Jahr für Jahr zieht es tausende von Kajakfahrern, aber auch Wanderer und Radfahrer sowie Kletter- und Höhlenfreaks an die Ardèche. Entsprechend überlaufen sind die Dörfer am Fluss in der Hauptferienzeit, während sich gleichzeitig an den Aussichtsterrassen an der D 290 der Verkehr staut.

In **St-Martin-d'Ardèche** am unteren Ende der Schlucht geht es noch vergleichsweise gelassen zu, denn die Kanutouren enden weiter flussaufwärts. Am Steilufer gegenüber bildet das mittelalterliche Örtchen **Aiguèze**, das wie ein Adlerhorst auf der Felskante klebt, einen hübschen Blickfang. Seine Burg war Teil einer Verteidigungslinie gegen die Sarazenen.

Von St-Martin klettert die **Route Touristique** zum Plateau de Gras empor, um sich dort parallel zu den Mäandern der Ardèche immer scharf am Abgrund vorbeizuschlängeln. An der Panoramastraße halten zwölf Aussichtspunkte mit spektakulären Blicken in die bis zu 300 m tiefe Schlucht die Reisenden in Atem. Nicht versäumen sollte man die **Belvédères de la Madeleine, de la Cathédrale, de Gournier, de Gaud** und **du Serre-de-Tourre.**

Aber auch unter der Erde hat die Ardèche faszinierende Landschaften geschaffen. Entlang der D 290 sind mehrere Höhlen für Besucher zugänglich, u. a. **Grotte de la Madeleine** und **Grotte de St-Marcel** sowie 5 km nördlich der Straße der **Aven de Marzal** mit einem Museum zur Höhlenerforschung und einem – besonders bei Kindern beliebten – prähistorischen Zoo.

Nach rund 30 km trifft die Straße wieder aufs Flussufer. Hier verpflichtet der **Pont d'Arc**, der gleich einem Sesam-öffne-dich den Eingang zum Canyon überspannt, zu einem Halt. Der natürliche Felsbogen hat dem nahen **Vallon-Pont-Arc** den Namen gegeben. Das Örtchen, das im Sommer 40 mal mehr Besucher als Einwohner zählt, ist nicht nur Hauptbasis der Bootsverleiher, sondern zugleich eine Hochburg des Camping-Tourismus. Entsprechend groß ist der Trubel.

Nur wegen der **Exposition Grotte Chauvet** lohnt es in den Ortskern vorzustoßen. Die Ausstellung vermittelt durch Fotos und Filme einen Eindruck von den Höhlenmalereien, die erst 1994 nahe Vallon-Pont-d'Arc entdeckt wurden. Zum Schutz der einzigartigen ca. 30 000 Jahre alten Felszeichnungen ist die Grotte selbst für die Öffentlichkeit gesperrt. Die geplante naturgetreue Nachbildung der Höhle lässt nach wie vor auf sich warten (www.culture.gouv.fr/culture/arcnat/chauvet/fr, Di–So Juni–Aug. 10–13, 15–19, Mitte März–Mai, Sept.–Mitte Nov. 10–12, 14–17.30 Uhr, 5 €).

Die Ardèche im Kanu

Die Ardèche ist einer der beliebtesten Kajak- und Kanuparcours Europas. Bis zu 3000 Boote passieren im Juli und August täglich den Fluss! Der Wasserstand ist dann oftmals sehr niedrig und vor den Stromschnellen *(rapides)* bilden sich Staus. Allemal angenehmer ist die Kajak- oder Kanutour außerhalb der Hochsaison. Könner legen die ca. 32 km zwischen Vallon-Pont-d'Arc und

Zwischen Ardèche und Camargue

der Plage de Sauze bei St-Martin-d'Ardèche an einem Tag in sechs bis sieben Stunden zurück. Hierbei müssen 25 Stromschnellen aller Schwierigkeitsgrade gemeistert werden. Wer Zeit hat, sollte jedoch zwei bis drei Tage für die Fahrt einplanen und in den Biwaklagern von Gaud und Gournier übernachten, wobei die Schlafplätze vorab beim SGGA (s. u.) reserviert werden müssen.

Die Ardèche zu Fuß

Aber keineswegs nur für Wassersportler ist der Canyon der Ardèche, der 1980 zum Naturschutzgebiet erklärt wurde, ein kleines Paradies. Denn zahlreiche Wanderpfade durchziehen die grandiose Landschaft der **Réserve Naturelle des Gorges de l'Ardèche**. Voraussetzung für die Durchquerung der Schlucht ist eine gute Kondition, selbst dann, wenn man sie in zwei Etappen mit Übernachtung im Biwak unternimmt. Nur sehr gut trainierte Wanderer bewältigen die ca. 25 km lange Strecke zwischen dem Weiler Chames und der Plage de Sauze an einem Tag in ca. zehn bis zwölf Stunden. Der Wanderweg verläuft meist am Ufer, setzt aber bei einigen Passagen Schwindelfreiheit voraus. Da der Fluss mindestens zweimal überquert werden muss, ist die Wanderung nur bei niedrigem Wasserstand, in der Regel zwischen Juni und September, möglich.

Übernachten, Essen

Verspielter Charme – **Le Manoir du Raveyron:** Rue Henri Barbusse, Vallon-Pont-d'Arc, Tel. 04 75 88 03 59, www.manoir-du-raveyron.com, DZ 56–86 € inkl. Frühstück. Zwölf liebevoll eingerichtete Zimmer in einem Herrenhaus aus dem 16. Jh. mit dicken Natursteinmauern, 300 m vom Zentrum entfernt. Das Restaurant mit Speisesaal unter Gewölbe und großem begrüntem Hof öffnet bis auf Donnerstag und Sonntag nur am Abend (Menü 25–42 €).

Aktiv & Kreativ

Kanutouren – **L'Eden:** St-Martin, Tel. 04 75 98 70 97, www.edencanoe.com.
Base Nautique du Pont d'Arc: Tel. 33 04 75 37 17 79, www.canoe-ardeche.com.
Alpha Bateaux: Vallon-Pont-d'Arc, Tel. 04 75 88 08 29, www.canoe-france.com. Sowie etwa 30 weitere Bootsverleiher gibt es am Canyon.
Outdoor – **Escapade Loisirs:** Pl. de la Mairie, Vallon-Pont-d'Arc, Tel. 04 75 88 07 87. Kletter-, Rad- und Kajaktouren, Speläologie, Canyoning.

Infos

Office de Tourisme: 1, pl. de l'Ancienne Gare, 07150 Vallon-Pont-d'Arc, Tel. 04 75 88 04 01, www.vallon-pont-darc.com.
Syndicat de Gestion des Gorges de l'Ardèche (SGGA): Rond point des Gorges, Vallon Pont d'Arc, Tel. 04 75 88 00 41, www.gorgesdelardeche.fr. Infostelle des Naturschutzgebiets der Ardèche, Reservierung von Biwakplätzen.

Barjac ▶ P 5

Von Vallon-Pont-d'Arc ist es nur einen Katzensprung bis Barjac (1400 Einw.), das am Hang über den Weinfeldern liegt. Obwohl Ziel vieler Ardèche-Ur-

Pont d'Arc – grandioser Entrée zu den Gorges de l'Ardèche

Zwischen Ardèche und Camargue

Mein Tipp

Vacances à l'Ecole ▶ P 4
Während der Schulferien veranstalten Dominique Guignard und Peter Pick in Bessas, einem kleinen Örtchen nördlich von Barjac, Mal- und Sprachkurse, Kochseminare und Wandertouren. Die Kursteilnehmer wohnen in einem typischen südfranzösischen Landhaus und werden provenzalisch bekocht. Im Haus gibt es auch zwei *Chambres d'hôtes* (07150 Bessas, Tel. 04 75 38 64 38, Anmeldung in Deutschland Tel. 02 21 447 04 47, www.vacances-ecole.de).

lauber, konnte der Ort den Charme des typisch südfranzösischen Landstädtchens bewahren. In seinem Zentrum ist ein hübsches Architekturensemble aus der Renaissance zu bewundern. Beherrscht wird die Ortssilhouette vom **Château des Comtes du Roure** und der **Eglise St-Laurent**.

Aven d'Orgnac ▶ Q 5

Tel. 04 75 38 65 10, www.orgnac.com, Einstündige Führungen tgl. Juli/Aug. alle 20 Min. 10–17.30, April–Juni, Sept. alle 20 Min. 10–12, 14–17.30, Okt./Nov. alle 45 Min. 10–12, 14.15–16.30 Uhr, Febr./März 5 x tgl., 9,70 €
Die mit Abstand eindrucksvollste und größte Tropfsteinhöhle der Ardèche ist die von Orgnac. In dem gigantischen Hohlraum wandert der Besucher durch ein farbenprächtig inszeniertes Meer aus monströsen Kalksäulen. Höhlenfans können im Juli/August auf einer speziellen Besichtigungstour in die unerschlossenen Tiefen vordringen. Im Besucherzentrum gibt das **Musée de Préhistoire** Einblicke in das Leben der Steinzeitmenschen.

Übernachten

Herrschaftliches Anwesen – **Le Mas Rêvé:** 07150 Labastide-de-Virac (D 217 Rtg. Aven d'Orgnac, nach 1 km links), www.lemasreve.com, Tel 04 75 38 69 13, DZ 90–145 € inkl. Frühstück. Fünf luxuriöse Gästezimmer in einem Gutshof oberhalb der Ardèche-Schlucht, in die ein Fußweg hinabführt. Parkähnlicher Garten mit Pool (*table d'hôtes* 3 x wöchentlich, 32 €/Pers.)
Ländliche Idylle – **Le Mas du Terme:** Rte. de Bagnols, 3 km westl. von Barjac, Tel. 04 66 24 56 31, www.masduterme.com, DZ 64–139 €. Traumhaft schönes Anwesen aus dem 18. Jh. inmitten von Olivenhainen, Wein- und Lavendelfeldern. 23 Zimmer zum Wohlfühlen. Ein großer Pool verschafft im Sommer Abkühlung. Das hauseigene Restaurant enttäuscht nicht (Mo–Sa abends geöffnet, Menü 33 €).

Essen & Trinken

Nostalgisch – **Les Délices de l'Esplanade:** Pl. de l'Esplanade, Barjac, Tel. 04 66 24 58 42, Mo/Di geschl., Menü 20–38 €. Sympathisches kleines Restaurant an der Kirche mit weiß getünchten Wänden und einer Terrasse vor dem Haus. Wilde Kräuter der Garrigue verleihen den Spezialitäten des Hauses eine feine mediterrane Note.

Einkaufen

Trödel – **Foire d'Antiquité et de Brocante:** Ostern, Mitte Aug. Der Markt ist das Ziel der Antiquitätenjäger.

Vallée de la Cèze

Wochenmarkt – Die Einkaufsgelegenheit und Informationsbörse der umliegenden Dörfer (Fr vormittags).

Infos

Office de Tourisme: Pl. du 8 Mai, 30430 Barjac, www.tourisme-barjac-st-privat.com, Tel. 04 66 24 53 44.

Vallée de la Cèze ▶ Q 5/6

Auch in der Hochsaison geht es im lieblichen Tal der Cèze eher gemächlich zu. Idyllische Dörfer säumen ihren Lauf und an ihren Ufern und Hängen gedeihen die Weine der Appellation Côte du Rhône. In einer Flussschleife vor der engsten Passage der Cèze scharen sich die sorgfältig restaurierten Natursteinhäuser von **Montclus** um die Ruine eines mittelalterlichen Burgturms. Hier baute man auf einem Felsplateau mit respektvollem Abstand zum Wasser.

Hingegen lebt **Goudargues,** weiter flussabwärts, auf Augenhöhe mit der Cèze. Das einst sumpfige Flussufer legten Benediktinermönche im 9. Jh. mittels Kanälen trocken und errichteten ein Kloster, von dem nur die Kirche erhalten blieb. Bis heute aber durchzieht ein von Platanen eingefasster Kanal den Ort und sorgt für provenzalisches Ambiente. Sehenswert ist das alte Waschhaus mit einem wasserspeienden Frosch.

Längst hat **Cornillon,** das hoch über dem gegenüberliegenden Ceze-Ufer vor sich hinträumt, seine strategische Stellung eingebüßt. In der malerischen Burgruine hat eine Freilichtbühne Platz gefunden. Daneben profitiert ein nobles Hotel-Restaurant von der herrlichen Panoramalage (s. u.).

Verschlafen wirkt **La Roque-sur-Cèze,** dessen herausgeputzte Häuser nur noch als Zweitwohnsitz dienen. Ein beliebtes Ausflugsziel sind ganz in der Nähe die **Cascades du Sautadet,** ein bizarres Gewirr aus Felsspalten und kesselförmigen Auswaschungen. Baden ist – aus gutem Grund! – erst unterhalb des Wasserfalls wieder erlaubt.

Bagnols-sur-Cèze (18 000 Einw.) am Unterlauf der Cèze wird in ganz Frankreich mit dem Atommeiler von Marcoule assoziiert. Seit seinem Bau in den 1950er-Jahren expandierte Bagnols zur drittgrößten Stadt des Départements Gard. An der arkadengesäumten Place du Mialet stehen einige stattliche Bürgerhäuser und das Rathaus. Hier lohnt die Sammlung zeitgenössischer Kunst des **Musée Albert-André** (März–Jan. Di–So 10–12, 14–18 Uhr, Eintritt frei) einen Besuch.

Chartreuse de Valbonne ▶ R 5

www.chartreusedevalbonne.com, im Sommer tgl. 10–13, 13.30–19, im Winter tgl. 10–12, 13.30–17.30 Uhr, 5 €
Knapp 10 km nördlich von La Roque-sur-Cèze ragen aus Wald und Weinfeldern die bunt glasierten Dächer des 1204 gegründeten Kartäuserklosters empor. Nach der Zerstörung in den Religionskriegen entstand im 17. und 18. Jh. das heutige Gebäudeensemble. Es beherbergt ein Zentrum zur beruflichen Rehabilitation von Behinderten und psychisch Kranken, ein Weingut sowie Gästezimmer in den ehemaligen Mönchszellen.

Infos

Office de Tourisme: Espace St-Gilles, 30200 Bagnols-sur-Cèze, Tel. 04 66 89

Zwischen Ardèche und Camargue

54 61, www.tourisme-bagnolssurceze.com.

Übernachten, Essen

In reizender Lage – **La Vieille Fontaine:** 30630 Cornillon, Tel. 04 66 82 20 56, www.lavieillefontaine.net, DZ 105–155 €. Exquisite Adresse mit nur acht Zimmern, denen einige Antiquitäten und provenzalische Stoffe eine verträumte Note geben. Im Hang unter der einstigen Stadtbefestigung wurden auf Terrassen Gärten und ein Pool angelegt. Vom Restaurant kann der Blick über das Tal der Cèze schweifen (Menü 30–55 €).

Lussan ▶ P 6

Von einem Bergkegel blickt das wehrhafte Dörfchen auf die Ebene. Die verwinkelten Gassen mit schönen alten Häusern rund um eine kleine Kirche bezaubern durch eine unverfälschte Atmosphäre.

Einige Kilometer nordöstlich von Lussan führt eine reizvolle Wanderung (ca. 2 Std.) durch die **Concluses d'Aiguillon.** Am Portail, der engsten Stelle der Schlucht, stoßen die Felswände beinahe aneinander.

Übernachten, Essen

Am Dorfplatz – **La Petite Auberge de Lussan:** Pl. des Marronniers, 30580 Lussan, Tel. 04 66 72 95 53, www.auberge-lussan.com, DZ 51 €. Hinter blauen Fensterläden liegen acht hübsche Zimmer. Im urgemütlichen Restaurant kann man aus je drei Vorspeisen, Hauptgerichten und Desserts selbst ein Menü zusammenstellen (So abends, Mo geschl., Menü um 30 €).

Alès ▶ O 6

Die zweitgrößte Stadt im Département Gard (41 000 Einw.) hat den in der Vergangenheit von den umliegenden Zechen verbreiteten Kohlenstaub abgewaschen und sucht nun ihr Glück im Tourismus. Durchdringt man den Gürtel aus Gewerbegebieten und Wohnblocks am Ufer des Gardon, so überrascht der Stadtkern mit einladenden Avenuen, belebten Fußgängerzonen und blühenden Parks.

Zu einem Spaziergang im Grünen mit Ausblick auf die Innenstadt lädt der **Jardin du Bosquet** ein, der das Fort Vauban umgibt. Hübsch ist auch nördlich des Zentrums der Park des kleinen **Château du Colombier** (18. Jh.), in dem ein Geschichts- und Heimatmuseum residiert.

Das **Musée Pierre-André Benoît** zeigt im eleganten **Château Rochebelle** auf der rechten Gardon-Seite hochkarätige zeitgenössische Kunst sowie kostbare Bücher (Juli/Aug. tgl. 14–19, Sept.–Juni Di–So 14–18 Uhr, Eintritt frei).

Mine Témoin

Rochebelle, www.mine-temoin.fr, tgl. Juli/Aug. 10–19, März–Juni, Sept.–Mitte Nov. 9–12.30, 14–18 Uhr, 6,70 €

Schon die Römer wussten um die Kohlevorkommen bei Alès. Doch erst mit der Industrialisierung Ende des 18. Jh. gewann der Bergbau an Bedeutung. Zwischen 1850 und 1880 enstanden an die 100 Minen und das Steinkohlerevier von Alès entwickelte sich zum kleinen Ruhrgebiet des Languedoc. In der Boomzeit wurden jährlich zwei Mio. t Kohle gefördert. 1950 wurde die Produktion unrentabel, sodass die Minen nach und nach schlossen, 25 000 Arbeitsplätze gingen dadurch verloren.

Uzès

Das Schaubergwerk in Alès veranschaulicht auf einem 700 m langen unterirdischen Parcours die Arbeit der Bergleute sowie die technische Entwicklung im Bergbau seit 1850 – ein faszinierender Spaziergang durch ein Stück Industriegeschichte.

Essen & Trinken

Einfach, aber gut – **Le Jardin Cévenol:** 13, rue Mandajors, Tel. 04 66 52 39 94, Menü ca. 10–16 €. Kleines Restaurant mit großer Auswahl an Omelettes und Salaten. Die Portionen sind reichlich und die Qualität hervorragend.

Infos

Office de Tourisme
Pl. de l'Hôtel de Ville, 30100 Alès, Tel. 04 66 52 32 15, www.ville-ales.fr.

Termine
Feria: Christi Himmelfahrt. Während des viertägigen Festes mit blutigen Stierkämpfen und Reiterspielen herrscht in der Stadt ausgelassene südländische Stimmung.

Verkehr
Bahnhof und Busbahnhof im Norden der Stadt an der Pl. Pierre-Sémard. Züge nach Nîmes und Mende.

Vézénobres ▶ O 7

Wenige Kilometer südlich von Alès, in wunderschöner Lage auf einem Hügel über dem Gardon-Tal, bezaubert das mittelalterliche Dorf mit authentisch hergerichteten Häusern aus Romanik und Renaissance, einem Schloss und den Resten einer Stadtbefestigung samt Burgruine. Seinen Wohlstand verdankte Vézénobres Händlern und Pilgern auf der Régordane.

Mein Tipp

St-Quentin-la-Poterie ▶ Q 7
Das Dorf vor den Toren von Uzès trägt seine Berufung zum Töpferhandwerk bereits im Namen. In über 20 Ateliers kreisen die Töpferscheiben. Die **Maison de la Terre,** eingerichtet in einer ehemaligen Ölmühle aus dem XV. Jh., präsentiert in der **Galerie Terra Viva** und dem **Musée de la Poterie Méditerranénne** nicht nur die Arbeiten der ortsansässigen Handwerker und Künstler (Mai–Sept. tgl. 10–13 14.30–19 Uhr, April, Okt.–Dez. Di–So nur bis 18 Uhr, www.terraviva.fr).

Uzès ▶ Q 7

Der alte Bischofs- und Herzogsitz im Zentrum der Garrigues Gardoises ist eines der reizvollsten Provinzstädtchen des Départements (8500 Einw.). Wie vielerorts im Süden Frankreichs ersetzte auch hier ein von Platanen und Cafés gesäumter Ringboulevard die alte Stadtmauer. Es ist ein Vergnügen, durch die verwinkelte Altstadt mit ihren herrschaftlichen Palais zu der von tiefen Arkaden gesäumten Place aux Herbes zu bummeln.

Tour Fénestrelle

Am östlichen Stadtrand zieht die elegante Silhouette des schlanken, runden Turms die Aufmerksamkeit auf sich. Der 42 m hohe freistehende Campanile (12. Jh.), dessen Mauerwerk von paarweise angeordneten Fensterbö-

Lieblingsort

Place aux Herbes – Marktbummel in Uzès ▶ Q 7

Jeden Samstag in der Frühe schlagen die Händler unter den alten Platanen auf der Place aux Herbes und in den umliegenden Gassen ihre Stände auf. Bis zum Mittag bieten sie Obst und Gemüse, Oliven und Nougat, Ziegenkäse und Wurst in einer Vielfalt an, die einem das Wasser im Munde zusammenlaufen lässt. Ein kleinerer Öko- und Bauernmarkt wird am Mittwochvormittag ebenfalls auf dem stimmungsvollen Platz abgehalten. Unter den Arkaden, die den Platz umschließen, befinden sich zahlreiche Cafés und Restaurants, von denen aus man das bunte Treiben in aller Ruhe beobachten kann.

Zwischen Ardèche und Camargue

gen filigran durchbrochen wird, ist das einzige Überbleibsel der mittelalterlichen Kathedrale. Nach Zerstörung in den Religionskriegen wurde **St-Théodorit** im 17. Jh. neu errichtet, 1873 wurde die neoromanische Fassade ergänzt.

Jardin Médiéval
Impasse Port Royal, Juli/Aug. tgl. 10.30–12.30, 14–18, April–Juni, Sept. Okt. Mo–Fr 14–17/18 Uhr, Sa/So auch vormittags, 4 €
Neben dem alten erzbischöflichen Palast gedeiht im Verborgenen ein mittelalterlicher Garten mit Lilien und Rosen, Kräutern und Gemüsen, Heil- und Giftpflanzen.

Duché
www.duche-uzes.fr, Führungen tgl. Juli/Aug. 10–12, 14–18, Sept.–Juni 10–11.30, 14–17.30 Uhr, 15 €
Der wuchtige Duché ist im Stadtzentrum ist noch heute Stammsitz derer von Crussol d'Uzès, Frankreichs ranghöchstes Adelsgeschlecht vor der Revolution. Zwischen der wehrhaften Tour Bermonde (11. Jh.) und dem spätgotischen Kapellenturm spannt sich eine bemerkenswerte Renaissance-Fassade. Vom Bermonde-Turm hat man einen umfassenden Blick über die roten Ziegeldächer der Stadt. In der Duché können die Kapelle sowie Salons mit edlem Mobiliar und der Weinkeller besichtigt werden.

Musée Haribo
Pont des Charrettes, www.haribo.com, Juli/Aug. tgl. 10–19, Sept.–Juni Di–So 10–13, 14–18 Uhr, 5 €
Seit Anfang der 1970er-Jahre unterhält das Süßwaren-Imperium Haribo eine Niederlassung vor den Toren von Uzès. Im Museum dreht sich selbstverständlich alles um die bunten Gummibären und andere Naschereien.

Übernachten

Über den Dächern von Uzès – **D'Entraigues:** Pl. de l'Evêché, Tel. 04 66 22 32 68, www.hoteldentraigues.com, DZ 65–180 €. 36 komfortable, gemütliche Zimmer in einem Häuserensemble des 16.–18. Jh. gegenüber von der Kathedrale. Auf der Dachterrasse kann man am Pool relaxen, aber auch das Essen einnehmen (Menü 24–47 €).

Essen & Trinken

Unter Arkaden – **Au fil de l'Eau:** 10, place Dampmartin, Tel. 04 66 22 70 08, außerhalb der Saison So abends, Mi abends, Do geschl., Menü 23–45 €. Hübsches Bistro-Restaurant nahe der Place aux Herbes, Spezialität – der Name sagt es – sind Fischgerichte.
Mediterraner Imbiss – **Terroirs:** 5, place aux Herbes, Tel. 04 66 03 41 90, Juli/Aug. tgl. 9–24, sonst 9.30–18 Uhr, im Winter So/Mo geschl., Menü 12–20 €. Wein- und Delikatessenhandlung mit angeschlossenem Bistro, in dem man die Köstlichkeiten der Region probiert.

Infos & Termine

Office de Tourisme
Pl. Albert 1er, 30700 Uzès, Tel. 04 66 22 68 88, www.uzes-tourisme.com.

Termine
Journée de la Truffe: Mitte Jan. Trüffelmarkt mit Verkostung.
Nuits Musicales d'Uzès: Zweite Hälfte Juli. Musikalische Nächte in der Kathedrale, im Garten und Hof des Bischofspalasts und im Duché (www.nuitsmusicalesuzes.org).
Autres Rivages: Zweite Hälfte Juli. Musik von allen Kontinenten in Uzès und Umland (www.autres-rivages.com).

Pont du Gard

Pont du Gard! ▶ Q 8

Als im antiken Nîmes für eine ständig wachsende Bevölkerung das Frischwasser knapp wurde, entschlossen sich die Römer um das Jahr 50 n. Chr., die Quelle der Eure bei Uzès anzuzapfen und der Kolonie das frische Nass über eine 50 km lange Wasserleitung zuzuführen. Nur 12 m Gefälle zwischen Start- und Endpunkt erforderten ausgeklügelte Berechnungen und technisches Können. Die größte Herausforderung stellte aber zweifelsfrei die Überwindung des knapp 300 m breiten und 50 m tiefen Gardon-Tals dar.

Hierzu entwarfen die römischen Architekten einen Aquädukt aus zwei großen und einer kleinen Arkadenreihe. Der Pont du Gard, also die ›Brücke‹ über den Gardon, ist das spektakulärste Überbleibsel aus römischer Zeit im Süden Frankreichs. Das Bauwerk wurde 1985 von der UNESCO ins Welterbe aufgenommen. Über 1,2 Mio. Besucher pro Jahr bestaunen dieses Meisterwerk römischer Ingenieur- und Baukunst.

An beiden Flussseiten stehen große kostenpflichtige Parkplätze zur Verfügung. Die Zugangswege am *rive gauche* sind rollstuhlgerecht gestaltet. Fußgänger können den Aquädukt auf einer Fahrstraße aus dem 18. Jh., die neben der unteren Arkadenreihe verläuft, queren und zu den Aussichtspunkten auf beiden Ufern hochsteigen. Im Juli und August wird der Pont du Gard nach Einbruch der Dunkelheit für eine Stunde illuminiert: Ein Schauspiel, das man nicht versäumen sollte!

Ausstellungskomplex
www.pontdugard.fr, je nach Jahreszeit tgl. 9/9.30–17/19 Uhr, Mo vormittags geschl., 12 € inkl. Parkgebühr
Am linken Ufer *(rive gauche)* informiert ein moderner Ausstellungskomplex mit Museum, Mediathek und Kino detailliert über die Entstehung und Geschichte des Aquädukts sowie über die römische Epoche. Kinder zwischen fünf und zwölf Jahren können in der altersgerecht konzipierten Ausstellung *Ludo* (auch auf Deutsch) spielerisch die Welt der Römer entdecken.

Castillon-du-Gard ▶ R7

Das Renaissance-Dorf, das unter den schönsten Frankreichs rangiert, umgibt einen Hauch Noblesse. Dazu trägt nicht zuletzt auch das Luxushotel **Le Vieux Castillon** (s. u.) bei. Die alten Gemäuer aus Sandstein, der vor allem im Abendlicht in warmen Gelbtönen erstrahlt, sind durchweg vorbildlich restauriert. Vom Ortsrand blickt man hinab auf Reben, Oliven und Lavendelfelder. Im Südosten ist die Silhouette des Pont-du-Gard zu erkennen, zu dem ein ca. einstündiger Fußweg führt.

Übernachten

Umgeben von Rebstöcken – **Le Mas Vic:** Mas de Raffin, 30210 Castillon-du-Gard, Tel. 04 66 37 13 28, www.chambresdhotes-vic.com, DZ 72–92 € inkl. Frühstück. Vier komfortable Gästezimmer auf einem Weingut am Fuß von Castillon-du-Gard. Entspannung findet man auf der Terrasse, im Pool oder im Spa mit Whirlpool und Sauna. Außerdem wird eine Ferienwohnung mit Küche in einem *mazet* (Häuschen) vermietet.

Übernachten, Essen

Sündhaft teuer – **Le Vieux Castillon:** Rue Turion Sabatier, 30210 Castillon-du-Gard, Tel. 04 66 37 28 17, www.vieuxcastillon.com, DZ ab 195 €, Menü

Zwischen Ardèche und Camargue

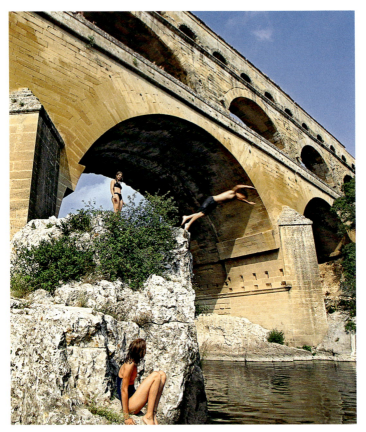

Badespaß im Schatten römischer Baukunst

Mi–Fr mittags 53 €, abends ab 77 €, Restaurant Mo, Di mittags gesch. Luxuriöses Hotel der Relais & Château-Vereinigung in herrlich alten Gemäuern, über dem verdientermaßen ein Michelinstern glänzt.

Zum Träumen – **Hostellerie le Castellas:** Grand'Rue, 30210 Collias, Tel. 04 66 22 88 88, www.lecastellas.fr, DZ 85–160 €, Menü 20–30 € (mittags), ab 57 €. Drei Gebäude des 17. Jh. gruppieren sich um einen mediterranen Patio mit Pool. 17 romantische Zimmer, jedes in einem anderen Stil. Im Restaurant überzeugt Jérôme Nutile mit feinster Sternekost.

Aktiv & Kreativ

Paddeltouren – **Kayak Vert:** Collias, 5 km westl. des Pont du Gard, Tel. 04 66 22 80 76, www.canoefrance.com, März–Okt. Kanu- und Kajakverleih am Gardon, Strecken 8–30 km.

Villeneuve-lez-Avignon ▶ S 7

Die kleine Schwester von Avignon am rechten Rhône-Ufer sollte man keineswegs nur als Brückenkopf zur berühmten Papststadt betrachten. Denn das herausgeputzte Städtchen (12 000 Einw.; auch lès-Avignon geschieben) besitzt mit einer stolzen Burg und der imposanten Kartause durchaus eigene bedeutende Kulturdenkmäler.

Chartreuse du Val de Bénédiction

Tel. 04 90 15 24 24, www.chartreuse.org, tgl. April–Sept. 9/9.30–18.30, Okt.–März 9.30/10–17.30 Uhr, 6,50 €
Seine Blüte erlebte Villeneuve zur Zeit der Päpste in Avignon (1316–1430). Die geistlichen Würdenträger fühlten sich von der 1293 gegründeten ›neuen Stadt‹ am gegenüberliegenden Ufer der Rhône magisch angezogen und ließen sich dort fürstliche Residenzen errichten. So auch Kardinal Etienne Aubert, der als Papst Innozenz VI. sein Anwesen 1352 den Kartäusern stiftete. Die Chartreuse du Val de Bénédiction entwickelte sich zum bedeutendsten und größten Kartäuserkloster Frankreichs.
  Seit 1991 beherbergt sie das **Nationale Zentrum für Theaterliteratur.** Schriftsteller, Übersetzer und Regisseure logieren während längerer Arbeitsaufenthalte in den ehemaligen Klosterzellen, die sich um drei Kreuzgänge gruppieren. Eine der Mönchsbehausungen wurde original hergerichtet, um eine Vorstellung vom kontemplativen Leben der Kartäuser zu vermitteln. Sehenswert sind auch die Ruine der Klosterkirche mit dem Grabmal Innozenz VI. sowie die Fresken von Matteo Giovannetti in der Refektoriumskapelle.

Musée Pierre de Luxembourg und Eglise collégiale Notre-Dame

Di–So April–Sept. 10–12.30, 14–18.30, Okt.–Jan., März 10–12, 14–17 Uhr, 3 €
In einem der ehemaligen Kardinalspaläste von Villeneuve zeigt das Museum neben Malern der Provence (16.–18. Jh.) eine Elfenbeinmadonna (14. Jh.) und eine meisterliche Marienkrönung, die Enguerrand Quarton 1454 für die Chartreuse malte. Weitere Kunstobjekte birgt gleich nebenan die **Kollegiatskirche Notre-Dame** (1320).

Fort St-André

Fort tgl. 10–13, 14–17/18 Uhr, 5 €; Garten Di–So 10–12.30, 14–17/18 Uhr, 5 €
Ein steiles Sträßchen führt auf den Mont Andaon zum mächtigen **Fort St-André** (14. Jh.) mit der ›alten Stadt‹. Zum einen sollten die mächtigen Mauern das Dorf und das Kloster St-André vor den Angriffen der durch das Land vagabundierenden Söldnerbanden schützen, zum anderen demonstrierte die Festung die Macht der französischen Krone an der Grenze zum Heiligen Römischen Reich. Von den monumentalen halbrunden Zwillingstürmen, die den Festungseingang flankieren, bietet sich ein unvergleichlicher Blick auf Avignon. Innerhalb der Schutzmauern bezaubert der italienische Garten der **Abbaye St-André**.

Tour Philippe-le-Bel

Aussichtsterrasse Di–So April–Sept. 10–12.30, 14–18.30, März, Okt./Nov. 10–12, 14–17 Uhr, 2 €
Zur Sicherung des Rhône-Ufers und der ›neuen Stadt‹ am Fuß des Andaon ließ Philipp der Schöne im 13./14. Jh. eine Verteidigungsanlage errichten. Erhalten blieb nur die Tour Philippe-le-Bel, die einst als Brückenkopf des Pont St-Bénézet diente, der in dem bekannten Kinderlied »Sur le Pont d'Avignon« besungen wird.

Zwischen Ardèche und Camargue

Côtes du Rhône ▶ R/S 7

www.vins-rhone.com
Auf der rechten Rhône-Seite, gegenüber dem berühmten Châteauneuf-du-Pape, gedeihen gleichfalls edle Tropfen. Als *grand cru* genießen die Roten aus Lirac und die Roséweine aus Tavel besonders hohes Ansehen. Schon im 14. Jh. wurden die Fässer mit dem Etikett Côte du Rhône ab Roquemaure über die Rhône nach Paris, London und Flandern verschifft.

Auf der **Route Touristique** zwischen Roquemaure und Remoulins, die ein dunkelrotes Weinblatt kennzeichnet, passiert man mittelalterliche Dörfer wie St-Laurent-des-Arbres und St-Victor-la-Coste sowie etliche Domainen, die zur *dégustation* einladen. Im Château de Clary nördlich von Tavel verführt die **Académie du Vin et du Goût** Weinfreunde und Gourmets mit einem ›geschmackvollen‹ Programm (nahe der Autobahnausfahrt Nr 22, Tel. 04 66 33 04 86, www.academie-du-vin.fr).

Übernachten

Modernes Design in alten Mauern – **Le Prieuré:** 7, pl. du Chapitre, Tel. 04 90 15 90 15, www.leprieure.fr, DZ 205–295 €. Den Lebensstil der Kardinäle kann man in diesem ehemaligen Priorat nachempfinden. 25 luxuriöse Zimmer, parkähnlicher Garten, Pool, Tennisplatz. Erlesenes Feinschmecker-Restaurant (Menü mittags 32, 45 €, abends 65, 92 €). Garage.
Schlichte Eleganz – **L'Atelier:** 5, rue de la Foire, Tel. 04 90 25 01 84, www.hoteldelatelier.com, DZ 56–109 €. 23 Zimmer in einem Stadtpalais aus dem 16. Jh. mit Dachterrasse. Besonders begehrt sind die Zimmer, die auf den lauschigen Hof blicken. Garage.

Essen & Trinken

Unter alten Arkaden – **Aubertin:** 1, rue de l'Hôpital, Tel. 04 90 25 94 84, So abends, Mo geschl., Menü 20–49 €. Jean-Claude Aubertin begeistert mit raffiniert zubereiteten Klassikern, wie Jakobsmuscheln, Tournedos vom Aubrac-Rind oder Taube. Seine Desserts sind ein Gedicht.

Infos & Termine

Office de Tourisme
1, pl. Charles David, 30400 Villeneuve-lez-Avignon, Tel. 04 90 25 61 33, www.villeneuvelesavignon.fr.
Der *Passeport pour l'Art* gibt Eintritt zu allen Sehenswürdigkeiten mit Ausnahme des Klostergartens im Fort St-André (7 €).

Termine
Villeneuve en Scène: Juli. Während des Theaterfestivals in Avignon findet in Villeneuve ein Off-Festival statt (www.villeneuve-en-scene.fr).

Verkehr
Innerorts: Mehrmals stdl. Busse nach Avignon, 15 Min. Fahrtzeit.

Beaucaire ▶ R 9

Beaucaire (14 000 Einw.) am rechten Rhône-Ufer sowie seine Zwillingsstadt bzw. Rivalin Tarascon am gegenüberliegenden Ufer bilden heute ein Bindeglied zwischen den Regionen Languedoc und Provence. Im Mittelalter wurden beidseitig der strategisch wichtigen Flussfurt Burgen erbaut, die die Grenze zwischen Frankenreich und Römischem Reich bewachten. Zuvor hatten hier bereits die Römer am Schnittpunkt von Rhône und *via vomi-*

Beaucaire

tia ein Oppidum, das antike *ugernum,* errichtet.

Weit über Frankreich hinaus war Beaucaire ab Mitte des 15. Jh. bis ins 19. Jh. als Messestadt bekannt. Die *Foire de la Madeleine,* die alljährlich am 21. Juli eröffnet wurde, zog Händler aus ganz Europa und dem Orient sowie tausende Besucher an. Die Altstadt mit den zum Teil renovierungsbedürftigen Bürgerhäusern zeugt von diesen glanzvollen Tagen. Heutzutage konzentriert Beaucaire sich vor allem auf den Flusstourismus, der den großen Sportboothafen im Canal du Rhône-à-Sète gern für einen Ruhetag nutzt.

Château Royal

Museum Mi–Di 10–12, 14–18.15, Juli/Aug. bis 19.15, 4,40 €

Die königliche Burg wurde 1180 auf dem ›schönen Felsen‹ (okzit. *bel caïre*) über der Rhône erbaut. Nach der Zerstörung 1632 blieben nur einige Mauerzüge, die romanische Burgkapelle und der eindrucksvolle dreieckige Bergfried erhalten. Alles Wissenswerte zur Geschichte der Burg und der Stadt erzählt das **Musée Jacquet** im Park des Château. Im Bergfried zeigen Falkner in historischen Kostümen von März bis Oktober mehrmals am Nachmittag Raubvogeldressuren (www.aigles-de-beaucaire.com, 10 €).

Altstadt

Von der Plantanen bestandenen **Cours Gambetta** am Kanalhafen gelangt man vorbei an der Place Clemenceau mit dem klassizistischen **Rathaus** zur Kirche **Notre-Dame-des-Pommiers** mit geschwungener barocker Fassade. Rechter Hand liegt die schöne **Place de la République** im Schatten von zwei riesigen Plantanen. Ein lebensgroßer Drache, der jedoch recht harmlos wirkt, erinnert an den menschenfressenden *drac,* der einst in einer Höhle am Fluss hauste. Wenige Schritte weiter stößt man auf die kleine **Place Mistral,** von der Treppen auf den Rhône-Deich führen. Von hier überblickt man den Fluss und die Ruinen der Burg.

Dass in Beaucaire auch das Stierkampffieber grassiert, allerdings die unblutige Variante der Camargue, zeigen die Statuen der Stiere **Goya** und **Clairon,** die als zwei unvergessene Helden der Arena geehrt werden.

Übernachten

Ideal mit Kindern – **Domaine des Clos:** Rte. de Bellegarde, ca. 7 km südwestl., links der D 38, Tel. 04 66 01 14 61, www.domaine-des-clos.com, DZ inkl. Frühstück 80–125 €. David und Sandrine Ausset haben ihr provenzalisches Landgut in ein kleines Ferienparadies vewandelt. Neun ausgesucht schöne Gästezimmer und Suiten mit kleiner Gemeinschaftsküche sowie fünf Ferienwohnungen, ein weitläufiger Gar-

Mein Tipp

Wein nach römischer Art ▶ R 9
Auf dem Mas des Tourelles zeigen Mitarbeiter in römischen Gewändern, wie hier in der Antike Wein produziert wurde. Dem Geschmack der Römer kann man bei einer *dégustation* nachspüren. *Mulsum, turriculae* und *carenum* werden nach alter Rezeptur ausgebaut und mit Honig und Gewürzen aromatisiert (D 38, südöstl. von Beaucaire, Tel. 04 66 59 19 72, www.tourelles.com, Juli/Aug. tgl. 10–12, 14–19, April–Okt. tgl. 14–18, Nov.–März Sa 14–18 Uhr, 4,90 €).

Zwischen Ardèche und Camargue

ten zum Ausruhen und Spielen mit Pool und Tischtennis, schattigen Terrassen und Grillplätzen. Gästetisch auf Anfrage (28 €).

Zentral und ruhig – **Les Doctrinaires:** 6, quai de Gaulle, Tel. 04 66 59 23 70, www.hoteldoctrinaires.com, DZ 55–84 €. Hinter einer Tankstelle versteckt sich die Zufahrt zu dem schönen alten Gebäude, in dem einst Latein gelehrt wurde. 34 gepflegte und komfortable Zimmer. Empfehlenswertes Restaurant (Sa mittags geschl., Menü 20–44 €). Geschlossener Parkplatz.

Essen & Trinken

Einkehr auf dem Bauernhof – **La Table de Marguerite:** Mas de la Cassole, rte. des Fourques (beim Vieux Mas), Tel. 04 66 59 17 00, Mi–So mittags, Fr/Sa abends geöffnet, Menü 20–27 €. Authentische provenzalische Küche mit Gemüse aus dem eigenen Garten und dazu ein Wein der Region. Terrasse unter alten Platanen und Speisesaal in den Farben des Midi.

Infos & Termine

Office de Tourisme
24, cours Gambetta, 30300 Beaucaire, Tel. 04 66 59 26 57, www.ot-beaucaire.fr.

Termine
Courses camarguaises: April–Okt., meist So nachmittags in der Arena.
Fêtes de la Madeleine: Das Stadtfest Ende Juli steht im Zeichen des Stiers.

Nîmes! ▶ P/Q 8

Keimzelle der heutigen Präfektur des Départements Gard (147 000 Einw.) war ein uraltes Quellheiligtum, an dem sich zunächst Kelten und später Römer niederließen. Der Quellgott *nemausus* gab der antiken Siedlung, die Kaiser Augustus 27. v. Chr. zur römischen Kolonie erhob, ihren Namen. Römischen Veteranen aus dem erfolgreichen Ägypten-Feldzug wurde hier Land zugeteilt, und so gelangte das an eine Palme angeleinte Krokodil, Symbol des Siegs der Römer über Kleopatra, ins Stadtwappen von Nîmes. Dieses bereits auf römischen Münzen verwendete Symbol, wurde von Stardesigner Philippe Starck modernisiert und tausendfach auf Metallknöpfen im Pflaster der Altstadt verewigt. Auch der Brunnen von Martial Raysse an der Place du Marché greift das Krokodil-Motiv auf.

Nîmes

In der antiken Arena kämpfen heute Toreros um Ruhm und Ehre

Stadtgeschichte

Die *colonia augusta nemausus,* eine wichtige Station an der *via vomitia,* wurde mit einer 7 km langen Stadtmauer gesichert und schmückte sich nach dem Vorbild Roms mit prächtigen Bauten wie Amphitheater und Tempel. Nach dem Niedergang des römischen Imperiums wurde das antike *nemausus* von Invasion, Zerstörung und Seuchen heimgesucht – die Stadt schrumpfte auf ein Zehntel ihrer ehemaligen Größe. Im 16. Jh. war Nîmes eine Hochburg des Protestantismus und wurde folglich auch in die Religionskriege verwickelt.

Erst die Textilverarbeitung ließ die Stadt im 18. Jh. wieder aufblühen. Exportschlager war ein strapazierfähiger blauer Baumwollstoff. Dieser *bleu de Nîmes* wurde von Genua (frz. Gênes, gesprochen *jen*) in die Neue Welt verschifft und eroberte bald als Blue Jeans den gesamten Erdball. Als Zeichen des neuen Wohlstands entstanden Bürgerhäuser mit beeindruckenden Fassaden sowie die Jardins de la Fontaine, die erste öffentliche Parkanlage in Frankreich.

In den 1980er-Jahren suchte die Stadt mit kühnen Neubauten namhafter Architekten ihr provinzielles Image abzuschütteln und zugleich einen Bogen zur antiken Vergangenheit zu spannen: Der Mailänder Vittorio Gregotti zeichnete für das Stade des Cos-

Nîmes

tières verantwortlich; Jean Nouvel erdachte den Nemausus-Komplex, sozialer Wohnungsbau in Glas und Stahl; der Japaner Kisho Kurokawa konzipierte ein Wohn- und Bürogebäude als triumphales halbrundes Stadttor, und der Brite Sir Norman Foster durfte im Stadtkern ein Kunstmuseum bauen.

Neben den antiken und postmodernen Sehenswürdigkeiten bezaubert Nîmes vor allem durch südliche Lebensfreude, die während der Feria zu Pfingsten in einem fünftägigen Volksfest überschäumt. Im Sommer füllen neben *courses camarguaises* auch Tanz-, Theater- und Musikveranstaltungen die antike Arena. Zwischen den Boulevards Victor Hugo, Gambetta und Amiral Courbet lädt die nahezu autofreie historische Triangel mit bezaubernden Plätzen, verwinkelten Gassen und eleganten Flanierstraßen ein, in die mediterrane Atmosphäre einzutauchen.

Von der Arena zur Maison Carré

Arènes 1
Tgl. Juni–Aug. 9–19, März–Mai, Sept./Okt. 9–18/18.30, Nov.–Dez. 9.30–17 Uhr, 7,70 €, Audioführer auf Detusch
Das Amphitheater wurde im 1. Jh. n. Chr. nach dem Vorbild des Kolosseums in Rom mit zwei übereinander gestellten Arkadenreihen auf ovalem Grundriss erbaut. Mit 133 m Länge, 101 m Breite und 24 000 Zuschauerplätzen ist es zwar nicht die größte, aber eine der am besten erhaltenen antiken Kampfstätten. Die Westgoten nutzten den monumentalen Bau als Festung. Später füllten eine Burg sowie Häuser und Kapellen das Oval, in dem noch im 18. Jh. mehrere hundert Menschen wohnten. Im 19. Jh. wurde der Originalzustand wieder hergestellt und 1853 fand hier der erste Stierkampf statt.

Musée des Cultures Taurines 2
6, rue Alexandre Ducros, Di–So 10–18 Uhr, 5 €
Wenige Schritte von den Arènes entfernt huldigt das Museum der Stierbesessenheit des Midi. Videos, Gemälde, Fotografien, Plakate, Kostüme und Alltagsgegenstände veranschaulichen spanische und südfranzösische Tradition.

Musée Archéologique et Musée d'Histoire Naturelle 3
13, bd. Victor Hugo, Di–So 10–18 Uhr, Eintritt frei
Die Ausstellungen im ehemaligen Jesuitenkolleg vereinen Naturgeschichte und Archäologie. Neben Grabungsfunden aus keltischer, griechischer und römischer Zeit sind ausgestopfte Tiere sowie Masken aus den französischen Kolonien zu sehen.

Porte d'Auguste 4
Die Porte d'Auguste an der Nordostecke der Altstadt ist eines der wenigen Relikte der römischen Stadtmauer, die im Jahr 15 v. Chr. erbaut wurde und etwa zehn Stadttore und 80 Türme zählte. Durch das Augustustor führte die von *ugernum* (Beaucaire) kommende *via domitia* ins Zentrum des antiken *nemausus*. Hinter dem Tor empfängt eine Bronzestatue (Kopie) des Kaisers die Besucher.

Notre-Dame et St-Castor 5 und Musée du Vieux-Nîmes 6
Museum Di–So 10–18 Uhr, Eintritt frei
Die Silhouette der fast turmlosen **Kathedrale** beherrscht die Place aux Herbes im ehemaligen Tuchmacherviertel. Der ursprünglich romanische Bau aus

Das Carré d'Art zeigt sich als lichte, gläserne Abstraktion des antiken Tempels

Nîmes

Sehenswert
1. Arènes
2. Musée des Cultures Taurines
3. Musée Archéologique et d'Histoire Naturelle
4. Porte d'Auguste
5. Notre-Dame et St-Castor
6. Musée du Vieux-Nîmes
7. Halles centrales
8. Maison Carrée
9. Carré d'Art
10. Jardin de la Fontaine
11. Tour Magne
12. Castellum Divisiorum

Übernachten
1. New Hôtel la Baume
2. Kyriad Nîmes Centre
3. Royal Hôtel
4. Central

Essen & Trinken
1. Alexandre
2. Exaequo
3. Le Bouchon et l'Assiette
4. Vintage Café

Einkaufen
1. Huilerie
2. Maison Villaret
3. Raymond

Abends & Nachts
1. Le Haddock Café
2. Les 3 Maures

dem 11. Jh. wurde mehrfach zerstört und musste im 19. Jh. fast vollständig rekonstruiert werden. Der Fries über dem Portal zählt zu den schönsten Beispielen romanischer Kunst im Languedoc. Im alten Bischofspalast (17. Jh.) neben der Kathedrale erzählt das **Musée du Vieux Nîmes** die Stadtgeschichte, wobei ein besonderer Fokus auf die Entwicklung der Textilherstellung gelegt wird.

Ilot Littré
Über die **Place de L'Horloge** mit dem Uhrturm von 1754 stößt man in das sorgfältig restaurierte **Ilot Littré** vor, in dem einst die Färber ihr Handwerk verrichteten und heute zahlreiche Restaurants ansässig sind. Inmitten der schmalen Gassen mit verschwiegenen Hinterhöfen wirken die **Halles centrales** 7, die der Designer Jean-Michel Wilmotte in Aluminium hüllte, wie ein Fremdkörper.

Maison Carrée 8
Tgl. Juni–Aug. 10–19.30, März–Mai, Sept./Okt. 10–18.30/19, Nov.–Dez. 10–13, 14–17 Uhr, 4,50 €
Um das Jahr 5 n. Chr. wurde auf dem römischen Forum zu Ehren des Gaius und des Lucius Caesar, dem Enkel bzw. dem Adoptivsohn von Kaiser Augustus, ein wohlproportionierter, auf einem Podium thronender Tempel errichtet. Eine umlaufende Säulenreihe verleiht der eher schlichten rechteckigen – und keineswegs quadratischen, wie das Französische *carrée* vermuten lässt – Architektur eine gewisse Eleganz. Als Regentensitz, Pferdestall und Kirche überdauerte das Bauwerk die Jahrhunderte weitgehend unbeschadet. Bei der jüngsten Restaurierung wurde die Fassade von den Spuren der Zeit befreit. Im Innenraum lässt *Héros de Nîmes*, ein Film im 3D-Format, 2000 Jahre Stadtgeschichte Revue passieren.

Das Umfeld der Maison Carrée wurde 1993 vom britischen Stararchitekten Sir Norman Foster neu gestaltet. In den Boden eingelassene Metallringe weisen auf den Standort der Säulen des römischen Portikus hin, der das Forum auf drei Seiten umgab.

Carré d'Art 9
Di–So 10–18 Uhr, Museum 5 €
Als Pendant zum antiken Tempel konzipierte Sir Norman Foster das Carré d'Art. Die lichtdurchflutete Glas-Stahl-Konstruktion beherbergt eine hochmoderne Bibliothek und Mediathek sowie das **Musée d'Art Moderne**, ein Hort zeitgenössischer Kunst. In den ›Himmel von Nîmes‹ lädt die Café-Terrasse auf dem Dach ein.

Mont Cavalier

Jardin de la Fontaine [10]
*Tgl. April–Sept. 7.30–22 Uhr,
Okt.–März 7.30–18.30 Uhr*
Das Quellheiligtum des nemausus am Fuß des Mont Cavalier wurde Mitte des 18. Jh. zu einem **Garten** umgestaltet – eine grüne Oase mitten in Stadt. Wasserbecken, Treppen und Terrassen, Statuen von Nymphen und Faunen verleihen der Anlage barocke Pracht. Links vom Haupteingang stehen die Reste des sogenannten **Temple de Diane**, dessen ursprüngliche Bestimmung den Archäologen nach wie vor Rätsel aufgibt.

Tour Magne [11]
*Tgl. April–Sept. 9.30–18.30/19. März,
Okt. 9.30–13, 14–18, Nov.–Feb. 9.30–
13, 14–16.30 Uhr, 2,70 €*
Über den Mont Cavalier wacht die achteckige, 32 m hohe Tour Magne, der größte Turm der römischen Stadtmauer. Eine fantastische Aussicht auf Nîmes und das Umland lohnen den Aufstieg zur Turmspitze.

Zwischen Ardèche und Camargue

Castellum Divisiorum 12
Östlich des Jardin de la Fontaine markiert das Castellum den Endpunkt des Aquädukts, das der antiken Stadt das Quellwasser der Eure zuführte. Bleileitungen verteilten das Frischwasser aus dem runden Felsbecken in die einzelnen Stadtviertel und öffentlichen Brunnen. Im 17. Jh. entstand über dem Verteilerbecken eine Zitadelle nach Plänen von Vauban.

Übernachten

Stilecht – **New Hôtel la Baume** 1: 21, rue Nationale, Tel. 04 66 76 28 42, www.new-hotel.com/labaume/fr, DZ 105–230 €. Elegantes Altstadtpalais aus dem 17. Jh. mit einem wundervollen offenen Treppenhaus. 34 großzügige, schicke Zimmer.
Mediterranes, sonniges Dekor – **Kyriad Nîmes Centre** 2: 10, rue Roussy, Tel. 04 66 76 16 20, www.hotel-kyriad-nimes.com, DZ 71–90 €. Modernisiertes 28-Zimmer-Haus in einer ruhigen Straße östlich der Arena. Besonders empfehlenswert sind Zimmer Nr. 41 und 42 mit eigener Terrasse und Blick über die Stadt. Sehr zuvorkommender Service. Mit Garage.
Künstleradresse – **Royal Hôtel** 3: 3, bd. Daudet, Tel. 04 66 58 28 27, www.royalhotel-nimes.com, DZ 60–110 €. Gelungene Kombination von alter Bausubstanz und modernem Design. Freundliche, lockere Atmosphäre. 23 puristisch anmutende Zimmer in schlichtem Weiß, die zum Innenhof sind zwar dunkler, aber angenehm kühl und ruhig. Das Tapas-Restaurant **La Bodeguita** mit Terrasse an der Place d'Assas ist eine beliebte Apéro-Adresse, manchmal wird Livemusik geboten.
Familiäre Atmosphäre – **Central** 4: 2, pl. du Château, Tel. 04 66 67 27 75, www.hotel-central.org, DZ 40–50 €. Einfaches, aber einladendes Hotel an der Porte d'Auguste. 15 helle Zimmer, Nr. 20 in der oberen Etage mit Blick über Nîmes. Mit Garage.

Essen & Trinken

Hymne auf die Küche des Midi – **Alexandre** 1: 2, rte. de l'Airport, Garons (nahe dem Fluhafen), Tel. 04 66 70 08 99, http://michelkayser.com, So abends, Mo/Di, Juli/Aug So/Mo geschl., Menü ab 64 €. Von allen Gourmetführern ausgezeichnetes Restaurant in einem prachtvollen Garten. Die raffinierten Kreationen von Michel Kayzer haben allerdings ihren Preis!
Ambitioniert – **Exaequo** 2: 11, rue Bigot, Tel. 04 66 21 71 96, www.exaequorestaurant.com, Sa mittags, So geschl., Menü 26–53 €. Zwei Talente der Gastronomie – Valentin Lerch am Herd und Jean-Philippe Delaforge im Service – verstehen es, eine anspruchsvolle Kundschaft zufrieden zu stellen. Trendiger Gastraum, zauberhafter Innenhof.
Deko in rosa und blau – **Le Bouchon et l'Assiette** 3: 5 bis, rue de Sauve, Tel. 04 66 62 02 93, Di/Mi geschl., Menü 27–45 €. Gepflegte Adresse nahe den Jardins de la Fontaine. Die kreative, ausdrucksstarke Küche kann durchaus mit den Großen der Zunft mithalten.
Gesellig – **Vintage Café** 4: 7, rue de Bernis/rue Fresque, Tel. 04 66 21 04 45, Sa mittags, So/Mo geschl., *Menu-carte* 32 €. Winziges Weinlokal mit frischer Bistroküche. Einige Außenplätze rund um einen Brunnen. Kompetente Beratung in Sachen Wein, der auch glasweise serviert wird. Reservieren!

Einkaufen

Öl und mehr – **Huilerie** 1: 10, rue des Marchands. In der alten Spezereienhandlung verbreiten Gewürze und Kräuter den Geruch aus Tausendundeiner Nacht.

Für Naschkatzen – **Maison Villaret** 2: 13, rue de la Madeleine. Spezialität des alteingesessenen Bäckerladens sind die Mandelkekse *(croquants).*

Spezialität aus Nîmes – **Raymond** 3: 34, rue Nationale. Der altmodische Laden ist berühmt für die Herstellung von Stockfischpüree *(brandade).*

Markt – **Les Jeudis de Nîmes:** Juli/Aug. Do 18–22.30 Uhr. Verkaufsstände mit lokalen Spezialitäten und Kunsthandwerk auf den Plätzen der Altstadt. Dazu spielen Straßenmusikanten.

Abends & Nachts

Musik und Kultur – **Le Haddock Café** 1: 13, rue de l'Agau, Tel. 04 66 67 86 57, www.haddock-cafe.fr, Di–Sa. Szenekneipe, in der man auch eine Kleinigkeit essen kann. Regelmäßig Konzerte und Themenabende (Reservierung ratsam).

Eine Institution – **Les 3 Maures** 2: 10, bd. des Arènes, bis 2 Uhr. Beliebtes Kneipenrestaurant gegenüber der Arena. Die knallgelben Wände schmücken Porträts von Stierköpfen sowie Trikots der Rugby- und Handballteams.

Infos & Termine

Infos

Office de Tourisme: 6, rue Auguste, 30000 Nîmes, Tel. 04 66 58 38 00, www.ot-nimes.fr. Hier erhält man den *Pass romain,* ein Pauschalarrangement mit zwei oder drei Übernachtungen, Abendessen und Eintritt zu den Sehenswürdigkeiten inkl. Pont du Gard.

»**Nîmes Romaine**«: Eintritt zu Arènes, Maison Carrée und Tour Magne, 9,50 €, www.arenes-nimes.com.

Termine

Feria de Pentecôte: Pfingsten. Während des fünftägigen Festes vibriert Nîmes im Flamenco-Rhythmus (s. S. 34).
Feria des Vendanges: Mitte Sept. Das kürzere, aber nicht minder stimmungsvolle Stierfest zur Weinlese.

Verkehr

Flugzeug: Aéroport Nîmes-Arles-Camargue, Garons (8 km südöstl.), Tel. 04 66 70 49 49. Inlandsflüge, Ryanair nach Charleroi/Belgien. Buszubringer.
Bahn: Gare SNCF, bd. Sergent-Triaire. TGV-Halt sowie Lokalzüge Richtung Montpellier, Marseille, Aigues-Mortes/Le Grau-du-Roi, Alès.
Bus: Gare routière, rue Ste-Félicité, hinter dem Bahnhof, Tel. 04 66 38 59 43.
Auto: Zentrale Parkhäuser u. a. an den Arènes, am Maison Carrée und den Halles.

Sommières ▶ O 9

Das Städtchen (3700 Einw.) auf Terrassen oberhalb des linken Vidourle-Ufers wurde in der Vergangenheit immer wieder von Hochwassern heimgesucht. Die sogenannten *vidourlades* verursachten zuletzt im Herbst 2002 schwere Schäden. Meist aber gibt sich der Fluss harmlos, an seinem Ufer schieben die Boule-Spieler im Schatten von Platanen eine ruhige Kugel.

Seit fast 2000 Jahren trotzt der einst 189 m lange **Pont Romain** den Kapriolen der Vidourle. Im Mittelalter wurde etwa die Hälfte der Brücke mit Häusern überbaut. Auf dem sechsten Pfeiler fußt die **Tour de l'Horloge,** Hauptor und zugleich Wahrzeichen der Stadt. Hinter dem Tor führt eine Treppe hinauf zum großen **Marché Bas** (pl. des Docteurs Dax), wo traditionell Markt gehalten wird. Die Häuser am

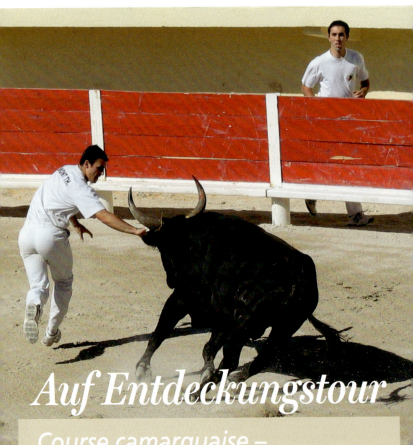

Auf Entdeckungstour

Course camarguaise – es lebe der Stier!

Die Urkraft des Stiers hat den Menschen schon immer fasziniert. Im Rhône-Delta ist er der Held der courses camarguaises. Bei diesen unblutigen Stierspielen messen sich Tier und Mensch in Schnelligkeit, Wendigkeit und Reaktionsvermögen.

Reisekarte: ▶ P/Q 8 und P 10

Dauer: Ein Tag.

Ort: Musée des Cultures Taurines, 6, rue Alexandre Ducros, Nîmes, Di–So 10–18 Uhr, 5 €.
St-Laurent-d'Aigouze, März–Okt. meist Sa, So oder Mi nachmittags um 16 Uhr, www.ffcc.info, 8–15 €.

La fe di biòu – vernarrt in den Stier

In ganz Frankreich bekannt, aber keineswegs unumstritten ist die Pfingst-Feria von Nîmes. Dass die unblutigen Stierspiele der *courses camarguaises* im Midi eine weitaus längere Tradition als die blutigen *corridas* haben, dies erfährt man im **Musée des Cultures Taurines** in Nîmes. So steht bei den *courses* eindeutig der Stier im Mittelpunkt. Besonders agile und angriffslustige Tiere werden wie Helden verehrt. Sie füllen nicht nur die Arenen, sondern sichern auch das Einkommen des Züchters (manadier). Bilder und Videos zeigen, dass die *courses* schon längst vom Sonntagsvergnügen der Landbevölkerung zu einem im Midi weit verbreiteten Profisport avanciert sind.

Wen die Präsentationen des Museums neugierig gemacht haben, der sollte nicht zögern, eine *course* vor Ort zu erleben. Besonders authentisch geschieht dies in dem kleinen Dorf **St-Laurent-d'Aigouze** im Zentrum der Petite Camargue. Schon am Ortseingang empfängt die lebensgroße Statue eines Stiers den Besucher. Dass St-Laurent vom *fe du biou* geradezu besessen ist, stellt man spätestens auf dem Dorfplatz fest. Denn hier streitet die mit Kinderzeichnungen bunt verzierte Arena mit der kleinen Kirche, an die sie unmittelbar angrenzt, um die Vorherrschaft. Keine Frage, wer aus diesem Wettstreit als Sieger hervorgeht!

Dann erstaunt es auch kaum noch, dass die Sakristei zum *toril*, zum Stall, umfunktioniert wurde. Hier treffen die Stiere etwa eine Stunde vor Beginn der *course* im Lkw ein. Nicht versäumen sollte man das aufgeregte und gestenreiche Palaver, mit dem die Stiere vom *manadier* und seinen Helfern, den *gardians*, ausgeladen und im *toril* an dicken Eisenstangen befestigt werden.

Auf in die Arena

Nun wird es höchste Zeit, einen Sitzplatz in der Arena zu suchen. Die Kenner steuern - mit Kissen und Sonnenhut ausgestattet - die Plätze an der Kirchenwand an. Zur Musik aus der Oper »Carmen«, die scheppernd aus den Lautsprechern klingt, ziehen zwölf weiß gekleidete Männer, die *raseteurs*, in die Arena ein. Und schon stürzt nach einem Fanfarensignal der erste Stier schnaubend aus dem *toril* auf den Sandplatz. Das Schauspiel beginnt.

An den spitzen, lyraförmigen Hörnern des Tiers sind als Trophäen die *cocarde* aus rotem Stoff, zwei *glands* (weiße Wollquasten) und zwei *ficelles* (Schnüre) befestigt. Die *raseteurs* versuchen nun, die Trophäen von den Hörnern zu reißen und sich mit einem gekonnten Sprung über die Absperrung in Sicherheit zu bringen.

Besonders spektakuläre Aktionen werden vom aufmerksamen Publikum mit Beifall belohnt. Nach 15 Minuten beendet ein Fanfarensignal die Partie, und der Stier kehrt zurück in den Stall. Der nächste Stier stürmt heraus, und das Schauspiel beginnt erneut.

Nervenkitzel hinter der Barriere

Nachdem der letzte Stier seinen Auftritt hatte, findet vor der Arena der *bandido* statt, bei dem berittene *gardians* die Stiere durch die Straßen treiben. Spätestens dann, wenn der Böllerschuss durchs Dorf hallt, heißt es, sich hinter den Absperrgittern in Sicherheit zu bringen, denn nicht selten büchst ein Stier aus. Das Geklapper von Hufen auf dem Asphalt eilt den Reitern voraus, die - den Stier eingekeilt in ihrer Mitte - im Galopp vorbeipreschen, während einige junge Burschen versuchen, den Stier an den Hörnern zu packen und zu Boden zu werfen - Ein nicht ungefährlicher Mutbeweis!

Zwischen Ardèche und Camargue

Platz und in der unteren Altstadt wurden zum Schutz gegen Hochwasser auf Arkaden errichtet. An den schachbrettartig angelegten, teils überwölbten Gassen zeugen schöne Fassaden mit stattlichen Portalen von der Blüte der örtlichen Leder- und Wollindustrie im 17. und 18. Jh. Über die Dächer der Altstadt reckt sich der Turm der **Burgruine** (10./11. Jh).

Château de Villevieille
www.chateau-de-villevieille.fr, Führungen Juli–Sept. tgl. 14–20, April–Juni, Okt. Sa/So 14–19 Uhr, 8 €
Knapp 2 km östlich von Sommières thront auf einem Felssporn das Château de Villevieille, dessen Ursprung im 11. Jh. liegt. Ludwig der Heilige dirigierte von hier aus den Bau des Kreuzfahrerhafens Aigues-Mortes.

Übernachten

Mit Patina – **Hôtel de l'Orange:** 7, rue des Baumes, Tel. 04 66 77 79 94, http://hotel.delorange.free.fr, DZ 80–150 € inkl. Frühstück. Fünf Gästezimmer und eine Suite in einem bezaubernden Herrenhaus im oberen Stadtteil. Wundervoller Terrassengarten mit Pool.
Im alten Bahnhof – **Le Relais de l'Estelou:** Rte. d'Aubais, Tel. 04 66 77 71 08, http://hoteldelestelou.free.fr, DZ 53–72 €. Züge stören hier nicht mehr die Nachtruhe, denn heute rollen nur noch Fahrräder über die alte Bahnstrecke (s. u.). Die 28 Zimmer sind modern eingerichtet und sonnig. Garten mit Pool.
Nostalgisch – **Bed & Art:** 48, Grand'Rue, 30420 Calvisson (20 km östl., D 40), Tel. 04 66 01 23 91, www.bed-and-art.com, DZ 55–60 € inkl. Frühstück, Gästetisch 20 € inkl. Wein. Vier mit viel Liebe zum Detail eingerichtete Gästezimmer in einem behutsam modernisierten Bürgerhaus (15. Jh.) im Zentrum des kleinen Weinortes. Gästetisch unter Steingewölben oder im lauschigen Patio. Malkurse unter sachkundiger Leitung des Künstlers Régis Burckel de Tell. Mit Garage.

Essen & Trinken

Rustikal – **L'Olivette:** 11, rue Abbé-Fabre, Tel. 04 66 80 97 71, Juli/Aug. Di, sonst Di abends, Mi geschl., Menü 17–33 €. Küche und Weinkarte sind der Region verpflichtet. Einrichtung in Naturstein und Holz.

Einkaufen

Ölmühle – **Moulin de Villevieille:** Premierte Olivenöle aus den Sorten Picholine und Négrette sowie vielfältige Olivenprodukte.

Aktiv & Kreativ

Radfahren – **Voie verte:** Die alte Bahntrasse zwischen Sommières und Nîmes wurde zum bequemen Radweg ausgebaut. Räder kann man an der Strecke in Calvisson mieten (Tel. 04 66 81 43 78, vaunage-passion-velos.fr).

Infos & Termine

Office de Tourisme
5, quai Frédéric Gaussorgues, 30250 Sommières, Tel. 04 66 80 99 30, www.ot-sommieres.fr.

Termine
Fête médiévale: Letztes Aprilwochenende. Mittelalterfest mit Umzug in historischen Kostümen, Markttreiben, Gaukler, Schweinerennen etc.

Courses camarguaises: April–Sept. Meist So nachmittags in der Arena.
Jazz à Junas: Mitte Juli. Der alte Steinbruch von Junas, 6 km östlich von Sommières gibt den ausgefallenen Rahmen für ein Jazzfestival (www.jazzajunas.asso.fr).

St-Gilles ▶ Q 10

Das Zentrum für Obst- und Weinbau (12 000 Einw.) mit Freizeithafen am Canal du Rhône-à-Sète gilt als eines der bedeutendsten mittelalterlichen Pilgerziele. Auf der Wallfahrt nach Santiago de Compostela besuchten die frommen Wanderer hier das Grab des hl. Aegidius, der im 8. Jh. als Eremit in der Nähe von St-Gilles gelebt haben soll.

Abbatiale
Museum, Krypta, Chorruine Mo–Sa Juli/Aug. 9–12, 15–19, Sept.–Juni 9–12, 14–17/18 Uhr, 4 €

Über dem Grab des hl. Aegidius war im 12. Jh. eine Abtei mit gewaltigen Ausmaßen entstanden, die jedoch in den Religionskriegen niedergebrannt wurde. Von der Klosterkirche blieben lediglich Teile des Chors, die imposante **Krypta** sowie die monumentale **Westfassade** erhalten. Dank ihres überaus reichen Skulpturenschmucks stellt die Fassade ein einzigartiges Beispiel romanischer Bildhauerkunst in Südfrankreich dar. Ihre Gliederung mit drei Rundbogenportalen und Wandsäulen wurde von römischen Triumphbögen inspiriert. Ein Meisterwerk früher Steinmetzarbeit zeigt die **Vis de St-Gilles,** eine steinerne Wendeltreppe, die auf den nördlichen Glockenturm führte.

Das Geburtshaus Papst Clemens IV. gegenüber der Kirche, die sogenannte **Maison Romane** (12./13. Jh.), beherbergt ein Museum mit Funden aus der Abtei und Exponaten zur Natur- und Heimatkunde.

Bei der ferrade demonstrieren die Camargue-Cowboys ihre Reitkunst

Zwischen Ardèche und Camargue

Einkaufen

Ölmühle – **Moulin des Costières:** Olivenöle, vorwiegend Picholine, grüne und schwarze Oliven, Tapenade.

Infos

Office de Tourisme: Pl. Frédéric Mistral, 30800 St-Gilles, Tel. 04 66 87 33 75, www.ville-saint-gilles.fr.

Petite Camargue
▶ O–Q 10/11

Fest verknüpft mit dem Landschaftsbild des Rhône-Deltas in der Petite Camargue sind die rosafarbenen Flamingos, die weißen Pferde und schwarzen Stiere. Bei einer Fahrt über die Hauptverkehrsstraßen erschließen sich die Reize dieses einmaligen Naturraumes allerdings nur unzureichend. Teiche und Feuchtwiesen, Reisfelder und Viehweiden bleiben meist hinter Schilfrohr verborgen. Einen besseren Eindruck gewinnt man beim Besuch einer Manade, so heißen die Gehöfte der Rinder- und Pferdezüchter, oder natürlich bei einem Reiturlaub.

Les Stes-Maries-de-la-Mer ▶ Q 11

Das weiße Dorf am Meer lockt die Touristen in großen Scharen mit Camargue-Traditionen und Zigeunerromantik. Alljährlich um den 24./25. Mai pilgern tausende Zigeuner aus ganz Europa zu ihrer Schutzpatronin, der schwarzen Sara, sowie zu den Schreinen der beiden heiligen Marien. In den Gassen rund um die sandsteinfarbene Wehrkirche buhlen Andenkenläden und Restaurants um Kundschaft. Und am Ortsrand stehen unzählige Camargue-Pferde für einen kurzen Reitausflug bereit. Trotz des Rummels lohnt der kurze Abstecher in die Nachbarregion Provence – zumindest wenn man die Nebensträßchen über **Sylvéréal** nutzt, die tief in die amphibische Landschaft vordringen. In **Bac le Sauvage** stellt eine Autofähre die Überquerung der Petit Rhône sicher.

Centre de Scamandre
▶ P 10

Mas des Iscles (D 179/D 779), Tel. 04 66 73 52 05, www.camarguegardoise. com, April–Sept. Mi–Sa 9–18 Uhr
Das Naturkundezentrum südlich der Brackwasserseen Grey, Charnier und Scamandre trägt mit Ausstellungen und Lehrpfaden entlang des Canal de Capette dazu bei, das fragile Ökosystem der Camargue besser zu verstehen.

Übernachten

Herrschaftlich – **Domaine de la Fosse:** Rte. de Sylvéréal (D 179), 30800 St-Gilles, Tel. 04 66 87 05 05, www.camargue.fr/masdelafosse, DZ 135–145 € inkl. Frühstück. Fünf traumhafte Gästezimmer in einem ehemaligen Anwesen des Malteserordens. Pool im herrschaftlichen Innenhof, Jacuzzi, Sauna, Hammam.
Auf der Manade – **Mas de la Paix:** Rte. des Stes-Maries-de-la-Mer (D 58), 30600 Montcalm, Tel. 06 19 51 08 90, www.manade-saint-louis.camargue.fr, DZ 70 €. Der Aufenthalt auf diesem typischen Mas ermöglicht Einblicke in die Arbeit eines Stierzüchters *(manadier).* Fünf Gästezimmer.
Naturnah – **Mas Apolline:** Rte. d'Aigues-Mortes (D 179, nördl. von

Montcalm), 30600 Gallician, Tel. 04 66 73 52 20, www.camargue.fr/apolline, DZ 64–70 € inkl. Frühstück, Gästetisch 28 €. Fünf originell eingerichtete Gästezimmer in Bungalows auf einem riesigen schattigen Gelände, auf dem allerlei Geflügel schnattert. Drei alte Zirkuswagen ziehen vor allem Kinder magisch an.

Aktiv & Kreativ

Gardians-Kurse – **Mas des Iscles:** 30600 Vauvert, Kreuzung D 179/D 779, Tel. 04 66 73 51 22, www.masdesiscles.com. Bei Bernard Roche lernt man, wie die *gardians* zu reiten und Rinder zu treiben. Schnuppertage, Wochenend- und Wochenkurse. Unterkunftsmöglichkeit im Gîte. Nina Ackermann hilft, wenn es beim Französisch hapert.

Reiturlaub – **Mas Blanc:** 30800 St-Gilles, D 179, Tel. 04 66 87 09 31, www.masblanc2007.alubia.ch. Die Schweizerin Sylvia Kürsteiner hat in ihrem schmucken Landhaus fünf Gästezimmer speziell für Pferdefreunde eingerichtet. Täglich werden Ausritte organisiert. Vorkenntnisse sind nicht erforderlich.

Aigues-Mortes ▶ P 10

Mit der Errichtung von Aigues-Mortes im Sumpfgebiet der Rhône-Mündung erhielt das Frankenreich unter Ludwig IX. Mitte des 13. Jh. den begehrten Zugang zum Mittelmeer. 1248 schiffte sich hier der Monarch, später mit dem Beinamen ›der Heilige‹ tituliert, zum sechsten Kreuzzug ein. 1270 brach er mit seinem Heer erneut zum Kampf gegen die Ungläubigen auf, erlag jedoch bald der Pest.

Neben der eher militärischen Funktion befruchtete der neue Hafen den Seehandel im Mittelmeer. Unter dem Sohn und Enkel Ludwig IX. wurde das nahezu perfekte Rechteck der Ansiedlung Ende des 13. Jh. mit einer mächtigen Mauer umgeben. Doch schon bald machte die Stadt der ›Toten Wasser‹ ihrem Namen alle Ehre: Der Zufahrtskanal zum Meer versandete und sie saß auf dem Trockenen.

Bedeutungslos geworden, konnte das spätmittelalterliche Bollwerk die Jahrhunderte unversehrt überdauern. Im Windschutz seiner Mauern flutet in der Saison ein nicht enden wollender Touristenstrom durch die rechtwinklig verlaufenden Gassen. Vor allem die Urlauber sichern neben Weinbau und Salzgewinnung das Einkommen der 6000 Einwohner von Aigues-Mortes. Auf der zentralen **Place St-Louis** verliert sich die Statue des Stadtgründers zwischen den bunten Markisen der Cafés und Restaurants.

Als eine Art Vorposten schützte die etwa 1,5 km nördlich gelegene **Tour Carbonnière** ab dem 14. Jh. den landseitigen Zugang nach Aigues-Mortes. Die Aussichtsterrasse des Turms ist jederzeit zugänglich.

Tour Constance und Remparts

www.monum.fr, tgl. Mai–Aug. 10–13, 14–18.15, Sept.–April 10–13, 14–16.45 Uhr, 6,50 €

Noch zu Lebzeiten Ludwig IX. entstand die fast 40 m hohe **Tour Constance,** deren Dachtürmchen unter einem schmiedeeisernen Käfig ein weithin sichtbares Leuchtfeuer trug. Ihrer Wehrfunktion verlustig, wurde im 14. Jh. hinter den 6 m dicken Mauern ein Staatsgefängnis eingerichtet, in dem sowohl Templer als auch Hugenotten einsaßen. 38 Jahre schmachtete die unbeugsame Protestantin Marie Durand in diesem Kerker. Vom Dach des Turms bietet sich eine unvergessliche Aussicht. Eine Brücke verbindet den Turm mit der begehbaren 1640 m langen

Zwischen Ardèche und Camargue

Von Aigues-Mortes startete Ludwig IX. zum Kreuzzug ins Heilige Land

und 11 m hohen **Stadtmauer,** die durch zehn von Türmen flankierte Tore in unregelmäßige Abschnitte gegliedert wird.

Salins du Midi

Kasse und Start an der Porte de la Gardette, www.salins.fr, tgl. Mitte April–Juni 10, 14.30, 15.30, Juli/Aug. 9.45, 10.20, 11.20, 14.30, 15.20, 16.15, 16.55, 17.50, 18.30 Uhr, Sept.–Anf. Nov. 10 Uhr, 8,20 €

Die weißen Salzhügel *(camelles),* die aus der Ferne wie Schneekuppen anmuten, weisen den Weg zu den Salzgärten bei Aigues-Mortes. Das 10 800 ha große Terrain der Salinen entdeckt man auf einer eineinhalbstündigen Fahrt im Touristenbähnchen.

Übernachten, Essen

Zum Wohlfühlen – **Les Templiers:** 23, rue de la République, Tel. 04 66 53 66 56, www.hotellestempliers.fr, DZ 105–250 €. Elegantes Stadtpalais aus dem 18. Jh. mit heimeligem Salon, Bar und verträumtem Innenhof. 13 sehr unterschiedlich eingerichtete Zimmer. Gepflegtes Restaurant (Menü ab ca. 35 €). Mit Garage.

In provenzalischem Stil – **Le Saint-Louis:** 10, rue de l'Amiral-Courbet, Tel.

Aigues-Mortes

04 66 53 72 68, www.lesaintlouis.fr, DZ 79–102 €. 22 geräumige Zimmer in einem ansprechend restaurierten alten Stadthaus. Restaurant mit begrüntem Innenhof an der Stadtmauer (Sa mittags, Di/Mi geschl., Menü 19–26 €). Mit Garage.
Familiär und entspannt – **Lou Garbin:** 30, av. des Jardins, 30220 St-Laurent-d'Aigouze (7 km nördl.), Tel. 04 66 88 12 74, www.lou-garbin.com, DZ 58–91 € inkl. Frühstück. Dorfhotel in einem ehemaligen Weingut mit großem Garten. Zehn thematisch eingerichtete Zimmer im alten Herrenhaus sowie provenzalisch anmutende Zimmer mit eigener Terrasse in kleinen Bungalows. Zwei winzige Pools, Grillmöglichkeit, Bouleplatz. Wer Halbpension bucht, lernt die lokale Küche kennen. Die Wirtsleute geben gerne Tipps für die Erkundung der Camargue.

Essen & Trinken

Heitere Atmosphäre – **Le Café de Bouzigues:** 7, rue Pasteur, Tel. 04 66 53 93 95, www.cafedebouzigues.com, Menü 29,50 €. Kleines farbenfrohes Restaurant mit hübschem Innenhof, freundliche Bedienung, tagesfrische regionale Küche.

Einkaufen

Wein – Zwischen Montcalm und Aigues-Mortes erstrecken sich die Felder der *vins de sables.* Größter Erzeuger der ›Sandweine‹ sind die Caves Listel. Als Mitte des 19. Jh. die Reblausplage grassierte, blieben nur die auf sandigem Boden angebauten Weinstöcke verschont. Ein echter Durstlöscher ist der frische roséfarbene *gris de gris.* **Caves Listel:** Domaine de Jarras, D 979 (südl. von Aigues-Mortes), Tel. 04 66 51 17 00, www.listel.fr, Besuch der Kellerei und Verkostung 4 €. **Domaine de Montcalm:** D 58 (östl. von Aigues-Mortes), Tel. 04 66 73 51 52, http://montcalm.isasite.net. Kellereibesuch und Verkostung für Kaufwillige sind hier gratis.

Aktiv & Kreativ

Bootsausflüge – **Le Pescalune:** Tel. 04 66 53 79 47, www.pescalune-aigues-mortes.com. **Isles de Stel:** Tel. 04 66 53 60 70, www.islesdestel.camargue.fr. Ab Aigues-Mortes auf den Kanälen durch die Camargue mit Stopp auf einer Stierzucht.

Lieblingsort

Pointe de l'Espiguette – baden und beachen ▶ O 11

Der Strand am Phare de l'Espiguette zählt zu den naturbelassensten und größten Stränden des Languedoc. Vom kleinen Leuchtturm aus, wo FKK-Anhänger einen ausgewiesenen Abschnitt finden, erstreckt sich in Richtung Les Stes-Maries-de-la-Mer auf 10 km eine urwüchsige Dünenlandschaft. Selbst in der Hochsaison findet man nach wenigen Schritten ungestörtes Sonnen- und Badevergnügen. In der Nebensaison oder im Winter kann man hier ausgedehnte Strandspaziergänge unternehmen und sich dabei vom Seewind ordentlich durchpusten lassen. Achtung! Auf der schmalen Anfahrtsstraße ab Port Camargue kommt es im Sommer regelmäßig zu Staus (riesiger Parkplatz, April–Sept. 5 €).

Zwischen Ardèche und Camargue

Naturkundeführungen – **La Maison du Guide:** Montcalm (D 58, östl. von Aigues-Mortes), Tel. 04 66 73 52 30, www.maisonduguide.camargue.fr. Individuelle Führungen durch die Camargue zu diversen Themen (u. a. Vogelbeobachtung) sowie Besuch einer *manade.*

Infos

Office de Tourisme
Pl. St-Louis, 30220 Aigues-Mortes, Tel. 04 66 53 73 00, www.ot-aigues mortes.fr.

Le Grau-du-Roi ▶ O 11

Le Grau-du-Roi (5900 Einw.) an der Mündung des Stichkanals *(grau)* nach Aigues-Mortes scheint auf den ersten Blick vollkommen auf den Tourismus fixiert zu sein. Restaurants, Bars und Souvenirshops an der *rive gauche,* dem linken Kanalufer, sowie Apartmentanlagen an den Sandstränden bestimmen das Ortsbild.

Le Grau-du-Roi ist jedoch auch Frankreichs zweitgrößter Fischereihafen am Mittelmeer. Außerhalb der Saison vermag man sogar die Idylle nachzuempfinden, die Ernest Hemingway 1946 in seinem Roman »Der Garten Eden« beschwörte. Einen Gegenpol zu dem markanten Leuchtturm an der Hafeneinfahrt bildet am östlichen Dorfrand die Arena, in der während der Saison regelmäßig *courses camarguaises* stattfinden.

Neben dem Fischerdorf entstand 1969 **Port-Camargue,** mit über 4000 Anlegeplätzen eine der größten Marinas Europas. Luxusboote, schnittige Rennjachten und das Klackern der Fallen im Wind wird nicht nur Segelfans zum Träumen bringen.

Seaquarium
Tel. 04 66 51 57 57, www. seaquarium.fr, tgl. Juli/Aug. 10–24, Sept.–Juni 10–19/20 Uhr, 10,30 €
Im Palais de la Mer kann man in die Unterwasserwelt der Ozeane abtauchen. Hier leben über 200 heimische und tropische Fischarten, darunter auch verschiedene Haifischarten. Besondere Attraktionen sind der Haifischtunnel sowie das Otter- und Seehundbecken.

Strände

Von der belebten **Plage de Boucanet** im Westen bis zur weiten **Plage de l'Espiguette** (s. Lieblingsort S. 122) erstrecken sich 18 km Sandstrände, darunter mehrere bewirtschaftete Abschnitte mit Lokalen, Beach-Volleyballfeldern, Liegestuhl- und Tretbootverleih.

Übernachten, Essen

Unter Palmen – **Le Spinaker:** Pointe de la Presqu'Ile, Port-Camargue, Tel. 04 66 53 36 37, www.spinaker.com, DZ 80–259 €. Luxusherberge auf einer Halbinsel mitten im Jachthafen mit 21 Zimmern und Suiten, die an Afrika erinnern. Palmenumstandener Pool und hauseigener Bootsanleger. Renommiertes Restaurant **Le Carré des Gourmets** (Do–So geöffnet, Menü 61–91 €). Mit Garage.

Einkaufen

Regionale Spezialitäten – **Maison des Vins:** Rte. de l'Espiguette. Wein, Oliven und Öle, Konserven und Konfitüren, Naturkosmetika und Kunsthandwerk sowie Bücher in überaus großer Auswahl.

Aktiv & Kreativ

Reiten – **Ecurie des Dunes:** Tel. 04 66 53 09 28. **Mas de l'Espiguette:** Tel. 04 66 51 51 89. Beide an der rte. de l'Espiguette, Ausritte in die Camargue und am Meer sowie Reitkurse.

Abends & Nachts

Sehen und gesehen werden – **La Marine** und **Le Grand Café de Paris:** Quai Colbert. Abendunterhaltung mit Musik, Cocktails und Tapas.

Infos & Termine

Office de Tourisme
30, rue Michel Rédarès, 30240 Le Grau-du-Roi, Tel. 04 66 51 67 70, www.vacances-en-camargue.com und www.terre-de-camargue.com.

Termine
Vogua Monstra: Christi Himmelfahrt. Fest des Meeres und der Kultur des Mittelmeers mit Ruderwettbewerben.
Fête de la St-Pierre: Mitte Juni. Fest der Fischer mit Prozession zu Wasser, *joutes* (Fischerstechen) und *abrivados* (Stiertreiben).
Fête Locale: Mitte Sept. Einwöchiges Dorffest mit lokalen Traditionen.

La Grande-Motte ▶ O 11

Mit dem Bau der Feriensiedlung am Rande der Camargue begann 1968 die nicht unumstrittene touristische Erschließung der Küste des Languedoc-Roussillon. Die futuristischen Wohntürme in Form ägyptischer und mexikanischer Pyramiden entwarf der Architekt Jean Balladur. Das avantgardistische Betongebirge – mal eckig und kantig, mal geschwungen und rund – mit seinen gepflegten, weitläufigen Grünanlagen setzt sich wohltuend von manch anderer einfallslos konzipierten Bettenburg an der Küste ab.

Der ›Große Haufen‹ zählt inzwischen 8000 permanente Einwohner, bietet aber Wohnraum für über 130 000 Gäste. Ein großer Jachthafen, Wassersport- und Thalassotherapiezentrum, Golf- und Tennisplätze, Freilufttheater und Aquarium sowie Diskotheken und Nachtclubs lassen keine Langeweile aufkommen.

Strände

Feiner Sandstrand säumt auf 7 km Länge das Touristenzentrum. Unverbaut ist die **Plage du Grand Travers** auf dem Lido zwischen La Grande-Motte und Carnon. Mehrere Strandabschnitte werden privat bewirtschaftet.

Abends & Nachts

Schicker Strandclub – **Effet Mer:** Rte. du Grand Travers, Tel. 04 67 56 02 14, www.effetmer.com, Mai–Mitte Sept. 10–2 Uhr. Der ideale Ort, um bei einem Cocktail in den Sonnenuntergang über dem Meer zu blicken. Später am Abend kann man zur DJ-Musik abtanzen. Tagsüber laden bequeme Strandbetten zum Sonnenbaden ein, die Küche verwöhnt mit mediterranen Spezialitäten (Hauptgericht um 25 €, Mittagsmenü 18 €, Sonntagsbrunch 32 €).

Infos

Office de Tourisme: Pl. de la Mairie, 34280 La Grande Motte, Tel. 04 67 56 42 00, www.ot-lagrandemotte.fr.

Das Beste auf einen Blick

Montpellier, Küste und Hinterland

Highlights !

Montpellier: Die dynamische Hauptstadt der Region Languedoc-Roussillon bewahrt den Charme seines historischen Zentrums und wächst zugleich mit kühner, neuer Architektur Richtung Meer. S. 128

St-Guilhem-le-Désert: Das mittelalterliche Klosterdorf in den romantischen Gorges de l'Hérault wurde als Teil des französischen Jakobswegs ins UNESCO-Welterbe aufgenommen. S. 155

Cirque de Navacelles: In die unwirtliche Hochebene der Causses hat das Flüsschen Vis vor Millionen Jahren einen atemberaubenden Felsenkessel gefräst. S. 159

Auf Entdeckungstour

Austernzucht im Etang de Thau: Im größten Strandsee des Languedoc-Roussillon werden Austern an sogenannten Tischen gezüchtet. Das Ausflugsboot fährt ganz nah an die Produktionsstätten heran und erlaubt auch einen Blick unter Wasser. S. 146

Résurgence de la Vis: Eine dreistündige Wanderung tief unten im Cirque de Navacelles führt zu den verwunschenen Ruinen einer Wassermühle und der geheimnisvollen Wiedergeburt der Vis. S. 162

Kultur & Sehenswertes

Musée Fabre: Nach umfassender Sanierung muss das Kunstmuseum in Montpellier den internationalen Vergleich nicht mehr scheuen. Die Besucherzahlen sprechen für sich. S. 136

Sète: Hafenatmosphäre, ein bizarrer Friedhof hoch über dem Meer und ein außergewöhnliches Museum der Alltagskunst locken nach Sète. S. 141

Aktiv & Kreativ

Plage de Maguelone: Westwärts bis nach Les Arequiers erstreckt sich ein einsamer Dünenstrand. S. 137

Odysseum: Ob Aquarium, Eislaufhalle, Planetarium oder Kino – das Freizeitzentrum am Stadtrand von Montpellier bietet nur Superlative. S. 139

Pic St-Loup: Die Besteigung des Hausbergs von Montpellier ist eine Herausforderung, die auch wenig Trainierte meistern. S. 158

Genießen & Atmosphäre

Sète: Im Sommer wird der Canal Royal zum bunten Austragungsort der *joutes nautiques*. S. 81, 145

Etang de Thau: In den Hafenstädtchen Méze, Bouzigues und Marseillan kann man Austern erntefrisch mit Blick auf deren Produktionsstätten schlürfen. S. 148

Pézenas: In den prächtigen Patrizierhäusern der Altstadt öffnen in der Saison zahlreiche Künstler und Kunsthandwerker ihre Ateliers. S. 152

Abends & Nachts

Rockstore: Als Konzertadresse ist die Location weit über Montpellier hinaus die Nummer eins. Zugleich ist sie ein beliebter Dancefloor mit mehreren Bars. S. 140

Cap d'Agde: Auf der Ile de Loisirs ist es ein Leichtes, die Nacht zum Tage zu machen. S. 152

Montpellier, Küste und Hinterland

Montpellier, die schicke und dynamische Hauptstadt des Département Hérault und zugleich des gesamten Languedoc-Roussillon, lockt mit mediterraner Lebensqualität und einem reizvollen Hinterland neben Touristen auch Neubürger aller Altersgruppen an. Sète dagegen besticht durch sein hemdsärmeliges Gehabe als Hafenstadt und durch seine einzigartige Lage zwischen dem Meer und dem Etang de Thau. Dieser größte Strandsee an der Mittelmeerküste ist als Zentrum der Austernzucht in ganz Frankreich bekannt. Im Süden des Etang unterbrechen die dunklen Vulkanfelsen des Cap d'Agde die 100 km langen Sandstrände des Département Hérault. Von Agde, das bereits von den Griechen gegründet wurde, folgt man dem Hérault durch hügeliges Weinland flussaufwärts ins Kunsthandwerkerstädtchen Pézenas. Beim mittelalterlichen Kloster- und Pilgerdorf St-Guilhem-le-Désert durchfließt der Hérault eine wildromantische Schlucht. Atemberaubend ist der Felsenkessel des Cirque de Navacelles, den das Flüsschen Vis in den Kalkgrund der Causses gegraben hat. Aber auch unter der Erde hat das Wasser mit der Grotte de Clamouse und der Grotte des Demoiselles zauberhafte Landschaften geschaffen.

Montpellier! ▶ N 10

Die Hauptstadt des Languedoc-Roussillon (255 000 Einw.) und zugleich Präfektur des Départements Hérault gilt als die junge Dame der Region – blickt sie doch auf eine gerade mal tausendjährige Geschichte zurück. Dank einer innovativen Politik entwickelte sie seit den 1980er-Jahren eine städtebauliche und wirtschaftliche Dynamik, die in Frankreich ihresgleichen sucht. Seinen jugendlichen Charme verdankt Montpellier nicht zuletzt den über 60 000 Studenten sowie einem anspruchsvollen Kulturprogramm. Mit ambitionierten Theater- und Musikfestivals hat sich die Midi-Metropole auch überregional einen Namen erworben.

Geschichte

Dank der günstigen Lage an der *via domitia* und der Nähe zum Hafen von Lattes wuchsen das Anwesen der Familie Guilhem sowie eine Kirche der Bischöfe von Maguelone gegen Ende des 10. Jh. zu einem durch Gewürz- und Kräuterhandel prosperierenden Gemeinwesen zusammen.

Durch Heirat fiel Montpellier 1204 an das Haus Aragón und wurde später dem Königreich Mallorca zugeschlagen. Politische sowie steuerliche Freiheiten begünstigten die wirtschaftliche Entwicklung der Stadt, die mit der Gründung einer Medizin- und Rechtsschule schon früh Meriten in der Wissenschaft erwarb. Der Bau einer neuen

Infobox

Regionale Websites
www.decouverte34.com, www.loupic.com, www.lodevoislarzac.fr

Verkehr
Von Montpellier fahren mehrmals täglich Regionlzüge nach Sète und Agde. Viele Orte an der Küste und im Hinterland sind zumindest zweimal täglich per Linienbus erreichbar (www.cg34.fr/herault-transport). In Montpellier nutzt man am besten öffentliche Verkehrsmittel, am Stadtrand kann man vom Auto in die Tramway umsteigen.

Montpellier

Wehrmauer vervierfachte die Stadtfläche und verlieh ihr den Umriss eines Wappenschilds *(écusson),* woher die Bezeichnung des historischen Zentrums rührt.

Im Jahre 1349 kaufte die französische Krone die Stadt, die durch Pest und Hungersnöte ins Trudeln geraten war, für 120 000 Goldstücke zurück. Jacques Coeur, gewiefter Kaufmann und Finanzminister Karl VII., setzte der Rezession Mitte des 15. Jh. ein Ende. Leder- und Tuchhandel erschlossen neue Märkte und halfen darüber hinweg, dass Montpellier sein Monopol im Orienthandel an Marseille verlor, das 1481 mit der Provence an Frankreich gefallen war.

Schwere Rückschläge erlitt die überwiegend protestantische Stadt während der Religionskriege. 1622 wurde Montpellier von den königlichen Truppen erobert. Kardinal Richelieu ließ vor seinen Toren eine gewaltige Zitadelle errichten, die jegliche Rebellion im Keim ersticken sollte. Neuen Auftrieb erhielt Montpellier unter dem Sonnenkönig Ludwig XIV. durch die Ernennung zur Hauptstadt des Bas-Languedoc. Gerichts- und Rechnungshöfe wurden in Montpellier angesiedelt, das sich nach Pariser Vorbild mit Palais und Promenaden herausputzte.

Die Rückkehr von Franzosen aus Algerien 1962 befreite Montpellier aus der Lethargie einer Provinzstadt. Die Geschäftstüchtigkeit der sogenannten *pieds noirs* (Schwarzfüße) kurbelte den Wirtschaftsmotor wieder an. Innerhalb weniger Jahre wuchs die Bevölkerung um 42 000 Menschen. Zudem flossen aus Paris staatliche Gelder, nachdem Montpellier 1964 zur Hauptstadt der Wirtschaftsregion Languedoc-Roussillon ernannt worden war. Verwaltungsgebäude sowie die Trabantenstadt La Paillade und das Einkaufszentrum Polygone wurden aus dem Boden gestampft, der Flughafen wurde modernisiert, die Universität erweitert. High-Tech-Unternehmen sowie Firmen und Forschungsinstitute aus Pharmazie und Agrartechnologie zog es nach Montpellier.

1977 wählte die eher konservative Bevölkerung überraschenderweise den linken Juraprofessor Georges Frêche zum Bürgermeister. Unter seiner Regie veränderte sich das Stadtbild nachhaltig. Das historische Zentrum wurde saniert, ein riesiges Kongresszentrum erbaut sowie der postmoderne Stadtteil Antigone realisiert.

Und Montpelliers Dynamik ist auch im 21. Jh. ungebrochen. Knapp 1000 Neubürger begrüßt die Hauptstadt der Region Monat für Monat. Mit dem neuen Viertel Port Marianne am Lez wächst Montpellier dem Meer entgegen. Eine supermoderne Tramway verbindet seit Mitte 2000 die Vororte mit dem historischen Zentrum. Ein neues gläsernes Rathaus nach Plänen von Jean Nouvel und François Fontès wird bis 2011 am Ufer des Lez entstehen.

Altstadt

Auf der autofreien **Place de la Comédie** schlägt das Herz Montpelliers. Der Platz entstand Mitte des 18. Jh., etwa zur gleichen Zeit wie die **Opéra 1**, die nach mehreren Bränden Ende des 19. Jh. ihre Gestalt nach Pariser Vorbild im Stil des Second Empire fand. Von hier taucht man in das Gassenlabyrinth der Altstadt, des *écusson* ein, die in den letzten Jahren weitgehend saniert wurde. Die prächtigen Häuser reicher Kaufleute und Staatsdiener erweisen sich jedoch für die Allgemeinheit als verschlossen. Ihre pompösen Innenhöfe sind in der Regel nur im Rahmen von Führungen des Verkehrsamtes zu besichtigen.

Lieblingsort

Place de la Comédie – sehen und gesehen werden

Der elegante, weitläufige Platz ist die Adresse der städtischen Bühnen und zugleich die große Bühne der Stadt. Opéra, Palais der Belle Epoque und die Fontaine des Trois Grâces bilden die prachtvolle Kulisse für die täglich neue Choreografie der Passanten, Straßenkünstler und vorbeigleitenden Tramways. Von den Terrassen zahlreicher Cafés aus kann man dem Schauspiel bis spät in die Nacht hinein zuschauen.

Montpellier, Küste und Hinterland

Hôtel St-Côme [2]
Pl. St-Côme, nur im Rahmen von Führungen zugänglich
Südlich der **Rue de la Loge,** eine der Hauptachsen der Stadt im Mittelalter, hat die Handelskammer ein außergewöhnliches Palais bezogen. Das barocke Hôtel St-Côme war im 18. Jh. für die chirurgische Abteilung der medizinischen Fakultät errichtet worden. Unter der herrlichen Kuppel standen einst in einem Hörsaal, der einem Amphitheater ähnelt, die Seziertische.

Hôtel des Trésoriers de France [3]
7, rue Jacques Coeur, www.musee-languedocien.com, Mo–Sa 14.30–17.30, Juli/ Aug. 15–18 Uhr, 6 €
Im 15. Jh. veranlasste der berühmte königliche Finanzier Jacques Coeur den Bau des stattlichen Hauses. Seine Nachfolger, die Schatzmeister Frankreichs, errichteten im 17. Jh. die monumentale Treppe im Innenhof. Später gelangte das Anwesen in den Besitz der archäologischen Gesellschaft, die es als **Musée Languedocien** nutzt. Die Präsentation reicht von prähistorischen Fundstücken über romanische Skulpturen bis hin zu flämischen Tapisserien und Fayencen aus Montpellier.

Musée de l'Histoire [4]
Pl. Jean-Jaurès (Zugang gegenüber der Apotheke), Di–Sa 10.30–12.30, 13.30–18 Uhr, 1,60 €
1794 wurde die Kirche **Notre-Dame-des-Tables,** die einst das religiöse Leben Montpelliers dominierte, endgültig dem Erdboden gleich gemacht. Erhalten blieb nur ihre Krypta aus dem 8. Jh., zu der von der Place Jean-Jaurès eine Treppe hinabführt. Den Namen gaben dem Gotteshaus die Tische *(tables)* der Geldwechsler, die einst vor dem Kirchenportal ihr Geschäft betrieben. In der Krypta lädt das **Musée de l'Histoire** zu einer virtuellen Reise durch Montpelliers Geschichte ein (Audioführer in Deutsch).

Mikwe [5]
1, rue Barralerie, nur im Rahmen von Führungen zugänglich
Verschwunden ist nahezu spurlos das mittelalterliche Judenviertel samt Synagoge. Einziges Zeugnis der bedeutenden jüdischen Siedlung ist die Mikwe aus dem 12. Jh. In den 1970er-Jahren wurde das rituelle Bad zufällig wiederentdeckt.

Place de la Canourgue [6]
Der mit Abstand harmonischste Platz in Montpellier ist die von schönen Fassaden gerahmte Place de la Canourgue, auf der Bischof und Bürger Montpelliers im 17. Jh. eine neue Kathedrale erbauen wollten. Die Fundamente waren bereits gelegt, als Richelieu das Vorhaben stoppte und stattdessen die Instandsetzung der etwas unterhalb des Platzes gelegenen alten Cathédrale St-Pierre anordnete.

Cathédrale St-Pierre [7] und Collège St-Benoît [8]
Musée Atger, Mitte Aug.–Mitte Juli Mo, Mi, Fr 13.30–17.45 Uhr
Abweisend bis einschüchternd wirkt der festungsartige Bau der gotischen **Kathedrale** (14. Jh.) mit der zweitürmigen Fassade, aus der ein von klobigen Pfeilern getragener monumentaler Baldachin hervorragt. Das Gotteshaus wurde erst zur Kathedrale geweiht, als 1536 der Bischofssitz von Maguelone nach Montpellier wechselte.

Ursprünglich diente es dem **Collège St-Benoît** als Kapelle. Papst Urban V. hatte 1364 die Gründung dieser Klosterschule der Benediktiner veranlasst. Sie ist mit den Namen berühmter Männer wie Nostradamus oder Rabelais verbunden, die hier studierten oder unterrichteten. 1795 bezog die *Ecole*

Montpellier

de Santé, aus der 1803 die medizinische Fakultät hervorging, das zuvor umgebaute Collège. Im Gebäude bewahrt das **Musée Atger** eine umfangreiche Sammlung an wertvollen Zeichnungen und Stichen des 16.–18. Jh.

Jardin des Plantes 9
Di–So Juni–Sept. 12–20, Okt.–Mai 12–18 Uhr
Zum Studium der Heilpflanzen wurde 1593 in Montpellier der Jardin des Plantes angelegt, der erste botanische Garten in Frankreich. Der beschauliche Park mit der hübschen Orangerie ist eine Oase der Ruhe mitten im Großstadttreiben.

Promenade du Peyrou

Ende des 19. Jh. schlug Montpellier nach Manier des Baron Haussmann für die **Rue Foch** eine schnurgerade Schneise zwischen Präfektur und dem 1691 zu Ehren Ludwig XIV. errichteten **Arc de Triomphe** 10. Verglichen mit den Pariser Boulevards nimmt sich dieser jedoch bescheiden aus. Auf Höhe des Triumphbogens wurde im Zuge der Stadtverschönerung der **Palais de Justice** 11 in Form eines griechischen Tempels errichtet. Auf der gegenüberliegenden Straßenseite blieb aus dem 17. Jh. das **Hôtel Paul** 12 erhalten.

In der westlichen Verlängerung der Rue Foch erstreckt sich die spätbarocke **Promenade du Peyrou** 13, die mit schattigen Alleen zum Flanieren und Verweilen einlädt. Im Zentrum der unteren Terrasse steht eine **Reiterstatue** des Sonnenkönigs. Von der oberen Terrasse, dem höchsten Punkt der Stadt, reicht der Blick bei klarer Sicht bis zu den Pyrenäen.

Das in Form eines Säulentempels erbaute **Château d'Eau** 14 täuscht über seine profane Bestimmung hinweg. Denn es kaschierte lediglich ein Reservoir für das über den **Aqueduc des Arceaux** 15 herbeigeführte Trinkwasser. Beim Bau des Aquädukts Mitte des 18. Jh. standen die Arkadengeschosse des Pont du Gard Pate.

Der Arc de Triomphe – eine Huldigung an Ludwig XIV.

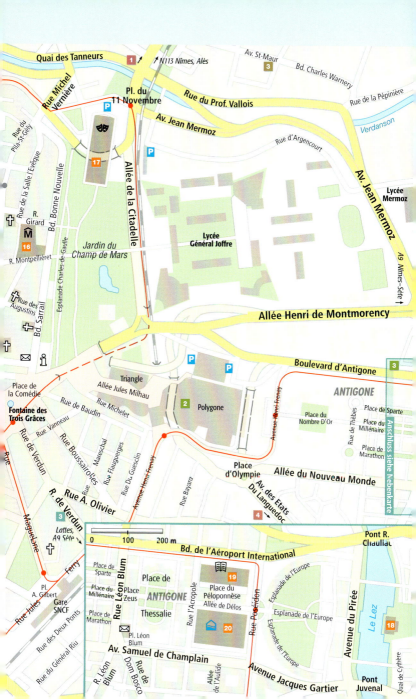

Montpellier

Sehenswert
1. Opéra
2. Hôtel St-Côme
3. Hôtel des Trésoriers de France
4. Musée de l'Histoire
5. Mikwe
6. Place de la Canourgue
7. Cathédrale St-Pierre
8. Collège St-Benoît
9. Jardin des Plantes
10. Arc de Triomphe
11. Palais de Justice
12. Hôtel Paul
13. Promenade du Peyrou
14. Château d'Eau
15. Aquéduc des Arceaux
16. Musée Fabre
17. Le Corum
18. Hôtel de Région
19. Médiathèque Emile Zola
20. Piscine Olympique

Übernachten
1. Le Guilhem
2. Des Arceaux
3. L'Ulysse
4. Du Parc

Essen & Trinken
1. Le Jardin des Sens
2. Tamarillos
3. Cellier & Morel
4. Séquoïa
5. Les Bains

Einkaufen
1. Maison Régionale des Vins et des Produits du Terroir
2. Triangle und Polygone
3. Halles Jacques Coeur
4. Le Vitrail
5. La Quintessence

Abends & Nachts
1. Place Jean-Jaurès
2. Le Comptoir
3. Le Rockstore

Von der Comédie zum Ufer des Lez

Musée Fabre 16

39, bd. Bonne Nouvelle, Tel. 04 67 14 83 00, http://museefabre.montpellier-agglo.com, Di, Do, Fr, So 10–18, Mi 13–21, Sa 11–18 Uhr, 6 €

In einer enorm kostspieligen Sanierung hat das Kunstmuseum im Hôtel de Massilan sein enges, provinzielles Korsett abgestreift. Durch eine geschickte Verbindung mit den angrenzenden historischen Bauten konnte die Ausstellungsfläche auf 9200 m² ausgedehnt werden. Die Sammlung, deren Grundstock Anfang des 19. Jh. der in Montpellier geborene Maler François-Xavier Fabre stiftete, legt ihren Fokus auf die Werke der europäischen Malerschulen des 17. und 18. Jh. Während großformatige französische Gemälde dieser Zeit in der beeindruckenden **Galerie des Colonnes** vor rostrotem Grund hängen, scheinen die abstrakten Gemälden von Pierre Soulages, einer der wichtigsten französischen Maler der Gegenwart, in einem lichtdurchfluteten neuen Gebäudeflügel förmlich im Raum zu schweben.

Le Corum 17

Am Ende der **Esplanade Charles de Gaulle** taucht hinter den mächtigen Kronen alter Platanen das Kongresszentrum der Stadt auf. Der gigantische Bau aus Beton und rosa Granit beherbergt u. a. die **Opéra Berliotz,** ein moderner Konzertsaal mit 2000 Plätzen.

Antigone

Einen Gegenpol zur Rue Foch mit dem Arc de Triomphe und der Promenade de Peyrou setzt der postmoderne Stadtteil **Antigone** – ein ungewöhnliches Beispiel sozialen Wohnungsbaus. Der vieldiskutierte Komplex entstand ab 1979 nach Plänen des katalanischen Architekten Ricardo Bofill auf einem ehemaligen Armeegelände. Die rigorose Symmetrie der Anlage und ihre mit Säulen, Pilastern, Friesen und Giebeln verzierten kühnen Fassaden aus sandfarbenem Beton erinnern an die monumentale Architektur antiker Tempel.

Die schnurgerade Hauptachse des Viertels, mit 1800 m ebenso lang wie

Montpellier

die Champs-Elysées, konzipierte Bofill als *via triumphalis*. An ihrem östlichen Ende öffnet sich die **Esplanade de l'Europe** mit einem weitläufigen, von Säulen umstandenen Halbrund zum Flüsschen Lez. In dessen Wasser spiegelt sich am gegenüberliegenden Ufer der verglaste Triumphbogen des **Hôtel de Région** [18], dem Sitz des Parlaments des Languedoc-Roussillon.

Dass das Viertel inzwischen von der Bevölkerung angenommen ist, zeigen die Restaurants und Cafés am Lez. Aber auch die **Médiathèque Emile Zola** [19] und die **Piscine Olympique** [20], ein Schwimm- und Spaßbad im Olympiaformat, tragen zur Attrakiviät von Antigone bei. Sonntagsmorgens bringt ein Bauernmarkt Landluft ins Viertel.

Zoo de Lunaret

50, av. Agropolis, www.zoo-montpellier.fr, Mai–Aug. tgl. 9–19 Uhr, Sept.–April bis 18/17 Uhr und Mo vormittags geschl., Eintritt frei. Serre Amazonienne tgl. 9–18/19 Uhr, 5 €
350 Tiere aus fünf Kontinenten leben hier in weitläufigen Freigehegen. Auf 11 km Fußwegen kann man das 80 ha große Zoogelände durchstreifen und dabei eine typische Mittelmeerlandschaft entdecken. Neue Attraktion ist das riesige Amazonashaus.

Maguelone ▶ N 11

Obligatorischer Parkplatz am Ortsrand von Palavas-les-Flots, Parkgebühr inkl. Transfer im Touristenbähnchen 4 €; Kirche 9–19 Uhr
Den Besuch der **Cathédrale St-Pierre** (12. Jh.), die vom 6. Jh. bis 1536 Bischofssitz war, kann man mit einem ausgiebigen Spaziergang am unbebauten **Dünenstrand** verbinden (hin und zurück 6 km). Einst auf einer Insel errichtet, wird der rein romanische Bau noch heute fast vollständig von Wasser umspült. Mit mächtigen Mauern, Pechnasen und Zinnenkranz war das Gotteshaus gegen die Angriffe von Sarazenen und Piraten gut gerüstet. Im 17. Jh. ließ Richelieu die wehrhafte Anlage teilweise zerstören. Anfang Juni gibt der nackte Kirchenraum den reizvollen Rahmen für ein Festival alter Musik.

Strände

Etwas 10 km südlich des Stadtzentrums liegen auf dem Lido zwischen Etangs und Meer die Badeorte **Carnon-Plage** und **Palavas-les-Flots** mit bewachten Stränden und Wassersportangeboten. Westlich von Palavas erstreckt sich bis nach **Les Aresquiers** auf 10 km ein einsamer Dünenstrand. Ein Ausflug ans Meer lässt sich mit einem Fahrrad von *Vélomagg'* (s. u.) realisieren.

Übernachten

In der Altstadt – **Le Guilhem** [1]: 18, rue Jean-Jacques Rousseau, Tel. 04 67 52 90 90, www.leguilhem.com, DZ 90–250 €. 36 stilvolle Zimmer in einem alten Palais. Verwunschener Garten mit Blick auf die Kathedrale. Professioneller, freundlicher Service. Mit Garage.

Intim – **Des Arceaux** [2]: 33–35 bd. des Arceaux, Tel. 04 67 92 03 03, www.hoteldesarceaux.com, DZ 68–100 €. 18 Zimmer in modernem Design hinter einer altrosa Belle-Epoque-Fassade vis-à-vis vom Aqueduc des Arceaux. Besonders ansprechend ist Zimmer Nr. 302 im Erdgeschoss mit Balkon und Zugang zum sonnigen Gärtchen.

Im Landhausstil – **L'Ulysse** [3]: 338, av. St-Maur, Tel. 04 67 02 02 30, www.hotel-ulysse.fr, DZ 60–72 €. Sympathi-

Montpellier, Küste und Hinterland

Schmale Gassen führen zur Kathedrale St-Pierre

sches Hotel mit 24 hübschen Zimmern, Terrasse und Garten in einem ruhigen Wohnviertel nördlich des Corum. Einrichtung in den warmen Farbtönen des Midi. Mit Garage.
Persönliche Note – **Du Parc** 4: 8, rue Achille-Bégé, Tel. 04 67 41 16 49, www.hotelduparc-montpellier.com, DZ 50–83 €. Schönes Herrenhaus aus dem 18. Jh. ca. 300 m nördl. des Altstadtkerns. 19 ruhige und geräumige Zimmer, teils mit Balkon zum begrünten Innenhof. Kostenlose Parkplätze im Hof.

Essen & Trinken

Montpellier bietet eine riesengroße Auswahl an Restaurants. Für jeden Geschmack und jeden Geldbeutel gibt es das Passende. Zwischen Préfecture und Boulevard Louis Blanc liegen vorwiegend studentische Lokale und Imbisse. Verschwiegene kleine Lokale findet man rund um St-Roch, Ste-Anne und St-Come. Dicht an dicht drängeln sich die Terrassen der Cafés an der Comédie sowie an den Plätzen Jean Jaurès und Marché-aux-Fleurs. Jung und trendy sind die Adressen rund um die Rue Boussairolles im Viertel Port Marianne.
Highlight der Gastronomie – **Le Jardin des Sens** 1: 11, av. St-Lazare, Tel. 04 99 58 38 38, www.jardin-des-sens.com, So, Mo mittags, Mi mittags geschl., Menü Di–Fr mittags 50 €, Mo–Do abends, Sa mittags 80 €, sonst ab 125 €. Reservierung erforderlich! Die Zwillingsbrüder Pourcel gelten als die Spitzenköche im Languedoc-Roussillon. Seit sie 1988 ihren Tempel der Haute Cuisine eröffneten, werden sie mit Sternen und Mützen der Gastrokritiker geehrt. Der lichtdurchflutete Restau-

rantpavillon verschmilzt mit einem duftenden mediterranen Kräutergarten. Keine Frage, das himmlische Sinnenerlebnis ist sündhaft teuer. Etwas preiswertere Speisen servieren die Zwillinge im benachbarten **Bistro La Compagnie des Comptoirs.**

Der Geschmack von Früchten und Blüten – **Tamarillos** 2 : 2, pl. du Marché-aux-Fleurs, Tel. 04 67 60 06 00, www.tamarillos.biz, Menü mittags ab 25 €, abends 55–90 €. Subtile Gaumenreize und außergewöhnliche Kombinationen, etwa Langustinen mit Erdbeeren oder *foie gras* mit Schokolade, gehören zum Repertoire von Philippe Chapon. Umwerfend sind seine Desserts, mit denen er zweimal französische Meisterehren erwarb. Reservierung empfohlen.

Spezialitäten des Lozère – **Cellier & Morel** 3 : 27, rue de l'Aiguillerie, Tel. 04 67 66 46 36, www.celliermorel.com, So, Mo mittags, Mi mittags, Sa mittags geschl., Menü 47–95 €. Unbedingt reservieren! Unter hohen gotischen Gewölben huldigt Eric Cellier den regionalen Rezepten aus dem Norden der Region, ohne den Luxus zu scheuen.

Fusion-Küche – **Séquoïa** 4 : 148, rue de Galata, Port Marianne, Tel. 04 67 65 07 07, www.restaurantsequoia.com, Mi, Sa mittags, So geschl., Menü 20–25 € mittags, 42 €. Das stylische Interieur lässt an Miami denken. Die Terrasse am Ufer des Lez ist die perfekte Bühne der *jeunesse dorée.*

Origineller Rahmen – **Les Bains** 5 : 6, rue Richelieu, Tel. 04 67 60 70 87, So, Mo mittags geschl., Menü ab 24 €. Die alten öffentlichen Bäder der Stadt machen als Restaurant eine zweite Karriere. Mediterran geselliges Ambiente herrscht im lauschig-grünen Innenhof. Rundum ermöglichen die in winzige Salons verwandelten Umkleidekabinen ein intimes Tête-à-Tête. Große Auswahl an stets frischem Fisch.

Montpellier

Einkaufen

Elegante Boutiquen finden sich in den verkehrsberuhigten Straßen westlich der Opéra, Trendläden säumen vor allem die engen Gassen nördlich der Rue Foch.

Delikatessen – **Maison Régionale des Vins et des Produits du Terroir** 1 : 36, rue St-Guilhem. Weine, Öl und verschiedene regionale Kulinaria.

Einkaufszentrum – **Triangle und Polygone** 2 : Wenig attraktiver Betonkomplex mit Boutiquen und Fachgeschäften, dem Medienkaufhaus Fnac und den Galeries Lafayette.

Markthalle – **Halles Jacques Coeur** 3 : 605, bd. d'Antigone, tgl. 8–21 Uhr.

Krippenfiguren – **Le Vitrail** 4 : 22, rue des Etuves. Original handgefertigte provenzalische Tonfigürchen *(santons)* in unterschiedlichen Größen.

Naturmedizin – **La Quintessence** 5 : 26, rue de L'Aiguillerie. Getrocknete Blätter, Blüten und Früchte, grammweise abgewogen und individuell zusammengestellt, zur inneren und äußeren Anwendung.

Wein – **Mas de Saporta:** Lattes, AB Ausfahrt Nr. 31, Tel. 04 67 06 04 42, www.coteaux-languedoc.com. Gut sortierte Weinhandlung der Winzervereinigung der Côteaux du Languedoc auf einer alten Domaine am Stadtrand. Angeschlossen ist ein Restaurant.

Aktiv & Kreativ

Spaß und Unterhaltung – **Odysseum:** AB Ausfahrt Nr. 29, Endhaltestelle Tramway Linie 1. Freizeitpark der Superlative am Stadtrand, u. a. mit **Erlebnis-Eisstadion Végapolis** (www.vegapolis.net), **Planétarium Galilée** (www.planetarium-galilee.com) und **Multiplex-Kino Gaumont.** Als weitere Attraktion öffnete 2007 **Mare Nostrum,**

Montpellier, Küste und Hinterland

ein riesiges Aquarium mit zahlreichen Attraktionen und etwa 30 000 Tieren (www.aquariummarenostrum.fr).
Schwimmen – **Piscine Olympique** [20]: 195, av. Jacques Cartier, Tel. 04 67 15 63 00, Mo–Fr 9–20, 20.30–22, Sa 9–19, So 9–13, 15–19 Uhr, 4,80 €. Modernes Bad mit Schwimm- und Spaßbereich sowie Spa und Fitness.

Abends & Nachts

In Montpellier, das mit dem Slogan »Die Stadt, in der die Sonne nie untergeht« wirbt, ist die Verführung groß, die Nacht zum Tag zu machen. Unzählige Cafés, Bars, Musikclubs und Kneipen gibt es in der Altstadt. Diskotheken und Nachtclubs liegen an den Ausfallstraßen zum Meer.
Das Ausgehviertel – **Place Jean-Jaurès** [1]: Rund um den kleinen Platz pulsiert das Nachtleben. Hier scharen sich Bars und Bistros, die ebenso schnell in der Gunst des Publikums steigen wie fallen. Eine verlässliche Größe stellt seit Jahren das **Café Joseph** dar, dessen Einrichtung in die 1970er-Jahren zurückversetzt.
Weinbar – **Le Comptoir** [2]: 5, rue du Puits-du-Temple/Ecke Rue des Soeurs Noires, Di–Sa 17.30–1 Uhr. Gesellige Weinbar mit uriger Theke und einigen Außenplätzen. Zum Wein gibt es einen Happen Wurst oder Käse zu essen. Donnerstags Apéro mit Austern, außerdem ab und an Vernissagen oder DJ-Abende.
Musikclub – **Le Rockstore** [3]: 20, rue de Verdun, www.rockstore.fr, Mo–Sa 18–4 Uhr. Die Konzertadresse der Stadt in einer ehemaligen Franziskanerkirche. Hinter dem Cadillac, der aus der Fassade ragt, trifft sich ein buntes Publikum, um etwas zu trinken, Musik zu hören oder in der zugehörigen Disco zu tanzen.

Infos & Termine

Infos
Office de Tourisme: Pl. de la Comédie, 34000 Montpellier, Tel. 04 67 60 60 60, www.ot-montpellier.fr. Hier ist die **City Card** erhältlich, die diverse Vergünstigungen bietet.
La Gazette: Die Wochenzeitschrift informiert über alle Ereignisse in Stadt und Umland. Erhältlich in allen Zeitungsläden.

Termine
Printemps des Comédiens: Juni. Theaterfestival im Park des Château d'O (www.printempsdescomediens.com).
Festival de Musique à Maguelone: Erste Hälfte Juni. Musik des Mittelalters, der Renaissance und des Barock in der Kathedrale von Maguelone (www.musiqueancienneamaguelone.com).
Montpellier Danse: Ende Juni–Mitte Juli. Internationales Tanzfestival (www.montpellierdanse.com).
Festival de Radio France: Zweite Hälfte Juli. Musikfestival (www.festivalradiofrancemontpellier.com).

Verkehr
Flugzeug: Aéroport Montpellier Méditerranée, 8 km südöstl. des Zentrums, Tel. 04 67 20 85 00, www.montpellier.aeroport.fr. Indlandsflüge sowie mit Ryanair nach Frankfurt/Hahn. Zubringerbusse zur Tramway-Haltestelle an der Place de l'Europe.
Bahn: Gare SNCF im Zentrum. TGV-Verbindungen nach Paris, Lille, Perpignan; Lokalzüge nach Lunel, Sète, Béziers.
Bus: Gare routière, rue du Grand-St-Jean, 200 m entfernt vom Bahnhof, Tel. 04 67 92 01 43. Einige Buslinien enden an den Endhaltestellen der Tramway (www.cg34.fr/herault-transport).
Innerstädtisch: Agence TaM, Tel. 04 67 22 87 87, www.tam-way.com. Die städtischen Busse und die Straßenbahn

Sète

(tramway) mit bislang zwei Linien verkehren zwischen ca. 5 und 1 Uhr. Do–Sa 24–5 Uhr fährt der Nachtbus *Amigo* zu Clubs und Discos.
Auto: Mehrere ausgewiesene Parkhäuser rund um die Altstadt. Stressfrei parkt man an den Endhaltestellen der Tramway und fährt mit der Bahn weiter ins Zentrum.
Fahrrad: Vélomagg', Vélostation Centrale TaM, 27 rue Maguelone, Tél. 04 67 22 87 82, www.velomagg.com. Nach Vorlage des Ausweises kann man bei den städtischen Nahverkehrsbetrieben TaM Räder stunden- oder tageweise entleihen und Montpellier auf ca. 150 km Radwegen erkunden.

Sète ▶ M 12

Geschäftig und laut geht es in der Hafen- und Industriestadt (40 200 Einw.) am Fuß des Mont St-Clair zu, die inselgleich vom Etang de Thau und dem Meer umschlossen wird. Als Heinrich IV. Ende des 16. Jh. beschloss, einen Hafen im Schutz des 183 m hohen Kalkkegels anzulegen, war die *ile singulière* (die einzigartige Insel) nur von wenigen Fischern besiedelt. Mangels finanzieller Mittel fiel das Projekt buchstäblich ins Wasser und gewann erst durch den Bau des Canal du Midi, der einen Ausgang ins Mittelmeer benötigte, neue Bedeutung.

Die Grundsteinlegung für die Mole St-Louis im Jahr 1666 war die Geburtsstunde von *Cette,* so die alte Schreibweise des Ortsnamen. Im 18./19. Jh. erlebte es seine profitabelsten Jahre als weltweit wichtigster Umschlagplatz für Wein und Spirituosen. Ende des 19. Jh. eröffnete der Badetourismus der Stadt neue Einnahmequellen. Heute übt Sète als Frankreichs zweitgrößter Handelshafen und größter Fischereihafen am Mittelmeer den schwierigen Spagat zwischen Industriestandort und Tourismusmekka. Regelmäßig steuern Kreuzfahrtschiffe den Hafen an. Dass Sète auch ein Zentrum der modernen Kunst ist, dazu haben die Brüder Hervé und Buddy DiRosa sowie Robert Combas und François Boisrond, alle Vertreter der Figuration, beigetragen.

Drall und schön – die poppige »Mamma« von Buddy DiRosa

Montpellier, Küste und Hinterland

Im Zentrum

Vieux Port

Mit Raffinerien, Industrie- und Hafenanlagen wirkt das östliche Stadtentree wenig einladend. Sein vitales Flair zeigt Sète erst bei einem Bummel durch die von Kanälen geteilte Unterstadt. Hauptschlagader ist hier der **Canal Royal,** an dessen Quais sich zahlreiche Restaurants und Cafés reihen. Im Sommer wird er zum bunten Austragungsort der *joutes nautiques.*

Großes Gedränge herrscht am Nachmittag im alten Hafen, wenn die heimkehrenden Fischtrawler ihren Tagesfang vor der **Criée** zur Auktion anlanden. Weitgehend unbehelligt von diesem Spektakel dümpeln die Jachten der Freizeitkapitäne im seichten Wasser hinter der **Môle St-Louis.**

MIAM und CRAC

MIAM, 23, quai de-Lattre-de-Tassigny, www.miam.org, Di–So 10–12, 14–18 Uhr, 5 €; CRAC, 26, quai Aspirant-Herbert, http://crac.lr.free.fr, Mo, Mi–Fr 12.30–19, Sa/So 14–19 Uhr

Am Canal Royal haben die beiden wichtigen Kunstmuseen der Stadt ihr Domizil bezogen. Mit ausgefallenen, teils witzigen Ausstellungen zur Alltagskunst macht sich das **Musée International des Arts Modestes** oder kurz MIAM einen Namen. Die Idee zu diesem Museum, das sih zwischen Billigläden versteckt, hatte Hervé Di Rosa. Der **Centre Régional d'Art Contemporain**

Canal Royal – Hauptschlagader von Sète

Sète

(CRAC) am Kai vis-à-vis der Fischauktionshalle bietet der aktuellen Kunstszene ein Forum.

Quartier Haut
Oberhalb des alten Hafens klammern sich die Häuser des pittoresken Quartier Haut, überwacht von der Kirche **Décanale St-Louis,** an den steilen Hang des Mont St-Clair. Es ist traditionell das Viertel der Hafenarbeiter und Seeleute, deren Vorfahren um 1850 aus Süditalien, auf der Suche nach einem besseren Leben, nach Sète kamen. Auf der **Place de l'Hospitalet** hat Hervés Bruder Buddy DiRosa mit seiner poppigen Plastik der italienischen »Mamma« ein Denkmal gesetzt. Zum Apéro treffen sich die Anwohner in der **Bar Social** an der Ecke und diskutieren mit Leidenschaft die Ergebnisse der *joutes*.

Cimetière Marin
Den italienischen Wurzeln der Einwohner von Sète kann man auch auf dem Cimetière Marin nachspüren. Die surreale Stimmung des Ortes, dessen weiße Grabstätten sich in endlosen Reihen zwischen Himmel und Meer ausdehnen, beschreibt Paul Valéry treffend in seinem Gedicht über den Seemannsfriedhof.

Musée Paul Valéry
Rue François Desnoyer, Mi–Mo 10–12, 14–18 Uhr, Juli/Aug. tgl. geöffnet
Dem 1871 in Sète geborenen Schriftsteller wurde gleich neben dem Friedhof, auf dem er seine letzte Ruhe fand, ein Museum gewidmet. Es präsentiert Gemälde und Schiffsmodelle, erzählt die Geschichte der Stadt und informiert über die Entwicklung der *joutes*.

Mont St-Clair

Egal von welcher Seite man es versucht, der Anstieg zum Mont St-Clair ist beschwerlich. Dessen ungeachtet liegen verstreut zwischen Pinien und Eichen, die einst den gesamten Hügel in Grün kleideten, pompöse Villen. Von der **Chapelle Notre Dame de la Salette** aus kann der Blick vom Hafen und Meer, über die Garrigue mit dem Pic St-Loup bis zu den Cevennen wandern. Im Park **Les Pierres Blanches,** 1 km westlich, befindet sich ein Aussichtspunkt, der einen guten Überblick über den Etang de Thau und die Ebene des Hérault ermöglicht.

Espace Georges Brassens
Bd. Camille Blanc, www.ville-sete.fr/brassens, Di–So 10–12, 14–18/19 Uhr, Juli/Aug. tgl. geöffnet, 5 €

Montpellier, Küste und Hinterland

Am Westhang des St-Clair erinnert der Espace Georges Brassens an den berühmten Chansonnier und Sohn der Stadt. Die audiovisuelle Ausstellung dokumentiert Leben und Werk des sozialkritischen Liedermachers. Sein Grab liegt auf dem benachbarten kommunalen Friedhof Le Py.

Pointe Courte

Dort, wo der Canal Royal in den Etang de Thau mündet, befindet sich die Pointe Courte, eine Ansammlung kleiner Häuser und Hütten. In diesem dörflichen Viertel der Etang-Fischer fühlt man sich in eine andere Welt versetzt. Eine Bahnlinie und eine Hauptausfallstraße erschweren den Zugang und schirmen das Viertel weitgehend vor neugierigen Besuchern ab.

Corniche und Lido

Von der Mole St-Louis führt eine Promenade am Fuß des Caps und der Vauban-Festung vorbei zur 2 km entfernten **Corniche,** die mit ihren zahlreichen Apartmentanlagen, Marinas und Freizeiteinrichtungen ganz und gar auf den Badetourismus eingestellt ist.

Netze & Hängematten
Am Quai de la Cosigne am alten Hafenbecken flicken die Fischer ihre Netze und knüpfen Hängematten zum Verkauf. Außerdem bieten sie dekorative Schätze aus dem Meer wie Muscheln, Seesterne oder Glaskugeln.

Im Westen geht der Stadtstrand in den 12 km langen **Lido** über, der sich zwischen Meer und Etang de Thau bis nach Marseillan erstreckt. Im Rahmen von Maßnahmen zum Küstenschutz wurde 2008 die D 912 mit mehr Abstand zum Meer parallel zur Bahnlinie neu verlegt. Nun soll der Zugang zum Strand neu geregelt werden.

Übernachten

Mit sommerlichem Patio – **Le Grand Hôtel:** 17, quai de-Lattre- de-Tassigny, Tel. 04 67 74 71 77, www.sete-hotel.com, DZ 75–135 €. Beeindruckendes Hotel von 1860 am Canal Royal. Die 44, teils witzig dekorierten Zimmer sind auf vier Etagen um den sehenswerten Patio angeordnet. Unter hohen Stuckdecken empfängt im Erdgeschoss das bewusst modern gestaltete **Restaurant Quai 17** (Sa mittags, So geschl., Menü 26–45 €). Mit Garage.
Belle-Epoque-Kulisse – **L'Orque Bleue:** 10, quai Aspirant Herber, Tel. 04 67 74 72 13, www.hotel-orquebleue-sete.com, DZ 67–98 €. 30 moderne und komfortabel ausgestattete Zimmer in einem prächtigen Stadthaus der Jahrhundertwende mit imposantem Entree. Vorzugsweise wählt man ein Zimmer mit Blick auf den Canal Royal, auch wenn es ein wenig laut ist.

Essen & Trinken

Am Quai Général Durand laden zahlreiche Restaurants zu Fisch und Muschelspezialitäten ein. Zu empfehlen sind La Racasse, La Marine und das elegante La Palangrotte.
Mediterrane Fischküche – **The Marcel:** 5, rue Lazare-Carnot, Tel. 04 67 74 20 89, Sa mittags, So geschl., *à la carte* 35–40 €. In einer unscheinbaren Straße links

des Quai Royal. In dem gedämpft beleuchteten, modern gestylten Gewölbesaal kann man wunderbar entspannen und sich beim Essen Zeit lassen.
Im neuen Bistro-Look – **Paris Méditerranée:** 47, rue Pierre-Sémard, Tel. 04 67 74 97 73, Sa mittags, So/Mo geschl., Menü 26–40 €. Kleines Restaurant mit einem jungen, freundlichen Serviceteam etwas abseits links des Quai Royal. Die Karte wechselt mit den Jahreszeiten.

Einkaufen

Markt – **Halles:** Rue Gambetta, tgl. 6–13 Uhr. Verlockendes Angebot an Fisch und Meeresfrüchten. Hier kann man auch *tielles* probieren. Die mit Tintenfischragout gefüllten Törtchen sind eine Spezialität aus Sète. Mittwochs findet rund um die Hallen ein großer **Wochenmarkt** statt.

Aktiv & Kreativ

Bootstouren – **Sète Croisières:** Quai Durand, www.setecroisieres.com. Hafenrundfahrten, Bootsausflüge nach Aigues-Mortes, auf dem Canal du Midi und dem Etang de Thau, Angeltouren.

Abends & Nachts

An beiden Seiten des Canal Royal, vor allem aber am Quai Guignon und Quai Suquet laden Bars mit Außenplätzen ein. In den Sommermonaten öffnen zudem an der Route des Plage mehrere, teils schicke Strandbars.
Open-Air-Bühne – **Théâtre de la Mer Jean Vilar:** In der Vauban-Festung am Cap Sète finden im Sommer regelmäßig Musikfestivals statt, z. B. im Juli Jazz à Sète und Chansonfestival.

Der Ort für den Sundowner – **AmériKclub:** Môle St Louis, Tel. 04 67 53 02 37, April–Sept. Gigantische Terrasse unter einer luftigen Zeltdachkonstruktion hoch über dem Meer. Je nach Tageszeit genießt man feine Bistroküche, schleckt Eis oder schlürft Cocktails, immer mit dem Blick aufs *grande bleue.* Der Service ist leider etwas lahm.
Für Chanson-Liebhaber – **Les Amis de Georges:** 38, rue Maurice Clavel, Tel. 04 67 74 38 13, www.brassens-resto.com. Die Kultkneipe ist zwar ein wenig in die Jahre gekommen, aber für Brassens-Fans ein Muss. Zum Abendessen interpretieren Künstler französisches Liedgut.

Infos & Termine

Office de Tourisme
60, Grand'Rue Mario Roustan, 34200 Sète, Tel. 04 67 74 71 71, www.ot-sete.fr.

Termine
Joutes nautiques: Juni–Sept., Sa/So Wettkämpfe auf dem Canal Royal.
St-Pierre: Mitte Juli, Fischerfest mit Schiffsprozession auf dem Meer.
St-Louis: Um den 25. Aug., mehrtägiges Fest zu Ehren des Stadtpatrons mit *joutes,* Straßenfest, Feuerwerk.

Verkehr
Bahn: Verbindungen mit Montpellier und Béziers.
Bus: Gare routière, 6, quai de la République, Tel. 04 67 74 18 77
Innerorts: Busse ab Bahnhof oder Canal Royal zur Corniche und den Stränden. Mit Linie 5 ›Stadtrundfahrt‹ zum Mont St-Clair, mit Linie 2 und 3 einmal um die *ile singulière.*
Parken: Tiefgarage Canal am Quai de la Resistance, Parkplätze auf der Môle St-Louis.

Auf Entdeckungstour

Austernzucht im Etang de Thau – ein Leben an der Kordel

Schon die Römer haben die im Etang wild wachsenden Austern geschlürft. Doch erst mit der Zucht an Kordeln begann die Erfolgsgeschichte der Huîtres de Bouzigues. Von Bord des Sub Sea Explorer kann man den Austernwald aus nächster Nähe betrachten.

Reisekarte: ▶ M 12

Dauer: Bootsfahrt 1.30 Std.

Abfahrt: Juli/Aug. ab Canal Royal, quai de la Resistance, tgl. 10.45, 14.30, 16.15, 18 Uhr. April–Juni, Sept. ab quai Mistral an der Pointe Courte, So 15 Uhr sowie auf Nachfrage, Tel. 04 67 46 00 46. Info www.sete-croisieres.com. Auf Wunsch Audio-Führer auf Deutsch.

Preis: 15 €, ermäßigt 7 €.

Huîtres de Bouzigues – ein frischer Gaumenkitzel

Die Austern von Bouzigues sind die Delikatesse des Etang de Thau. Verkaufsstände an der Straße laden zu ihrer Dégustation ein, und auch in allen Restaurants werden sie angeboten. Damit die *huîtres* in dem Lagunensee in großen Mengen gedeihen, haben die Züchter die Kultivierung an Kordeln ersonnen, die – mit jungen Austern bestückt – an Metallgerüsten, den *tables,* im Etang aufgehängt werden. Eine Bootsfahrt mit Sète Croisières führt ganz nah an diese ›Tische‹ heran.

In der Nebensaion geht es mit dem gelben Sub Sea Explorer direkt vom Fischerviertel La Pointe Courte hinaus auf den Etang. Im Sommer dreht das Boot – nun als Cabrio hergerichtet – zunächst eine Runde über die Kanäle von Sète. Genau in diesen begannen 1880 die ersten Zuchtversuche mit Austern. Schon bald schaute man nach einer geeigneteren – und vor allem saubereren – Umgebung und verlagerte die Produktion in den Etang de Thau.

Heute werden hier jährlich 13 000 t Austern, das sind 10 % der nationalen Produktion, geerntet und unter dem Label *Huitres de Bouzigues* landesweit vermarktet. Dazu kommen 3000 t Miesmuscheln, deren Kultivierung wie bei den Austern erfolgt. Rund 2000 Menschen bestreiten mit der Austern- und Muschelzucht ihren Lebensunterhalt. Ihr Handwerk lernen die *conchylituteurs,* also die Muschelzüchter, im Lycée de la Mer, das der Sub Sea Explorer in einiger Entfernung passiert.

Mit dem Sub Sea Explorer zu den Austerntischen

Vor dem Boot erstrecken sich, so weit das Auge reicht, die Austerntische – jeder 50 x 10 m groß. Insgesamt gibt es an die 2600, an denen jeweils bis zu 1200 mit Austern bestückte Kordeln hängen. Nun zeigt die Sub Sea Explorer ihre verborgenen Qualitäten. Während der Kapitän das Boot behutsam an den Tischen vorbeisteuert, können die Passagiere durch das verglaste Unterwasserschiff in den grünlich schimmernden Wald aus Austernkordeln blicken.

Die Zucht beginnt mit nur wenige Millimeter großen Austernlarven *(naissains),* die meist von Betrieben am Atlantik geliefert werden. Die Larven haften an Muschelschalen oder Tonscherben, die in geschlossenen Körben – denn nur so entgehen sie den hungrigen Mäulern der Dauraden – an die Tische gehängt werden. Regelmäßig werden die Körbe für einige Stunden aus dem Wasser geholt, damit Sonne und Wind sie von Ablagerungen befreien und die Austern ihren Schließmuskel trainieren können.

Haben die Austern eine Größe von ca. 2 cm erreicht, werden sie von ihrem Haftgrund gelöst, mit einem speziellen Zement paarweise an Kordeln befestigt und anschließend wieder ins Wasser gelassen. Bereits nach 18 Monaten ernten die Produzenten pro Tisch ca. 10–15 t Austern. Die Reife der Artgenossen im Atlantik dauert fast doppelt so lange.

Das Einholen der schweren Kordeln, an denen Hunderte ausgewachsene Austern haften, ist trotz Unterstützung durch eine motorisierte Winde ein Knochenjob. Die Weiterverarbeitung erfolgt in den relativ einfachen Produktionsschuppen, den *mas,* am Ufer des Etangs. Dort werden die Austern von der Kordel getrennt, von Algen und Bewuchs gesäubert und nach Größe sortiert. Anschließend müssen sie 24 Stunden in gefiltertem Meerwasser liegen, bevor sie für den Verkauf freigegeben und dicht an dicht in Spanholzschachteln gepackt werden.

Montpellier, Küste und Hinterland

Etang de Thau ▶ L/M 12

Durch einen schmalen Landstreifen vom Meer getrennt, erstreckt sich zwischen Sète und Marseillan der Etang de Thau, auch als Bassin de Thau bezeichnet. Dieser mit 19 km Länge und 5 km Breite größte Strandsee an der Küste des Languedoc-Roussillon ist nicht nur ein Eldorado für Surfer und Segler, sondern aufgrund seiner Tiefe von durchschnittlich 5 m bestens für die Austern- und Muschelzucht geeignet (s. Entdeckungstour S. 146).

Bereits die Römer kannten die Heilwirkung der Thermalquellen von **Balaruc-les-Bains,** die insbesondere Rheumabeschwerden lindern. Neben dem modernen Kur- und Badeort liegt auf einem Felsvorsprung im Etang de Thau das Dorf **Balaruc-le-Vieux,** das den kreisförmigen Grundriss der mittelalterlichen *circulade* aufweist.

Das Dörfchen **Bouzigues** steht Pate für die Herkunftsbezeichnung der im Etang kultivierten Austern. Als *Huîtres de Bouzigues* werden sie landesweit in den Gourmettempeln angeboten. Frisch geerntet, kann man die Edelmuscheln aber auch in den Probierstuben der örtlichen Züchter schlürfen. Viel Wissenswertes über Geschichte, Methoden und Techniken der Austern- und Muschelzucht sowie über den Fischfang im Etang vermittelt eine multimediale Ausstellung im **Musée de l`Etang de Thau** (www.bouzigues.fr, tgl. 10–12, 14–18, Juli/Aug. 10–12.30, 14.30–19 Uhr, 4 €).

Auf der Weiterfahrt sieht man auf der Wasserfläche die ›Gevierte der Austerntische‹ schillern und man erhascht einen Blick auf die Anlegestellen und Betriebsstätten der Züchter am Ufersaum. Der kleine Hafen von **Mèze** bildet die malerische Kulisse für die örtliche Gastronomie. Zu den *plateaux de fruits de mer* wird hier in langhalsigen Flaschen ein fruchtiger Picpoul-de-Pinet serviert. Im Sommer zieht es viele Familien nach Méze, da die örtlichen Sandstrände ideal für Kinder sind. Auch die Hausboottouristen machen gerne an der Hafenmole fest.

Oder sie steuern **Marseillan** an, wo der Canal du Midi in den Etang mündet. Am Hafen befinden sich die *caves* des Wermutproduzenten **Noilly-Prat**. Sein rundes Bouquet erhält der Aperitif durch eine zwölfmonatige Lagerung in Eichenholzfässern unter freiem Himmel, während seine würzige Note gemäß einer – natürlich streng gehüteten – Rezeptur aus dem Jahr 1813 durch die Zugabe von über einem Dutzend Kräutern erreicht wird (www.noillyprat.com, Führungen tgl. Mai–Sept. 10–12, 14.30–19, März/April, Okt./Nov. 10, 11, 14.30, 16.30 Uhr, 3,50 €).

Musée Villa-Loupian ▶ L 12

Loupian, http://villaloupian.free.fr, Führungen Juli/Aug. tgl. 11 Uhr, 14–18 Uhr, Sept.–Juni Mi–Mo 14–17, Sa/So auch 11 Uhr, 4,60 €

An die antike Besiedlung des Pays de Thau erinnert im landeinwärts gelegenen Loupian ein Reststück der *via domitia*. Spektakulär war die Entdeckung eines römischen Mosaiks in den Weinfeldern am Ortsrand, das zu einem Landgut (2.–5. Jh.) gehörte. Über der Fundstelle entstand ein moderner Museumspavillon.

Abbaye de Valmagne ▶ L 11

D 5/D 161, www.valmagne.com, Führungen Mitte Juni–Sept. 10–12, 14.30–18, Mi–Mo Okt.–Mitte Juni 14–18 Uhr, 6,80 €

Raymond-Roger de Trencavel, der Graf von Béziers, stiftete im Jahr 1138 die Abtei, die zu einem der reichsten und mächtigsten Klöster in Südfrankreich aufstieg. Die Französische Revolution setzte 1789 dem Klosterleben ein Ende. Die Abtei wurde verstaatlicht und später an einen Privatmann verkauft, der sie zum Weingut umfunktionierte. Das hohe und kühle Kirchengewölbe erwies sich als ideales Weinlager, und so wurden 1820 in die Seitenschiffe 18 riesige Fässer aus russischer Eiche eingelassen. Sie befinden sich zwar noch an Ort und Stelle, doch die klösterlichen Appellationsweine, die man vor Ort kosten und kaufen kann, reifen heute in modernen Edelstahltanks. Besonders hübsch ist das von Weinranken überrankte gotische Brunnenhaus. Man sollte auch nicht versäumen, den mittelalterlichen Garten vor dem Kloster zu besuchen.

Musée-Parc des Dinosaures ▶ L 11

D 613, www.musee-parc-dinosaures. com, tgl. Juli/Aug. 10–19, Sept.–Juni 14–17/18 Uhr, 7,50 €
In den Weinfeldern westlich von Mèze wurde 1996 eine der größten paläontologischen Lagerstätten Europas entdeckt. Clou des Saurierparks sind allerdings nicht die ausgegrabenen 65 Mio. Jahre alten Eier der Dinos, sondern ihre nachgebauten lebensgroßen Skelette, u. a. des *Tyrannosaurus Rex* und des *Brachiosaurus*.

Übernachten

Umgeben von Rebstöcken – **Château les Sacristains:** 34530 Montagnac, 6 km westl. von Mèze rechts der N 113, Tel. 04 67 43 49 89, www.chateau-les-sacristains.fr, Apartments für 2 Personen 362– 958 €/Woche, DZ 75–90 €. Luxuriöse Anlage in vorbildlich restaurierten alten Gemäuern. Mit Pool, Tennis, Golf. Unter deutscher Leitung und entsprechend viele deutsche Gäste.
Funkelnagelneu – **De la Pyramide:** 8, Promenade Sergent Jean-Louis Navarro, 34140 Mèze, Tel. 04 67 46 61 50, www.hoteldelapyramide.fr, DZ 60–85 €. 22 Zimmer mit Terrasse oder Balkon und unverbautem Blick auf den Etang de Thau. Garten mit kleinem Pool, in dem die Olivenbäume allerdings noch wachsen müssen. Mediterrane Ausstattung mit Terrakotta-Böden und schmiedeeisernem Mobiliar.

Essen & Trinken

In Bouzigues, Mèze und Marseillan kann man bei vielen Austern-Verkaufsständen auch gleich einen Imbiss einnehmen. Die Qualität der Muscheln ist überall gleich gut und frisch.
Mit großer Terrasse unter Bäumen – **Chez Philippe:** 20, rue de Suffren, Marseillan, Tel. 04 67 01 70 62, Mo, Mitte Sept.– Mitte Juni auch Di geschl., Menü ab 28 €. Aus je fünf Vorspeisen, Hauptgerichten und Desserts stellt der Gast sein Menü selbst zusammen. Madame steht beratend zur Seite – auch auf Englisch, Monsieur macht die Honneurchen, und an den Töpfen arbeitet ein Küchenchef mit Talent. *Tres charmant!*
Mediterrane Küche – **Le Res'Thau:** 28, quai Augustin Descournut, Mèze, Tel. 04 67 51 20 71, Mo/Di geschl., Juli/Aug. nur abends geöffnet, Menü ab 26–31 €. Einladendes Restaurant in sonnigen Farben am Hafen in Mèze. Die Küche gibt den regionalen Produkten den Vorzug – ob aus dem Meer oder vom Land. Auf der Weinkarte entdeckt man vielversprechende Winzer des Hérault.

Montpellier, Küste und Hinterland

Mein Tipp

Bistro in der Kooperative ▶ L 12
Nur am Ufer des Etang de Thau wächst der Picpoul-de-Pinet, ein fruchtiger AOC-Weißwein, der sehr trocken oder trocken ausgebaut wird. Die Weingüter an der D 613 und D 51 ebenso wie die Kooperativen in Pinet, Pomérols und Florensac bitten zu seiner *dégustation*. In der supermodernen *cave coopérative* von Florensac kann man die Weinverkostung mit einem Edel-Imbiss im **Bistrot d'Alex** kombinieren (Tel. 04 67 77 03 05, Di–So 9–18 Uhr, Hauptgerichte ab 16 €).

Sète und den Etang im Blick – **La Palourdière:** Chemin de la Catonnière, Bouzigues, Tel. 04 67 43 80 19, Mo geschl., Menü um 26 €. Die Lage zwischen den Anlegestellen der Austernfischer und die Panoramaterrasse über dem Etang machen den besonderen Reiz des Restaurants aus. Auf der Karte Fisch vom Grill und Spezialitäten aus Sète wie *rouille de seiche* oder *bourride de baudroie*.

Aktiv & Kreativ

Reiten – **Le Fer à Cheval:** Mèze, rte. de Villeveyrac, Tel. 04 67 43 61 11. Reitkurse, Ausritte und Tagesausflüge für Erwachsene und Kinder ab 5 Jahren.
Wassersport – **Centre de Loisirs Le Taurus:** Mèze, Tel. 04 67 43 59 51, www.ycmeze.com und www.fildair.com. Wassersportzentrum am Etang. Surf- und Segelkurse, wichtige Basis für Kitesurfer, Basis für Ruderer. Mit Übernachtungsmöglichkeit.

Infos & Termine

Office de Tourisme
8, rue Massaloup, 34100 Mèze, Tel. 04 67 43 93 08, www.ville-meze.fr.

Termine
Le Festival de Thau: Mitte Juli, Festival der Weltmusik in den Orten am Etang (www.festivaldethau.com).

Agde ▶ L 13

Vor 2500 Jahren gründeten Griechen nahe der Mündung des Hérault am Fuß des Vulkankegels St-Loup eine Kolonie namens *agathé tyché* (glücklicher Zufall). Der Handelsstützpunkt prosperierte über die Jahrhunderte und wurde bereits im frühen Mittelalter zum Bischofssitz erhoben.

Das Lavagestein, aus dem die wehrhafte romanische **Cathédrale St-Etienne** (12. Jh.) sowie zahlreiche Häuser erbaut sind, verleihen dem Städtchen (20 300 Einw.) eine düstere Silhouette. Schwärmern verdankt es den Beinamen ›Schwarze Perle des Languedoc‹. Über Regionalgeschichte und Heimatkunde informiert das **Musée Agathois** in einem schönen Renaissancegebäude am Rande der Altstadt (5, rue de la Fraternité, Öffnungszeiten wie Musée de l'Éphèbe, s. u.).

Im Sommer bevölkern Urlauber aus dem benachbarten Le Cap-d'Agde die engen Gassen der Altstadt sowie die Promenade am Hérault, an der abends einige Fischkutter anlegen und Restaurants zur Einkehr einladen. Kleinere Schiffe gelangen flussaufwärts durch die **Ecluse Ronde,** eine Schleuse mit drei Toren, in den Canal du Midi.

An der Hérault-Mündung hat sich der Fischereihafen **Le Grau-d'Agde** zu einem überschaubaren Ferienzentrum entwickelt. Am gegenüberliegenden

Agde

Ufer schmiegen sich die wenigen Häuschen von **La Tamarissière** an einen Pinienhain.

Le Cap-d'Agde ▶ L 13

Anfang der 1970er-Jahre entstand auf einem Felskap bei Agde die durchorganisierte Ferienkapitale mit Bettenburgen, breiten Straßen, 14 km **Sandstrand**, weitläufigem **Jachthafen** und Europas größtem Nudistendorf **Héliopolis**. In der Hochsaison tummeln sich hier an die 200 000 Urlauber, zehnmal mehr Menschen, als die Gemeinde Agde an Einwohnern zählt. Zerstreuung sowie Abwechslung vom Strandleben finden Groß und Klein in den Spiel- und Themenparks auf der **Ile de Loisirs** oder in der Unterwasserwelt des **Aquariums** (www.aquarium-agde.com, Juli/Aug. 10–23, Juni, Sept. 0–19, Okt.–Mai 14–18 Uhr, 6,90 €).

Musée de l'Ephèbe

Le Cap d'Agde, Juli/Aug. Mo–Fr 9–19, Sa/So 12–19, Sept.–Juni Mo, Mi–Sa 10–12, 14–17/18, So 14–17/18 Uhr, 8,50 € mit Audioführer in Deutsch
Zur kulturellen Unterhaltung am Cap steuert das auf Unterwasserarchäologie spezialisierte Museum bei. Gezeigt werden u. a. Amphoren, Schiffsmodelle und Wrackteile. Spektakulärstes Exponat ist die ca. 2300 Jahre alte griechische Bronzestatue eines Epheben (wehrfähiger Jüngling), die 1964 vom Grund des Hérault geborgen wurde.

Fort Brescou

Überfahrten ab Le Cap-d'Agde und Le Grau-d'Agde, ca. 10 €
Vor dem Cap d'Agde liegt auf einem Vulkaninselchen das Fort Brescou. Richelieu plante eine Verbindung des Forts mit dem Festland sowie den Bau eines großen Militärhafens – ein nie zu Ende geführtes Projekt. Die Festung wurde von Vauban ausgebaut und diente bis Mitte des 19. Jh. als Staatsgefängnis.

Ouvrages du Libron ▶ K 13

Zwischen Vias und Vias-Plage, 6 km westl. von Agde
Selbst mit Hilfe der Schautafeln werden nur Technikfreaks den Mechanismus des Schleusenwerks enträtseln können. Es wurde erdacht, um zu verhindern, dass das Flüsschen Libron bei Hochwasser Ablagerungen in den Canal du Midi spült.

Übernachten, Essen

Am Fluss – **La Galiote**: 5, pl. Jean Jaurès, Agde, Tel. 04 67 94 45 58, www.lagaliote.fr, DZ 55–95. Der ehemalige Bischofssitz, wie die Kathedrale aus Lavagestein erbaut, wirkt wie eine düstere Burg. Innen gibt es 13 komfortable und jüngst modernisierte Zimmer (Nr. 21 und 26 ohne eigenes Bad, 45 €). Das auf regionale Gerichte spezialisierte Restaurant überrascht mit einer lichten Veranda und Hérault-Panorama (Menü ab ca. 21 €.). Mit Garage.

Essen & Trinken

Frisch aus dem Meer – **Le K'lamar**: 33, quai T. Cornu, La Tamarissière, Tel. 04 67 94 05 06, mittags Sa, Mo, außerhalb der Saison Di mittags, Mi geschl., Menü 23–32 €. Geselliges Fischlokal an der Hérault-Mündung. Das Tagesangebot richtet sich nach dem Fangerfolg der örtlichen Fischflotte, deren Rückkehr man von der Terrasse verfolgen kann.

151

Montpellier, Küste und Hinterland

Aktiv & Kreativ

Bootsausflüge – **Provence III:** Quai du Cdt. Méric, Le Grau-d'Agde, Tel. 04 67 21 38 72, www.brescoucroisieres.com, April–Sept. Mo, Mi/Do 14 Uhr, 14 €. Über den Canal du Midi mit Passage der *écluse ronde* in Agde zu den Austerntischen im Bassin de Thau, Dauer 4.30 Std.
Naturbeobachtung – **Réserve naturelle de Bagnas:** N 112 Rtg. Marseillan-Plage, Tel. 04 67 01 60 23, www.adena-bagnas.com, Sa 9 Uhr, 5 €. Führung durch die 600 ha große Vogelschutzzone im alten Hérault-Delta.
Tauchen – **Abyss Plongée:** 21, pl. du Globe, Le Cap-d'Agde, Tel. 04 67 01 50 54, www.abyssplongee.com. Tauchkurse und Tauchshop.
Unterwasserspaziergang – **Sentier sous-marin:** La Plagette, Le Cap-d'Agde, Tel. 04 67 01 60 23, Mitte Juni–Mitte Sept. Mit Schnorchel und Taucherbrille einen 400 m langen Meereslehrpfad erkunden.

Abends & Nachts

Vergnügungsviertel – **Ile de Loisirs:** Auf der künstlichen Insel in Cap d'Agde kann man sich in Spiel- und Themenparks, Kinos, Bars, Musikkneipen, Discos und Spielkasino nahezu rund um die Uhr amüsieren.

Infos & Termine

Office de Tourisme
Bulle d'Accueil, 34300 Le Cap-d'Agde, Tel. 04 67 01 04 04, www.capdagde.com.

Termine
Joutes nautiques: Mai–Sept. Sa/So. Fischerstechen auf dem Hérault in Agde vor der Kulisse der Kathedrale.

Verkehr
Bahn: Gare SNCF, av. Victor Hugo, Agde. Verbindungen nach Sète, Montpellier, Béziers.
Innerorts: Busse zwischen den Ortsteilen; in Le Cap-d'Agde April–Mitte Okt. Wasserbusse *(coches d'eau)*.

Pézenas ▶ K 11/12

Das Städtchen (8000 Einw.) in den Weinhügeln des Hérault-Tals bewahrt eine intakte Altstadt mit einem einmaligen Ensemble prächtiger Stadtpaläste, in denen im Sommer zahlreiche Kunsthandwerker Ateliers unterhalten. Ihre Blütezeit erlebte die ehemalige römische Kolonie *piscenae* und mittelalterliche Tuchhandelsstadt im 16. und 17. Jh., als hier die Generalstände, eine Art Parlament, des Languedoc tagten und die Gouverneure der Region aus den Familien derer von Montmorency-Damville und Bourbon-Conti ihre Residenzen errichteten. Prominenz aus dem gesamten Königreich versammelte sich während der Sitzungsperioden in der Stadt, die sich damals den Titel ›Versailles du Languedoc‹ erwarb.

Insbesondere Armand de Bourbon-Conti umgab sich mit großem Hofstaat. Während sich an ihn kaum jemand erinnert, erlangte sein Protegé, der Komödiendichter Jean-Baptiste Poquelin, unter dem Namen Molière Unsterblichkeit. Zwischen 1650 und 1657 spielte Molière mit seinem *Illustre Théâtre* in Pézenas. Die Jahre in der Provinz inspirierten ihn zu einigen berühmten Komödien, z. B. zu »Dom Juan« und »Tartuffe«. Seine Charakterstudien betrieb Molière vorzugsweise im Barbierladen seines Freundes Gély an der zentralen **Place Gambetta.**

Gleich gegenüber, im **Maison Consulaire,** pflegten die Generalstände zu

Pézenas

tagen. Der Hauptbau von 1552 wird von einer Fassade aus dem 18. Jh. verdeckt. Sehenswert ist wenige Schritte entfernt in der Rue Oustrin das **Hôtel de Lacoste** aus dem frühen 16. Jh. mit steinernem Treppenhaus und gotischen Gewölben. Die Rue de la Foire, die einstige Hauptstraße, führt zum **Ghetto,** im Mittelalter das Viertel der jüdischen Gemeinde.

Anfang des 17. Jh. wuchs Pézenas mit dem Cours Jean Jaurès und der ›Neustadt‹ über seine mittelalterliche Begrenzung hinaus. Das **Hôtel d'Alfonce** (32, rue Conti), eines der am besten erhaltenen Gebäude aus dieser Zeit mit eindrucksvoller Loggienfassade, diente Molière 1655/1656 als Theater. Heute haben eine Galerie und ein *chambre d'hôte* die historischen Räume bezogen.

Scénovision Molière

Pl. des Etats du Languedoc, www. scenovisionmoliere.com, Juli/Aug. 9–19, Sept.–Juni 9–12, 14–18 Uhr, 7 €
Im Hôtel de Peyrat widmet die Stadt seit 2008 ihrem berühmtesten Bürger eine interaktive Ausstellung. In fünf Akten wird der Besucher förmlich vom turbulenten Leben des Jean-Baptiste Poquelin mitgerissen.

Übernachten, Essen

Herrschaftlich – **Hôtel de Vigniamont:** 5, rue Massillon. Tel. 04 67 35 14 88, www.hoteldevigniamont.com, DZ 90–150 inkl. Frühstück. Fünf stilvoll eingerichtete Gästezimmer, teils mit Himmelbett und alten Möbeln, in einem Stadtpalais des 17. Jh. Im zauberhaften Innenhof unter den eleganten Salon laden die britischen Hausherren ihre Gäste abends zu einem Apéro ein.
Im ehemaligen Getto – **La Dordîne:** 9 rue des litanies, Tel. 04 67 90 34 81, www.ladordine.com, DZ 40–50 € inkl. Frühstück. In einem alten Haus mit steiler Treppe haben Véronique und Aurélien ein charmantes *chambre d'hôte* mit fünf Zimmern eingerichtet. Zum Frühstück wie auch zur *table d'hôte* (22 €/Person) am Abend serviert das junge Paar nur frische und hausgemachte Speisen.

Essen & Trinken

Im Trend – **L'Entre-pots:** 8, av. Louis-Montagne, Tel. 04 67 90 00 00, So, Mi mittags geschl., Menü ca. 20 € mittags, 35 € abends. Während das puristische Interieur in Schoko- und Beigetönen dem Zeitgeist huldigt, setzt die Küche mit Gerichten, die nach Meer und Garrigue schmecken, auf Bewährtes. Die Weinkarte favorisiert regionale Winzer. Ein kleiner Feinkostladen im Eingangsbereich rundet das Angebot ab.
Gutes Preis-Leistungs-Verhältnis – **La Pomme d'Amour:** 2, rue Albert-Paul-Alliès, Tel. 04 67 98 08 40, Mo abends, Di geschl., Menü um 22 €. Familiäres Restaurant im historischen Zentrum mit guter, bodenständiger Küche.

Einkaufen

Trödel – **Broquantes:** Mit rund einem Dutzend Antiquitätenläden und regelmäßigen Märkten ist Pézenas ein Mekka für Sammler.
Kunsthandwerk – **Autour de l'Arbre:** 11, rue Triperie-Vieille. Eric Bourneil drechselt aus Holzstämmen edle Gefäße und Kunstobjekte.
Lokale Spezialität – **Maison Alary:** 9, rue St-Jean. Das Rezept der *petits pâtés* gelangte im 18. Jh. aus dem fernen Indien nach Pézenas. Die mit Hammel, Rohrzucker und konfierten Zitronen gefüllten pikant-süßen Pastetchen werden

153

warm als *amuse-gueule* gegessen. Dazu passt ein trockener Weißwein.
Wochenmarkt – **Place du Marché:** Sa 9–18 Uhr. Einer der bestbesuchten Märkte der Region mit einem vielfältigen Angebot.

Infos & Termine

Office de Tourisme: Hôtel de Peyrat, pl. des Etats du Languedoc, 34120 Pézenas, Tel. 04 67 98 36 40, www.ot-pezenas-valdherault.com.

Terrasses du Larzac

▶ K/L10

Von den Ufern des Hérault bei **Gignac** und **Aniane** bis hinauf an die Südhänge des Causse du Larzac ziehen sich die Weinfelder, auf denen vollmundige, fruchtige AOC-Rotweine reifen. Auf kleinen Weingütern sowie in den Kooperativen von **Montpeyroux**, **St-Sturnin-de-Lucian** oder **St-Félix-de-Lodez** kann man gute Tropfen kosten.

Der tonhaltige Boden am Hérault ließ in **St-Jean-de-Fos** das Töpferhandwerk erblühen. Über vier Jahrhunderte belieferte das Dorf das gesamte Languedoc mit Keramik und glasierten Ziegeln. Heute beleben ein Dutzend Töpfer die alte Kunst.

Essen & Trinken

Regionalküche vom Feinsten – **Restaurant de Lauzun:** 3, bd. de l'Esplanade, Gignac, Tel. 04 67 57 50 83, www.restaurant-delauzun.com, So abends, Mo geschl., Menü 21–56 €. Der junge Küchenchef Matthieu de Lauzun hat frischen Schwung in das traditionsreiche Haus am Dorfplatz gebracht.
Großmutters Rezepte – **Au Pressoir:** 17, pl. de la Fontaine, St-Saturnin-de-Lucian, Tel. 04 67 88 67 89, Mo, im Winter Mo, Sa mittags, abends So–Mi

Nördlich von Causse-de-la-Selle weitet sich das Tal des Hérault

geschl., Menü 18–28 €. Gelungene Kombination aus Dorfgasthof und Musikkneipe. In geselliger Atmosphäre speist man Gerichte des Languedoc und kostet die regionalen Weine.

A la Campagne – **La Table Gourmande:** Mas Cambounet, 34150 Gignac (ca. 3 km östl., rechts der N 109), Tel. 04 67 57 55 03, www.mas-cambounet.com, Menü 24 €, Reservierung erforderlich. Südfranzösisches Landleben, wie man es erträumt: ein rustikales Mas in schöner Natur und dazu gutes Essen in geselliger Runde. Wer länger bleiben will, checkt im Gästezimmer ein. Selbst ein Pool ist vorhanden (DZ 80–86 €).

Gorges de l'Hérault

▶ L/M 8/9

Das meisterhafte Entrée zu den Gorges de l'Hérault bildet der **Pont du Diable.** Unterhalb der Brücke ist der Fluss zu einem kleinen, im Sommer stark frequentierten Badeplatz aufgestaut. Die Dorfjugend nutzt die 1000 Jahre alte ›Teufelsbrücke‹ für wagemutige Sprünge ins erfrischende Nass. Mit dem Paddelboot gelangt man wenige Meter flussaufwärts in der Klamm zu einem Wasserfall, der aus der oberhalb gelegenen Grotte de Clamouse austritt.

Neben dieser Tropfsteinhöhle zieht vor allem St-Guilhem-le-Désert die Touristen in Scharen an. Und so schiebt sich in der Hochsaison eine nicht endende Blechlawine durch die Schlucht. Nach ca. 10 km steigt die Straße vom Talgrund durch struppige Steineichenwälder zum Weiler **Causse-de-la-Selle** empor.

Hier bietet sich ein Abstecher in das stille Nachbartal zu den malerischen Burgdörfern **St-Jean-de-Buèges** und **Pegairolles-de-Buèges** an. Das heute abgelegene Tal am Fuß des Mont St-Baudille und der Montagne de la Séranne stellte einst eine Hauptverbindung zwischen der Hérault-Ebene und den Causses dar.

Grotte de Clamouse ▶ L 9

www.clamouse.com, einstündige Führungen tgl. Juli/Aug. 10–19, Juni, Sept. 10–18, Febr.–Mai, Okt. 10–17 Uhr, 8,50 €,

Die Grotte de Clamouse wurde von einem unterirdischen Bachlauf geformt, der sich nach starken Regenfällen mit Gebrüll (okzit. *clamousa*) in den Hérault ergießt. Einer Legende zufolge bezieht sich der Name allerdings auf den Schmerzensschrei einer Mutter, die im Hérault den toten Körper ihres Sohnes treiben sah. Der junge Schäfer war auf der Causse in einen Abgrund gefallen und vom unterirdischen Wasserlauf ans Tageslicht gespült worden. Den besonderen Zauber des Höhlensystems machen die zarten, weiß schillernden Kristallblumen aus.

St-Guilhem-le-Désert! ▶ L 9

Malerisch schmiegt sich das Klosterdorf, über das auf exponierter Felszacke die Ruine des **Château du Géant** wacht, in das Tal des Verdus, ein Zufluss des Hérault. Die Dorfstraße mit gut erhaltenen mittelalterlichen Häusern, in denen Kunsthandwerker und Souvenirshops Quartier bezogen haben, steigt sanft zur Place de la Liberté an. Eine mächtige, uralte Platane dominiert den Hauptplatz und stellt selbst das Säulenportal der Klosterkirche in ihren Schatten.

Wilhelm (Guilhem) von Aquitanien, ein Enkel Karl Martells, schwor nach dem Tod seiner geliebten Frau allem Weltlichen ab und zog sich um 800 in ein Kloster zurück, das er in der Einöde *(désert)* der Gorges de l'Hérault erbauen ließ. Wegen Wilhelms großer Verdienste im Kampf gegen die Araber schenkte Karl der Große dem Kloster einen Splitter aus dem Kreuz Christi als Reliquie. Ihre Verehrung führte dazu, dass St-Guilhem-le-Désert zu einer bedeutenden Station auf dem Jakobsweg wurde. 1998 wurde das Klosterdorf als Teil der französischen Jakobswege ins UNESCO-Welterbe aufgenommen.

Abbaye de Gellone
Tgl. Juli/Aug. 8–12, 14–18/18.30 Uhr
Die dreischiffige Klosterkirche mit ihrem von zwei Apsiskapellen flankierten Chor zählt zu den Meisterwerken der Romanik im Languedoc. Vom einst zweistöckigen prächtigen Kreuzgang blieben nur die nördliche und westliche Erdgeschossgalerie erhalten. Nach der Revolution war der Kreuzgang in Einzelteile zerlegt und an Sammler verkauft worden. Diverse Kapitele, Arkaden und Säulen sowie über 140 Skulpturen gelangten auf Umwegen in die USA und bilden heute den Mittelpunkt des Cloisters Museum in New York. Seit 1978 belebt eine kleine Gemeinschaft von Karmeliterinnen das religiöse Leben in St-Guilhem.

Fenestrettes

St-Guilhem-le-Désert ist ein beliebter Ausgangspunkt für Wanderungen in den umliegenden Bergen und Tälern. So kann man z. B. vom Dorfende linker Hand auf dem Jakobsweg zu den hoch über dem Talkessel des Verdus gelegenen **Fenestrettes** emporsteigen. Wenig später teilt sich der Weg. Links geht es weiter aufwärts zum Aussichtspunkt Max Nègre und im Bogen zurück ins Dorf (10 km. ca. 3.30 Std.). Ein zweiter Rundweg führt vom Dorfende rechter Hand aufwärts zur Einsiedlerkapelle **Notre-Dame-de-Belle-Grâce,** auch Notre-Dame-du-Lieu-Plaisant genannt (12 km, ca. 4 Std.; beide Wege gelb markiert, Karte IGN 2642 ET).

Übernachten, Essen

Frischer Wind in alten Genäuern – **Le Guilhaume d'Orange:** Tel. 04 67 57 24 53, www.guilhaumedorange.com, DZ 86–96 €. Mit viel Geschick und Sinn für Authentizität hat Aurore Raoul-Segala das große Steinhaus an der Durchgangsstraße restauriert und in ein gastliches Zehn-Zimmer-Hotel verwandelt. Auch das zugehörige Restaurant **La Table d'Aurore** lässt keine Wünsche offen. Vom heimeligen Speiseraum oder der großen Terrasse unter alten Bäumen schaut man hinab in die Felsschlucht des Hérault (Menü 19–26 €).

Aktiv & Kreativ

Kanu- und Kajak – **Kayapuna:** Tel. 04 67 57 30 25. **Rapido:** Tel. 04 67 55 75 75. Tagestouren (ca. 12 km) auf einem meist ohne größere Schwierigkeiten zu befahrenden Abschnitt der Hérault, der nicht von der Straße gesäumt wird.

Infos

Office de Tourisme
2, rue Font-de-Portal, 34150 St-Guilhem-le-Désert, Tel. 04 67 57 44 33, www.saintguilhem-valleeherault.fr.

Mittelalterliches Flair in den Gassen von St-Guilhem-le-Dèsert

Montpellier, Küste und Hinterland

Mein Tipp

Besteigung des Pic St-Loup
Von Cazevieille führt ein steiler, steiniger Weg zur Kapelle und dem Kreuz auf dem 658 m hohen Gipfel des Pic St-Loup. Der strapaziöse Aufstieg wird durch ein überwältigendes Panorama belohnt. Im Norden sieht man das Haupt des Mont Aigoual, im Süden am Meeressaum den Mont St-Clair (etwa 3 Std., festes Schuhwerk, Wanderkarte IGN 2742 ET).

Verkehr
In der Hochsaison sind die kostenpflichtigen Parkplätze in St-Guilhem schnell belegt. Daher parkt man am Besucherzentrum an der Pont du Diable und steigt in den Pendelbus um.

Pic St-Loup ▶ M/N 9

Die weite, sonnenverwöhnte Garrigue-Landschaft nördlich von Montpellier wird von der markanten Silhouette des Pic St-Loup beherrscht. Sein langgestreckter Rücken fällt an der Nordseite steil in einen Abgrund, der ihn vom felsigen Kamm der Montagne de l'Hortus trennt. Der Pic St-Loup ist namensgebend für das AOC-Weinbaugebiet zu seinen Füßen. Versteckt zwischen Weinfeldern und Garrigue liegen mittelalterliche Wehrdörfer, uralte Kirchlein und stattliche Domainen.

In dem pittoresken Ort **St-Martin-de-Londres,** der im 11. Jh. von den Mönchen aus dem nahen St-Guilhem-le-Désert gegründet wurde, blieben eine sehenswerte frühromanische Kirche sowie hübsche Häuser des 16. und 17. Jh. erhalten.

In der Nähe von St-Martin folgt der **Chemin des Verriers** den Spuren der Glasbläser, die ab dem 13. Jh. auf dem Causse de l'Hortus ihr Handwerk ausübten. In jener Zeit war die Ebene noch dicht bewaldet und es gab ausreichend Brennmaterial für die gefräßigen Glasöfen. Die Rekonstruktion eines solchen Ofens ist in Couloubrines bei Ferrières-les-Verreries zu sehen.

Grotte des Demoiselles
▶ M 8

St-Bauzille-de-Putois, www.demoiselles.com, Führungen tgl. Juli/Aug. 10–18, April–Juni, Sept. stdl. 10–12, 13.30–17.30, März, Okt. 10, 11, 14, 14.45, 15.30, 16.30, Nov–Feb. 14, 15, 16, Sa/So auch 10, 11 Uhr, 8,70 €

Für Höhlenfreunde ein absolutes Muss ist ein Besuch der Tropfsteinhöhle oberhalb des Hérault-Tals. Sie wurde Ende des 18. Jh. entdeckt und um 1889 von Edouard-Alfred Martel erforscht. Im Zentrum der Höhle befindet sich ein Saal mit den gewaltigen Maßen von 120 m Länge, 80 m Breite und 50 m Höhe. Diese unterirdische Kathedrale birgt ein zauberhaftes Ensemble an Stalagmiten und Stalaktiten in den ausgefallensten Formen und Farben. Schmuckstück ist eine als ›Muttergottes mit Kind‹ interpretierte Tropfsteinsäule.

Übernachten, Essen

Mitten in der Garrigue – **Mas de Baumes & Restaurant la Cour:** 34190 Ferrières-les-Verreries, D 17E zwischen Ferrières und Claret, Tel. 04 66 80 88 80, www.oustaldebaumes.com, DZ 70–179 € inkl. Frühstück. Wer den Trubel scheut, ist hier genau richtig. Sieben wunderschöne Zimmer auf einer alten Hofanlage. Ein Pool fehlt auch nicht. Im Restaurant verwöhnt Eric Tapié mit ausgefeilter Mittelmeerküche. Unbedingt reservieren! (So abends, Mo geschl., Menü 29–86 €).

Umgeben von Weinstöcken – **L'Auberge du Cèdre:** Domaine de Cazeneuve, 34270 Lauret (D 17), Tel. 04 67 59 02 02, www.auberge-du-cedre.com, DZ ca. 50–84 € inkl. Frühstück. 20 schlichte, aber hübsche Gästezimmer im ansprechend restaurierten Herrenhaus einer Domaine. Bad und Toilette für jeweils zwei Zimmer. Gepflegter Speisesaal mit Wintergarten und Terrasse. Park mit alten Bäumen und Pool. Hervorragende Küche. Das Restaurant öffnet Fr abends, Sa abends und So mittags auch für Nicht-Hausgäste (Menü 29–38 €).

Feinste Landküche – **Domaine de Blancardy:** Moulès-et-Beaucels, 34190 Ganges (7 km östl. an der D 999), Tel. 04 67 73 94 94, www.blancardy.com, DZ 55–95 € inkl. Frühstück. Geschmackvoll restaurierter alter Hof mit drei großzügigen und schönen Gästezimmern sowie einem Gîte. In der **Auberge** genießt man hofeigene Produkte und Weine. Eine Spezialität ist die selbst gemachte Ententerrine (Mi geschl., Menü 22–35 €).

Aktiv & Kreativ

Gleitschirmfliegen – **Envol Nature:** Mas de Bruyère, Montoulieu, Tel. 04 67 73 36 96, http://envol-nature.com. Tandemflüge, Schnuppertage und Kurse für Fortgeschrittene. Unterkunftsmöglichkeit und Gästetafel.

Kanutouren – **Canoe le Moulin:** Rte. de Ganges, St-Bauzille-de-Putois, Tel. 04 67 73 30 73, www.canoe-france.com. Strecken von 3–17 km.

Reiten – **Les Farfadets:** La Plaine, Lauret, Tel. 04 67 59 86 17, http://fe.les farfadets.free.fr. Ein- bis vierstündige Ausritte in der Garrigue sowie Ein-und Mehrtagesritte.

Infos

Office de Tourisme: Pl. de la Mairie, 34380 St-Martin-de-Londres, Tel. 04 67 55 09 59, www.tourismed.com.

Cirque de Navacelles❗ ▶ L 8

Von Ganges folgt man dem bewaldeten Tal der Vis nach **Madières,** wo sich ringsum Felsmassive bedrohlich auftürmen. In Serpentinen windet sich die D 25 vom Fluss hoch auf den Causse de Blandas.

Unvermittelt öffnet sich in der unendlichen Weite der steppenartigen Landschaft die gigantische Felsarena des **Cirque de Navacelles.** Atemberaubend ist der Blick in diesen 300 m tiefen Abgrund, der von der Vis wie mit einem gewaltigen Bohrer in das Karstgestein der Causses gefräst wurde. Dort, wo die Vis vor tausenden von Jahren den Mäander durchbrochen hat, liegt tief unten am Fuß der fast senkrecht aufsteigenden Felswände der Weiler **Navacelles.** Die Urtümlichkeit der Landschaft wird getrübt, wenn sich im Hochsommer eine endlose Autokarawane durch den Talkessel bewegt. Vom Ansturm der Touristen weitgehend verschont bleibt der **Cirque de Vissec,** wenige Kilometer westlich (s. Entdeckungstour S. 162).

Am jenseitigen, westlichen Rand der Vis-Schlucht beginnt die Einöde des **Causse du Larzac,** der bis weit in die Nachbarregion Midi-Pyrénées hinein-

Montpellier, Küste und Hinterland

Cirque de Navacelles – immer wieder atemberaubend

reicht. Im Mittelalter besaßen hier die Ritterorden der Johanniter und Templer Ländereien (s. S. 73). Bei **Le Caylar** stößt man auf die A 75, die sich am **Pas de L'Escalette** in die Ebene ›stürzt‹.

Infos

La Baume Auriol: Ostern–Mitte Nov. tgl. 10.30–18 Uhr, www.lodevoislarzac.fr. Infostelle mit Aussichtsterrasse, Souvenirshop und Restaurant am Südrand des Cirque de Navacelles.

Lodève ▶ K 9

Eingezwängt zwischen dem Causse du Larzac und den Monts d'Orb liegt im Tal von Lergue und Soulondres die geschichtsträchtige ehemalige Bischofsstadt (7000 Einw.). Der strategisch wichtige Ort an der Schwelle zum Haut-Languedoc und den Causses war bereits in gallischer Zeit besiedelt. Im antiken *luteva* ließ der römische Kaiser Nero Münzen für die Besoldung der Legionäre prägen.

Lodève

Kommune eine neue Erwerbsquelle. Seit der Durchgangsverkehr auf der A75 oberhalb des Städtchens vorbeirauscht, kann es zwar befreit aufatmen, gerät aber auch zunehmend ins touristische Abseits.

Schutzsuchend scharen sich die Häuser des Stadtzentrums um den kantigen Glockenturm der gewichtigen **Cathédrale St-Fulcran.** Die gotische Wehrkirche wurde 1280 geweiht. In ihrer vorromanischen Krypta bewahrt sie die Reste des ursprünglichen Gotteshauses, das von Bischof Fulcran im 10. Jh. erbaut worden war.

Musée de Lodève
Square George-Auric, Di–So 9.30–12, 14–18 Uhr, 7 €
Das städtische Museum im Geburtshaus des Kardinal Fleury zeigt Exponate zur lokalen Geologie, Archäologie und Geschichte sowie Kunst des 19. und 20. Jh., darunter Werke des einheimischen Bildhauers Paul Dardé (1888–1963). Im Sommer macht das Provinzmuseum regelmäßig mit hochkarätigen Sonderausstellungen von sich reden. Nicht versäumen! Aufgrund des Erfolgs ist eine Verdopplung der Ausstellungsfläche im Gespräch.

Die Bischöfe, die ab dem 4. Jh. in Lodève residierten, förderten Tuchherstellung und -handel. Durch Vermittlung von Kardinal Fleury erhielt Lodève unter Ludwig XIV. das Liefermonopol für die Uniformstoffe der königlichen Armee. Heute erinnert nur noch die **Manufacture de la Savonnerie,** die exquisite Stoffe für die Nationale Möbelsammlung fertigt, an die einst reiche Textilindustrie.

1960 musste das letzte Textilunternehmen in Lodève schließen. Nach 1975 eröffnete der Uranabbau der

Essen & Trinken

Bistroküche – **Le Petit Sommelier:** 3, pl. de la République, Tel. 04 67 44 05 39, So abends, Mo, im Winter auch Mi abends geschl., Menü 22–35 €. Sympathisches kleines Restaurant mit Terrasse unter Platanen.

Infos

Office de Tourisme: 7, pl. de la République, 34700 Lodève, Tel. 04 67 88 86 44, www.lodeve.com.

Auf Entdeckungstour

Résurgence de la Vis – eine geheimnisvolle Quelle

Bei der Moulin de la Foux bricht die zeitweise unterirdisch verlaufende Vis in einer mächtigen Quelle wieder an die Oberfläche – ein geheimnisvoller, magischer Ort.

Reisekarte: ▶ L 8

Dauer: Reine Wanderzeit ca. 3 Std.

Start: Navacelles im Talkessel des Cirque de Navacelles. Gutes Schuhwerk sowie je nach Wetter Badesachen und Picknickkorb vorsehen.

Das Versteckspiel der Vis

Die Vis entspringt am St-Guiral, bahnt sich ihren Weg bis Alzon, wo sie urplötzlich versiegt. Zwischen dem Causse du Blandas und dem Causse du Larzac hat sie eine 250–300 m tiefe Schlucht hinterlassen, doch das Bett der Vis ist trocken – ›Vis sec‹ eben. Tief unten im Talkessel von Navacelles plätschert die Vis wieder munter. Ein herrlicher Wasserfall lädt hier in der heißen Jahreszeit zu einem erfrischenden Bad ein. Doch wo tritt der Fluss wieder an die Oberfläche? Auf einer Wanderung kann man die Résurgence der Vis, also ihre Wiedergeburt entdecken.

Einem geologischen Phänomen auf der Spur

Vom Parkplatz am Dorfeingang aus führt ein Weg direkt am Fluss entlang, dann ein Stück auf der Fahrstraße aufwärts. An der Straßenkreuzung weist ein Schild zur Résurgence. Nach einer kurzen steilen und rutschigen Passage geht es auf einem Pfad am Ufer entlang durch dichtes Grün aus Buchen, Steineichen, Ahorn und Buschwerk. Unterwegs bieten sich mehrere Stellen zum Baden oder zum Picknick an. Nach etwa einer Stunde stößt man in einer weiten und lichten Flussschleife auf die Ruinen der Ferme de Poujols.

Kurze Zeit später ist ein mächtiges Rauschen zu hören. Ein kleiner Pfad führt rechts abwärts zur Moulin de la Foux. Die Gebäude der Mühle wurden genau über der Stelle errichtet, wo die Vis in Form einer mächtigen Quelle (okzit. *foux*) mit lautem Getose aus dem Fels hervorbricht.

Im Halbdunkel der notdürftig restaurierten Gemäuer entdeckt man die bis zu 2 t schweren Mühlsteine. In den oberen Räumen informieren Bildtafeln über diesen einzigartigen Ort, an dem der Mensch über 900 Jahre die Energie des Wassers nutzte. Erst 1907 wurde die Mühle aufgegeben. Obwohl weit ab von allen menschlichen Behausungen, stellte die Quelle mit einem durchschnittlichen Wasserfluss von 2,5 m^3/Sek. in der wasserarmen Region einen unschätzbaren Wert dar.

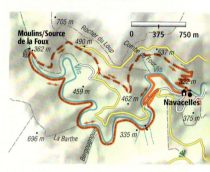

Kapriolen eines Flusses

Es ist schwer vorstellbar, doch der Wasserschwall der Vis kann von Zeit zu Zeit plötzlich versiegen – so zuletzt am 10. August 1961. Gefährlich aber ist nur das ebenso plötzlich auftretende Hochwasser. Dann kann das Wasser mit 30 m^3/Sek. aus dem Fels herausschießen und in kürzester Zeit das Tal überfluten. 1741 wurde dabei sogar eines der Mühlengebäude zerstört.

Seit 1952 wagten Taucher es mehrere Male, den mehr als 10 km langen unterirdischen Lauf der Vis zu erforschen. 1998 gelang es ihnen, immerhin 1200 m weit in dem 11 °C kalten Wasser vorzudringen.

Eine natürliche Felsbrücke führt hinüber auf die andere Flussseite. Unter einem Felsüberhang findet man einen wunderbaren Platz, um die Magie des Ortes auf sich wirken zu lassen. Zurück geht es auf dem selben Weg am Fluss entlang. Oder man folgt der gelben Markierung am linken Flussufer und erreicht nach ca. 2 Std. Navacelles.

Das Beste auf einen Blick

Vom Canal du Midi ins Haut-Languedoc

Auf Entdeckungstour

Oppidum d'Ensérune: Im Ausgrabungsgelände von Ensérune unternimmt man eine Zeitreise in die vorrömische Epoche und genießt zugleich den weiten Blick ins Land. S. 174

Canal du Midi: Die Treidelpfade an den Ufern des Kanals, über die sich die Kronen alter Platanen wölben, eignen sich wunderbar für eine Radour. S. 184

Kultur & Sehenswertes

Béziers: Die alte Weinkapitale des Languedoc bewahrt auch im 21. Jh. die träge Gelassenheit eines südfranzösischen Provinzstädtchens. S. 166

Ecluse de Fonséranes: Die mehrstufige Schleuse ist das spektakulärste Bauwerk des Canal du Midi. S. 170

Minerve: Auf steilem Felsrücken am Zusammenfluss von Cesse und Brian erbaut, war das Dorf für die Kreuzfahrer uneinnehmbar. S. 181

Aktiv & Kreativ

Lac du Salagou: Der Stausee ist bei Wanderern, Radlern und Wassersportlern gleichermaßen beliebt. S. 176

Gorges d'Héric: Ein Wanderweg führt durch die Klamm zum Weiler Héric. Unterwegs verschafft das glasklare Wasser des Gebirgsbachs Abkühlung. S. 178

Genießen & Atmosphäre

Huilerie-Coopérative: In der traditionsreichen Ölmühle von Clermont-l'Hérault dreht sich natürlich alles um die Olive. S. 177

Fête du cochon: Beim Schlachtfest in St-Pons-de-Thomières stehen die deftigen Spezialitäten des Haut-Languedoc auf dem Speiseplan. S. 180

Lastours: Vier Burgen bewachten einst das Tal des Orbiel. Im Sommer erzählt ein Son-et-Lumière-Spektakel ihre Geschichte. S. 183

Abends & Nachts

Le Capharnarhum: Rum, Cocktails und gute Musik auf einem Kanalschiff in Béziers. S. 173

Plan B: Wenn am Kanalufer in Le Somail die bunten Lichter erlöschen, ist der Abend im Plan B noch längst nicht zu Ende. S. 187

Vom Canal du Midi ins Haut-Languedoc

Obwohl keine 20 km vom Meer entfernt, ist Béziers als frühere Weinbaukapitale des Languedoc sehr bodenständig. Attraktionen am Stadtrand sind die Ecluses de Fonséranes, spektakulärstes Schleusenwerk des Canal du Midi, sowie die Ausgrabungen auf dem Hügel von Ensérune, die zurück in graue Vorzeit führen. Landeinwärts reichen die Weinhügel des Biterrois bis zu dem bizarren Felsenchaos des Cirque de Mourèze und den roten Ufern des Lac du Salagou. Gen Westen geht die marsähnliche Landschaft in den Regionalpark des Haut-Languedoc über, ein grünes Paradies für Sommerfrischler und Aktivurlauber. Während sich auf Orb und Jaur die Kanufahrer tummeln, laden die Espinouse-Berge zu Wanderungen ein. Durch wilde Schluchten und stille Kastanienwälder geht es hinauf auf die Berghöhen, die von windzersauster Heidelandschaft überwuchert sind. Minervois und Montagne Noire bewahren in Dörfern und Burgen die Erinnerung an die blutige Verfolgung der Katharer im Mittelalter. In der Ebene der Aude hingegen lädt der Canal du Midi zu einer friedlichen und gemächlichen Reise von Meer zu Meer ein.

Béziers ▶ J 12

Weithin sichtbar zeichnet sich die markante Silhouette Béziers (74 000 Einw.) auf einem Felssockel oberhalb des linken Orb-Ufers ab. Das Stadtpanorama mit der alten steinernen Bogenbrücke unter der sandsteinfarbenen trutzigen Kathedrale strahlt provinzielle Behäbigkeit aus. So scheint das Leben in der alten Weinkapitale des Languedoc dem gemächlichen Rhythmus des Orb und des Canal du Midi zu folgen, wäre da nicht die Begeisterung für den Rugby und – nicht zu vergessen – die Feria im August.

Geschichte

An der Stelle eines keltischen Oppidums namens *beterra* siedelte Caesar 48 v. Chr. seine im Kampf um Gallien erfolgreiche siebte Legion an. Von der antiken Stadt mit Forum, Tempeln, Aquädukt und Amphitheater zeugen nur noch wenige Relikte. Invasionen von Vandalen, Westgoten und Arabern zerstörten die erfolgreiche Handelsstadt an der *via domitia,* die ab dem 4. Jh. Sitz eines Bistums war. Unter den Karolingern gewann der Handelsplatz langsam wieder an Bedeutung. Das Bürgertum erstarkte und befreite sich im 12. Jh. weitgehend vom bischöflichen Joch.

Das freie und liberale Béziers stellte für Kirche und Krone gleichermaßen eine Provokation dar und geriet zu Beginn der Katharerfeldzüge ins Visier der päpstlichen Truppen. Als die Einwohner Béziers am 22. Juli 1209, dem

Infobox

Regionale Websites
www.decouverte34.com, www.decouvrir-l-herault.com, www.hautlanguedoc.fr, www.leminervois.com.

Verkehrsmittel
Béziers liegt an der Bahnachse Montpellier–Perpignan, auch besteht eine Bahnverbindung nach Bédarieux. Von Béziers, Clermont-l'Hérault und Bédarieux fahren Busse ins Umland (www.cg34.fr/herault-transport). Ohne Auto kann man das Hinterland allerdings nicht erkunden.

Béziers

Béziers - hoch über dem Orb thront die Cathédrale St-Nazaire

Fest der hl. Magdalena, den Kreuzfahrern den Zutritt zur Stadt verwehrten und sich weigerten, 223 der Häresie verdächtigte Bürger auszuliefern, wurde ein grausames Exempel statuiert: Die Glaubensfanatiker metzelten die Mehrzahl der über 10 000 Einwohner Béziers – ungeachtet ihres Glaubens, ihres Geschlechts und ihres Alters – nieder und legten die Stadt in Schutt und Asche. Der päpstliche Legat Abt Arnaud Amaury soll dem Massaker mit den Worten »Tötet sie alle, denn der Herr erkennt die Seinen« den kirchlichen Segen erteilt haben.

Ab dem 17. Jh. sorgte der Handel mit Getreide, Wein und Oliven erneut für einen wirtschaftlichen Aufstieg, der nicht zuletzt durch den Bau des Canal du Midi gefördert wurde. Insbesondere durch die Konzentration auf das Weingeschäft entwickelte sich Béziers gegen Ende des 19. Jh. zur reichsten Stadt des Languedoc. Umso härter wurde die Stadt von den Krisen des Weinbaus im 20. Jh. getroffen. Die hierdurch resultierenden wirtschaftlichen Probleme konnten – zumindest teilweise – durch die Ansiedlung von Industrie und die Förderung des Dienstleistungssektors entschärft werden.

Altstadt

Allées Paul Riquet

Zentrale Achse der Stadt sind die Allées Paul Riquet. Im Schatten der Platanenreihen treffen sich die Biterrois zum Flanieren oder zum Plaudern beim Apéro in einem der zahlreichen Cafés. Freitags lässt ein Blumenmarkt den Boulevard erblühen, an dessen zentraler Stelle die **Bronzestatue** 1 von **Pierre-Paul Riquet** (1604–1680), Erbauer des Canal du Midi und berühmter Sohn der Stadt, steht.

Im Süden geht der Boulevard in das 1865 angelegte **Plateau des Poètes** über. Die Gartenanlage im englischen

Béziers

Sehenswert
1. Statue von Paul Riquet
2. Théatre Municipal
3. Halles
4. St-Aphrodise
5. La Madeleine
6. Hôtel Fayet
7. Hôtel Fabrégat
8. Cathédrale St-Nazaire
9. Amphithéâtre
10. Musée du Biterrois
11. Pont-Canal

Übernachten
1. Des Poètes
2. Champs de Mars

Essen & Trinken
1. L'Ambassade
2. L'Octopus
3. La Raffinerie
4. La Tomate Bleue
5. Café de Plaisance

Einkaufen
1. Caves Paul Riquet

Abends & Nachts
1. Le Korrigan
2. Le Modjo
3. Le Capharnarhum

Stil, mit Wasserbecken und exotischen Bäumen, sollte eine Verbindung zum Bahnhof am Fuß der Altstadt herstellen. Neben Büsten berühmter Dichter widmete die Stadt eine Statue dem Resistancekämpfer **Jean Moulin,** der 1889 in Béziers geboren und 1943 von den Nazis zu Tode gefoltert wurde. Blickfang am Nordende der Allées Riquet ist die antikisierende Fassade des **Théatre Municipal** 2 (Mitte 19. Jh.).

Halles 3

Zwischen den Allées Paul Riquet und der Kathedrale St-Nazaire erstreckt sich das Labyrinth der Altstadtgassen mit hübschen Boutiquen und verschwiegenen kleinen Cafés und Restaurants. Am Vormittag sollte man es nicht versäumen, bei den historischen Markthallen vorbeizuschauen, die Ende des 19. Jh. nach dem Modell des Pariser Pavillon Baltard in Eisen und Glas erbaut wurden (tgl. außer Mo).

St-Aphrodise 4
Pl. St-Aphrodise, wegen Restaurierung geschlossen

Am Nordrand der Altstadt versteckt sich hinter moderner Bebauung die Basilika St-Aphrodise. Ihre Gründung über dem Grab des Stadtpatrons datiert in das 4. Jh. Zu jener Zeit soll der hl. Aphrodisius auf einem Kamel aus Ägypten angereist sein, um in Béziers das Christentum zu verkünden. So wurde das Kamel zum lokalen Symboltier, das alljährlich Ende April den Festzug zu Ehren des Heiligen anführt.

La Madeleine 5
Pl. de la Madeleine

Die Kirche bewahrt die schreckliche Erinnerung an das Massaker von Béziers. Denn 1209 hatten tausende Gläubige vergebens in dem Gotteshaus Schutz vor den sie verfolgenden Kreuzrittern gesucht. Schiff, Querhaus und Chor stammen zum Großteil aus romanischer Zeit, Portal, Kapellen, Gewölbe und Türme wurden später erbaut.

Musée des Beaux-Arts
Hôtel Fayet, 9, rue du Capus, Hôtel Fabrégat, pl. de la Révolution, beide Di–So 9–12, 14–17/18, Juli/Aug. tgl. 10–18 Uhr, 2,50 €

Im **Hôtel Fayet** 6 stehen die Werke regionaler Künstler im Mittelpunkt, allen voran der in Béziers gebürtige Bildhauer Jean-Antoine Injalbert (1845–1933). Im **Hôtel Fabrégat** 7, vis-à-vis der Kathedrale, zeigt das Kunstmuseum Gemälde des 15.–20. Jh., wobei der Schwerpunkt der Sammlung auf moderner Malerei liegt.

Cathédrale St-Nazaire 8
Plan des Albigeois, 9–12, 14.30–17.30, Juli/Aug. 9–17.30 Uhr

Nach den Kreuzzügen errichteten die Bischöfe ab dem 13. Jh. als Symbol ihrer wieder erlangten Macht auf der Ruine der 1209 zerstörten romanischen Kathedrale einen Neubau im Stil der Gotik. Ihre von zwei Wehrtürmen gerahmte Westfassade ziert eine große Fensterrose. Der schwere, eckige Glockenturm wurde im 14. Jh. angebaut. Ebenfalls aus dem 14. Jh. stammt der Kreuzgang. Neben dem Kirchenportal führt eine Treppe in den **Jardin des Evêques,** der einen zauberhaften Blick auf den Orb mit dem Pont Vieux (12. Jh.) und Pont Neuf sowie auf die Weinberge des Biterrois freigibt.

Lieblingsort

Ecluses de Fonséranes – Spektakel an den Schleusen
▶ J 13

Das im wahrsten Sinne des Wortes spektakulärste Bauwerk des Canal du Midi ist die 312 m lange Schleusentreppe von Fonséranes, die einen Höhenunterschied von 21,5 m überwindet. Acht unmittelbar aufeinanderfolgende Schleusentore (das neunte, untere ist nicht mehr in Betrieb) müssen die Freizeitskipper passieren – und das unter den Blicken der stets zahlreichen Zaungäste, die nur darauf warten, dass sich ein Boot quer stellt und der Käpt'n die Nerven verliert. Im Gegensatz zur Schleusentreppe hat die hydraulische Schleuse, die parallel errichtet wurde, nie störungsfrei funktioniert (ca. 3 km südwestl. von Béziers, Stadtbus Nr. 3 oder Beschilderung ab Pont Neuf folgen).

Vom Canal du Midi ins Haut-Languedoc

Musée du Biterrois 10
Rampe du 96ème, Di–So 9–12, 14–17/18, Juli/Aug. 10–18 Uhr, 2,50 €
Durchaus einen Besuch verdient die heimatkundliche und archäologische Sammlung, die in der ehemaligen Kaserne St-Jacques (18. Jh.) ein repräsentatives Quartier gefunden hat.

Auf dem Weg zum Museum passiert man die Ausgrabung des gallo-romanischen **Amphithéâtre** 9 .

Pont-Canal 11
Am Fuß des Stadthügels überquert der Canal du Midi auf steinernen Bögen den Orb. Bis zum Bau dieser Kanalbrücke 1858 wurde der Kanal auf einigen hundert Metern durch den Fluss geführt. Die Einmündung in den Orb regelte die heute stillgelegte, unterste Schleuse von Fonséran (s. S. 170).

Strände

Nur 20 km vom Stadtzentrum entfernt liegen die Badeorte **Portiragnes-Plage** und **Sérignan-Plage** sowie an der Mündung des Orb **Valras-Plage** mit Jachthafen, gefolgt von **Cabanes-de-Fleury** an der Aude-Mündung. Nach Portiragnes kann man auf dem Treidelpfad entlang des Canal du Midi radeln.

Übernachten

Ansprechend renoviert – **Des Poètes**
1 : 80, allées Paul Riquet, Tel. 04 67 76 38 66, www.hoteldespoetes.net, DZ 55–65 €. Die neuen Besitzer haben das kleine Hotel gegenüber der Parkanlage Plateau des Poètes auf Vordermann gebracht. 14 hübsche, ruhige Zimmer in aktuellen Schoko- und Rottönen. Mit Garage.
Einfaches Familienhotel – **Champs de Mars** 2 : 17, rue de Metz, Tel. 04 67 28 35 53, www.hotel-champdemars.com, DZ 37–50 €. Einladendes Zehn-Zimmer-Haus mit blumengeschmückten Balkongeländern in einer ruhigen Wohnstraße, 10 Min. vom Theater entfernt. Die preiswerten Zimmer ohne eigenes WC. Mit Garage.

Außerhalb
Auf dem Kanal – **Appart des Anges:**
Quai du Canal du Midi, 3440 Cers (8 km östl.), Tel. 04 67 26 05 57, www.appartdesanges.com, DZ 105–120 € inkl. Frühstück. Auf einer schmuck restaurierten *péniche* haben Christophe und Jean-Philippe drei entzückende Gästezimmer eingerichtet. Selbst ein winziger Pool fehlt nicht an Bord. Ein *chambre d'hôte* zum Verlieben und für Verliebte.
Am Ufer der Aude – **Mas de la Bâtisse:**
11560 Fleury-d'Aude (15 km südl., D 14 Lespignan Rtg. Fleury, vor der Aude-Brücke links), Tel. 04 68 33 77 01, www.la-batisse.net, DZ 70 € inkl. Frühstück. Zehn Gästezimmer in provenzalischem Stil auf einer Domäne an der Aude. Terrasse und Park. Am Abend vorzüglicher Gästetisch (ca. 30 €). 3 km zum Strand an der Aude-Mündung. Auf dem Weg lädt die Manade Margé zum Besuch ein, u. a. Reitmöglichkeit oder Teilnahme an einer *ferrade*.

Essen & Trinken

Auf hohem Niveau – **L'Ambassade** 1 :
22, bd. de Verdun, Tel. 04 67 76 06 24, So/Mo geschl. sowie Mitte Juli–Anf. Aug., Menü 28 € mittags, 39–85 €. Seit Jahren ist das mit einem Stern dekorierte Restaurant Botschaft der hohen Gastronomie. Durchgestyltes Ambiente. Hervorragende Weinkarte. Das Preis-Leistungs-Verhältnis stimmt!
Ein junges, begabtes Team – **L'Octopus** 2 : 12, rue Boieldieu, Tel. 04 67 49 90

00, www.restaurant-octopus.com, So/Mo geschl. sowie Mitte Aug.–Anf. Sept., Menü 22–30 € mittags, 52–72 €. Schicke Adresse mit großem Patio nahe den Allées Riquet. Fabien Lefebvre hat bei den Großen seiner Zunft gelernt und in Windeseile mit neuen Rezepten des Languedoc einen Stern erkocht. Den Empfehlungen des Sommelier kann man blind vertrauen.

Cooles Ambiente – **La Raffinerie** 3 : 14, av. Joseph-Lazare, Tel. 04 67 76 07 12, www.laraffinerie.com, Sa mittags, So/Mo geschl., Menü 21–26 €. Raffinierte Mittelmeerküche in einer ehemaligen Fabrikhalle am Canal du Midi. Wunderschöne Terrasse am Wasser.

Der Dauerbrenner – **La Tomate Bleue** 4 : 23, rue des Anciens Combattants, Tel. 04 67 62 92 25, So, Mo mittags geschl., *à la carte* um 18 €. Hübsches Weinbistro in der Altstadt, mehr als 60 offene Weine, diverse Tapas und ein wechselndes Tagesmenü.

Mit Patina – **Café de Plaisance** 5 : 1, quai du Port-Neuf, Tel. 04 67 76 15 90, Küche nur mittags um 15 €. Ein typisches Bistro wie aus alten Tagen, in dem die Leute des Quartiers verkehren und die Kanaltouristen reinschauen.

Außerhalb

Außergewöhnlich gut – **Ô. Bontemps:** Pl. de l'Eglise, Magalas (16 km nördl.), Tel. 04 67 36 20 82, So/Mo geschl., 30–65 €. Getreu ihrem Namen sorgen Olivier und Emmanuelle Bontemps mit köstlichem Essen und perfektem Service dafür, dass ihre Gäste eine gute Zeit verbringen. Das hat sich schnell herumgesprochen, unbedingt reservieren!

Einkaufen

Wein – **Caves Paul Riquet** 1 : 7, rue Flourens. Alteingesessene Weinhandlung mit großer Auswahl und kompetenter Beratung. Eine lokale Spezialität ist der Likörwein *cataroise*.

Aktiv & Kreativ

Bootsausflüge – **Les Bateaux du Soleil:** Ecluses de Fonséranes, Tel. 04 67 49 34 55, www.bateaux-du-soleil.com, April–Okt. Fahrten auf dem Canal du Midi nach Colombier sowie rund um Béziers. Nur mit Reservierung!

Rugby – **ASBH:** Tel. 04 67 11 81 76, www.asbh.net. Wenn das Team von Béziers vor heimischer Kulisse spielt, ist das Stade de la Méditerranée regelmäßig ausverkauft.

Abends & Nachts

Bierpub – **Le Korrigan** 1 : 9, rue Paul Riquet, 19–1 Uhr. Rustikale irische Kneipe in der Altstadt, Bier vom Fass, gute Auswahl an Whisky.

Bar – **Le Modjo** 2 : 37, pl. Pierre Sémard, Do–So 22–4 Uhr. Hier trifft man sich zum Quatschen bei gedämpftem Neonlicht und elektronischer Musik.

Musikboot – **Le Capharnarhum** 3 : Pont de Sauclières, av. Joseph-Lazarre, Tel. 04 67 35 17 81, www.capharnarhum.info, Di–Sa 18–1 Uhr. Bunt bemalter Kahn, fest vertäut am Ufer des Canal du Midi, mit Terrasse an und Bar unter Deck. Große Auswahl an Rum und exotischen Cocktails. Jeden Freitag lässt Lifemusik die Planken der alten *péniche* beben.

Infos & Termine

Office de Tourisme

29, av. St-Saëns, im Palais des Congrès, 34500 Béziers, Tel. 04 67 76 84 00, www.beziers-tourisme.fr.

Auf Entdeckungstour

Oppidum d'Ensérune – Ausgrabungen und Ausblicke

In Ensérune wurden die Reste eines der ältesten Dörfer im Süden Frankreichs freigelegt. Ebenso faszinierend wie die archäologischen Funde ist die Lage des Felsplateaus über dem Canal du Midi.

Reisekarte: ▶ K13

Dauer: 1.5–2 Std.

Ort: Westl. von Béziers (D 609), www.oppidumdenserune.com.

Öffnungszeiten: Mai–Aug. tgl. 10–19, April, Sept. Di–So 10–12.30, 14–18, Okt.–März Di–So 9.30–12.30, 14–17.30 Uhr, letzter Einlass 1 Std. vor Schließung, Eintritt 6,50 €, Faltblatt in Deutsch, Audioführer (frz./engl.).

Zufluchtsort über der Ebene

Wie ein Burgberg mutet das 120 m hohe Plateau von Ensérune in der Ebene des Biterrois an. Bei Grabungen entdeckten Archäologen 1915 hier eines der ältesten Dörfer im Süden Frankreichs. Derartige Siedlungen *(oppidae)* wurden in der Eisenzeit entlang der Verbindungswege vorzugsweise auf Hügeln errichtet.

Die steilen Hänge des Plateaus, die man heute problemlos im Auto hochfahren kann, boten im 6. Jh. v. Chr. Schutz vor feindlichen Angriffen. Zudem war Ensérune in jener Zeit fast vollständig von Wasser und Sümpfen umgeben. Von der Nordflanke des Hügels hat der Besucher einen grandiosen Blick auf den im 13. Jh. trockengelegten, kreisrunden Etang de Montady. Entwässerungskanäle verleihen ihm das Aussehen einer überdimensionalen Torte.

Über das Grabungsgelände

Die Mauerreste und die Steinsäule an der nördlichen Hügelseite stammen aus der letzten Siedlungsphase von Ensérune, die Ende des 3. Jh. v. Chr. begann. Zu jener Zeit lebten hier bis zu 7000 Menschen, die das Plateau und seine Hänge vollständig bebauten. Die Architektur ihrer Häuser sowie die Anlage von Zisternen und Abwasserkanälen lässt deutlich den griechisch römischen Einfluss erkennen.

An die erste Besiedlung von Ensérune ab Mitte 6. Jh.v. Chr. erinnern nur die in den Fels gehauenen Vorratsspeicher im oberen Teil des Plateaus rund um das Museumsgebäude. Die einfachen Behausungen, vermutlich aus Strohlehm und Holz, hinterließen keine Spuren. Bei Ausgrabungen gefundene Keramikscherben weisen darauf hin, dass bereits die frühen Bewohner Handel mit Etruskern und Griechen trieben.

In der Ebene südlich des Plateaus kann man nahe dem Canal du Midi die Trasse der römischen *via domitia* ausmachen, die im Wesentlichen dem Lauf eines noch älteren Verbindungswegs folgt. Bei klarer Sicht taucht am Horizont sogar die Silhouette des Pic du Canigou auf.

Durch den Handel prosperierte die Siedlung. An Stelle der einfachen Hütten wurden ab Ende des 5. Jh. v. Chr. Häuser aus Stein errichtet, die auf schachbrettartigem Grundriss standen. In jedem Haus wurden zur Vorratshaltung große Tonkrüge in den Boden eingelassen *(dolium)*. Ihre Toten beerdigten die Bewohner von Ensérune am Westrand des Plateaus, 400 m von den Wohnbereichen entfernt.

Die Nekropole lüftet manches Geheimnis

In der Nekropole entdeckte man etwa 500 Urnengräber. Nur wenige Gefäße, in denen die Asche der Toten beigesetzt worden war, waren noch intakt. In der Regel fanden die Archäologen nur Scherben, die in mühevoller Puzzlearbeit zusammengefügt wurden. Die Urnen sowie Gefäße mit Wegzehrung und sonstigen Grabbeigaben, etwa Schmuck und Waffen, zeigt das Museum. Sie geben nicht nur Aufschluss über die Bestattungsriten in der vorrömischen Zeit, sondern auch über das Leben der Bewohner von Ensérune.

Die Begräbnisstätte selbst wurde gegen Ende des 1. Jh. v. Chr. überbaut. So sieht der Besucher die Mauerreste eines großen Anwesens, das nach römischem Vorbild um einen zentralen Innenhof errichtet war. Es dürfte einer der letzten Neubauten von Ensérune gewesen sein. Im Laufe des ersten Jh. n. Chr. wurde Ensérune aufgegeben – die Zeiten waren friedlich und das Leben in der Ebene bequemer.

Vom Canal du Midi ins Haut-Languedoc

Termine
Les Ecluses en Fête: Ende Mai. Volksfeststimmung rund um die Schleusen von Fonséranes.
Festa d'Oc: Juli. Fest der Okzitanischen Musik.
Feria de Béziers: Um den 15. Aug. Sechstägiges, ausgelassenes Straßenfest mit Umzügen, Konzerten, Feuerwerk, improvisierten Bodegas und natürlich *corridas* in der Arena (www.arenes-de-beziers.com).

Verkehr
Bahn: Gare SNCF, bd. de Verdun, südl. des Zentrums. Verbindungen nach Montpellier, Narbonne, Bédarieux, Millau.
Bus: Gare routière, pl. de Gaulle, Tel. 04 67 49 49 65.
Auto: Chaotische Verkehrsführung am Fuß der Altstadt. Tiefgaragen an der pl. Jean Jaurès und de la Madeleine.

Clermont-l'Hérault

▶ K 10

Das Provinzstädtchen am Nordrand der Hérault-Ebene (6600 Einw.) prosperierte im 17. und 18. Jh. durch die Textilherstellung. Von seiner einst strategischen Bedeutung als Tor zum Causse du Larzac zeugen die Reste der mittelalterlichen Stadtbefestigung und die Burgruine. Die Kollegiatskirche **St-Paul** (1276–1313) zählt zu den wenigen gotischen Gebäuden der Region.

Renommee hat die 1920 gegründete **Ölkooperative** von Clermont l'Hérault. Auch in der Krise, als ein extrem starker Frost im Februar 1956 den Großteil der Ölbäume im Languedoc vernichtete, gab sie nicht auf. In jüngster Zeit erlebt die Kooperative eine regelrechte Renaissance, satteln doch viele Winzer angesichts des Preisverfalls beim Wein auf Oliven um. Eine regionale Spezialität sind die halbmondförmigen *Lucques*.

Villeneuvette ▶ K 10

1670 gründete ein reicher Tuchhändler aus Clermont-l'Hérault an der Dourbie eine Tuchmanufaktur. Kapital für sein Unternehmen steuerte u. a. Colbert, Finanzminister der französischen Krone, bei, um das Monopol Englands und Hollands auf dem Tuchmarkt zu brechen. In der **Manufacture Royale** arbeiteten zeitweise bis zu 800 Weber und Färber, von denen etwa 300 vor Ort wohnten. Die Arbeiterschaft musste sich selbst im privaten Bereich strengen Regeln fügen. In großen Lettern steht über dem Portal der Manufaktur: »Ehre gebührt der Arbeit«. Erst 1954 wurde die inzwischen vollkommen veraltete Produktion geschlossen. Heute haben sich in den ehemaligen Arbeiterhäusern Künstler und Kunsthandwerker niedergelassen.

Cirque de Mourèze ▶ K 10

Ein bizarres Felsenmeer beherrscht das mittelalterliche Dörfchen **Mourèze**. Vom Weiler führen ausgeschilderte Wege durch das Labyrinth der Kalksteinformationen und hinauf auf die **Monts de Liausson** mit schönen Ausblicken auf den Talkessel im Norden und den Lac du Salagou im Süden.

Lac du Salagou ▶ K 10

Der 1970 gefüllte Stausee in der afrikanisch anmutenden rotbraunen Hügellandschaft am Fuß der Monts de Liausson ist ein beliebtes Ziel von Radlern, Wanderern und Wassersportlern.

Clermont l'Hérault

Von den Monts de Liaussan schaut man auf ein rot-grünes Mosaik

Da der See als Trinkwasserreservoir dient, sind seine Ufer weitgehend unbebaut. An seinem Westende liegt das hübsche alte Dörfchen **Octon**. Ein Kuriosum ist der Weiler **Celles**, der nur wegen eines Vermessungsfehlers nicht überflutet und deshalb zur Geisterstadt wurde.

Übernachten, Essen

In einer alten Tuchmanufaktur – **La Source:** 34800 Villeneuvette, Tel. 04 67 96 05 07, www.hoteldelasource.com, DZ 58–120 €. 14 komfortable Zimmer in den früheren Arbeiterunterkünften rund um einen 300-jährigen Park. Das Restaurant mit Gewölbesaal und Terrasse unter Ranken am Pool lädt zu einem gastronomischen Spaziergang (Di, Mi mittags geschl., Menü 27–41 €).
Neben der Kirche – **La Calade:** Pl. de l'Eglise, 34800 Octon, Tel. 04 67 96 19 21, http://la-calade.monsite.wanadoo.fr, Jan./Febr. geschl., DZ 49 €. Dorfgasthof im ehemaligen Pfarrhaus mit sieben schlichten Zimmern. Das Restaurant serviert eine frische Landküche – auf der Terrasse mit Blick auf den Dorfplatz oder im gemütlichen Speiseraum (Juni, Sept. Mi, Okt.–Mai Di/Mi geschl., Menü 22–36 €).

Einkaufen

Ölmühle – **Huilerie-Coopérative:** 13, av. Wilson, Clermont-l'Hérault, www.olidoc.fr. In der Kooperative an der Durchgangsstraße Richtung Bédarieux findet man ein große Auswahl an Ölen, eingelegten Oliven, Konserven, Weinen, Seifen und Kosmetika.

Aktiv & Kreativ

An und auf dem Wasser – **Base de Plain Air du Salagou:** Am Salagou-See, Tel. 04 67 96 05 71, www.le-salagou.fr. Segeln, Surfen, Paddeln, Reiten, Klettern,

Vom Canal du Midi ins Haut-Languedoc

Wandern und andere Outdooraktivitäten – Kurse und Materialverleih.
Radfahren – **Ozone VTT:** 1, rte. du Lac, Clermont-l'Hérault, Tel. 04 67 96 27 17. Verleih von Mountainbikes (VTT), Tourenvorschläge, begleitete Ausflüge.

Infos

Office de Tourisme: 9, rue René Gosse, 34800 Clermont-l'Hérault, Tel. 04 67 96 23 86, www.clermont-herault.com.

Orb und Jaur

▶ G–J 10/11

Über die Weinhügel des Biterrois, wo abseits der Touristenrouten manch hübsches Dorf und stattliches Schloss zu finden sind, erheben sich die gezackten Kammlinien der **Monts de l'Espinouse.** Ihre Südflanke, in die wie mit gewaltigen Säbelhieben Felsschluchten geschlagen sind, überziehen dichte Kastanien- und Eichenwälder, während im fruchtbaren breiten Tal von Orb und Jaur Wein und Kirschen gedeihen.

Die alte Weber- und Färberstadt **Bédarieux** am Ufer des Orb entwickelte sich im 19. Jh. zum zentralen Umschlagplatz von Kohle, die in den Bergen bei Graissessac geschürft wurde. Seit 1960 das letzte Bergwerk seine Tore geschlossen hat, versucht die Stadt ihr Glück im Tourismus.

Das verschlafene Kurstädtchen **Lamalou-les-Bains** erlebte seine Blütezeit Ende des 19. Jh., als Badekuren zum bourgoisen Lebensstil gehörten und illustre Gäste wie Alexandre Dumas, Alphonse Daudet oder der junge André Gide die Thermalquellen aufsuchten. Heute werden Kassenpatienten zu Rehamaßnahmen nach Lamalou geschickt, das Ausgangspunkt vieler Wanderwege ist.

Bei der Mühle von **Tarassac,** wo sich Orb und Jaur vereinen, um gemeinsam Richtung Süden dem Meer entgegenzustreben, führt ein Abstecher über eine alte eiserne Hängebrücke und entlang der Gorges des l'Orb flussabwärts nach **Roquebrun.** Das günstige Mikroklima, in dem Mimosen und Orangen blühen, verlieh dem Örtchen den Beinamen ›Petit Nice‹ und ermöglichte die Anlage des **Jardin Méditerranéen** (www.jardin-mediterraneen.fr).

Wenige Kilometer flussaufwärts in einer Schleife des Jaur klammert sich das mittelalterliche Bilderbuchdorf **Olargue** an einen Felsvorsprung. Den besten Blick auf das Ensemble, das von einem Glockenturm überragt wird, hat man von dem gewölbten Pont du Dibale (13. Jh.) aus.

Gorges d'Héric ▶ H 11

Kostenpflichtiger Parkplatz im Tal, Fußweg ca 3 Std. hin und zurück; Wanderkarte IGN 2543 OT
Zu den schönsten Naturschätzen des Espinouse-Massivs zählen die Gorges d'Héric oberhalb von **Mons-la-Trivalle.** Am glasklaren Gebirgsbach, der sich in kleinen Kaskaden talwärts stürzt, steigt ein asphaltierter Weg zum kleinen Weiler **Héric** empor, wo in der Saison ein Café Stärkung bietet. Unterwegs laden idyllische Plätze zum Baden und Sonnen ein. An den steil aufragenden Felswänden der Klamm üben sich die Klettersportler.

Sommets du Caroux ▶ H 11

Wanderkarte IGN 2543 OT
Eine anspruchsvolle ca. sechsstündige Rundwanderung führt von **Colom-**

Orb und Jaur

bières-sur-Orb durch die Klamm eines Gebirgsbachs zur Orientierungstafel auf dem Gipfel des Caroux und belohnt mit einem wundervollen Fernblick. Weniger anstrengend ist der ca. vierstündige Rundweg ab dem Bergdorf Douch. Mit etwas Glück sieht man die in den Wäldern frei lebenden Mufflons.

Übernachten

Raffiniert und dennoch schlicht – **Le Couvent d'Hérépian:** 2, rue Couvent, 34600 Hérépian, Tel. 04 67 23 36 30, www.couventherepian.com, DZ 120–255. Ausgefallene Herberge mit 13 majestätisch großen Suiten in einem alten Klostergebäude (17. Jh.). Heller Kalkputz und Terrakottaböden verleihen wohltuende Schmucklosigkeit. Spa und Garten laden zum Entspannen ein. Gästetisch ab 20 €.

Essen & Trinken

Rustikaler Schick – **La Forge:** 22, av. Abbé Tarroux, Bédarieux, Tel. 04 67 95 13 13, Mo sowie außerhalb der Saison So abends, Mi abends geschl., Menü 22–36 €. Die große Esse im Speiseraum verrät die alte Schmiede. Auf der Terrasse im großen Innenhof spenden Platanen Schatten. Ausgesuchte klassische Küche mit individueller Note.
Le Petit Nice: Roquebrun, Tel. 04 67 89 64 27, Mo geschl., Menü 17–29 €. Sonnenterrasse über dem Orb. Fangfrische Forellen und andere regionale Spezialitäten, auch Salat und Pizza. Einige einfache Zimmer (DZ ab 35 €).

Aktiv & Kreativ

Paddeltouren – **Grandeur Nature:** Roquebrun, Tel. 04 67 89 52 90, www.canoe-france.com, Mitte April–Sept.

Am Orb haben Kanu- und Kajaktouren von April bis September Saison

Vom Canal du Midi ins Haut-Languedoc

Kanu- und Kajakverleih am Orb, Strecken 5–37 km.

Radfahren – **Voie verte:** Zwischen Mons-La-Trivalle und Courniou wurde oberhalb des Jaur der alte Bahndamm als wunderschöner Panoramaweg für Radfahrer und Wander präpariert. Die einfache Strecke beträgt 35 km. Räder kann man in Mons am ehemaligen Bahnhof ausleihen.

Infos

Office de Tourisme: 19, av. Abbé Tarroux, 34600 Bédarieux, Tel. 04 67 95 08 79, www.bedarieux.fr.

St-Pons-de-Thomières ▶ F 11

Im Hochtal des Jaur entwickelte sich um eine 936 gegründete Benediktinerabtei der Marktflecken St-Pons-de-Thomières, der später zum Bischofssitz erhoben wurde. Den Hauptplatz dominiert die ehemalige **Kathedrale** aus dem 11./12. Jh, deren romanische Wehrarchitektur bis zum 18. Jh. mehrfach verändert wurde.

Das 2008 eröffnete **Musée de la Préhistoire Régionale** setzt die Steinzeit mit rätselhaften Menhiren in Szene (8, Grand'Rue, März–Okt Di–So 15–18, Mi und Mitte Juni–Mitte Sept. auch 10–12 Uhr, 3,50 €).

Parc Naturel Régional du Haut-Languedoc ▶ D–H 10/11

St-Pons ist idealer Ausgangspunkt für Ausflüge in den Naturpark Haut-Languedoc, der mit Wäldern, Schluchten und Seen ein attraktives Erholungsgebiet für Naturfreunde und Aktivurlauber darstellt. Die 1973 in den Départements Hérault und Tarn eingerichtete, 145 000 ha große Schutzzone umfasst die Monts de l'Espinouse, die Monts de Lacaune und einen Teil der Montagne Noire.

Über den **Col du Cabaretou** (941 m), der wie ein Balkon über dem Jaur-Tal liegt, erreicht man das Seengebiet rund um **La Salvetat-sur-Agout**, das für sein Mineralwasser bekannt ist. Die mit Schiefer gedeckten und teils verkleideten Häuser sind charakteristisch für die Bergdörfer des Haut-Languedoc. Der Stausee von **Raviège** westlich von Salvetat ist das Ziel von Wassersportlern.

Mein Tipp

Fête du cochon
Am letzten Februarwochenende lockt ein traditionelles Schlachtfest viele Besucher nach St-Pons-de-Thomières, wo nach alten Rezepten des Haut-Languedoc Leckereien vom Schwein zubereitet werden. Eine besondere Spezialität der Region sind die *bougnettes,* eine Art Frikadelle aus Schweinenackenfleisch (www.bougnette.com).

Übernachten, Essen

In idyllischer, ruhiger Lage – **Les Bergeries de Pondérach:** Rte. de Narbonne, St-Pons, Tel. 04 67 97 02 57, www.bergeries-ponderach.com, DZ 95–120 €. Herrenhaus einer ehemaligen Schäferei am Ufer des Jaur mit sieben komfortablen, sonnigen Balkonzimmern. Pool. Rustikales Restaurant mit schöner Hofterrasse, ambitionierte Küche (Menü um 33 €).

Infos

Office de Tourisme: Pl. du Foiral, 34220 St-Pons-de-Thomières, Tel. 04 67 97 06 65, www.saint-pons-tourisme.com.
Parc Naturel du Haut-Languedoc: Pl. du Foiral, St-Pons, Tel. 04 67 97 38 22, www.parc-haut-languedoc.fr.

Minervois ▶ E/F 12/13

Zwischen dem Haut-Languedoc und der Ebene der Aude erstrecken sich die mit Reben überzogenen Hügel des Minervois. Flüsse und Bäche haben tiefe Furchen in die Karstlandschaft gegraben. Alte Domänen und kleine Winzerdörfer locken zur Dégustation der regionalen AOC-Weine.

Minerve ▶ F 12

Die Kapitale der Weinregion liegt uneinnehmbar auf einem steilen Felsrücken am Zusammenfluss von Cesse und Brian. Nur eine schmale Brücke führt über die tiefe Schlucht zum Ort, der eine tragische Rolle in den Katharerkriegen spielte. Nachdem sich das Dorf 1210 nach wochenlanger Belagerung den Truppen von Simon de Montfort ergeben musste, wurden mehr als 140 Bewohner, die sich weigerten, ihrem Glauben abzuschwören, auf dem Scheiterhaufen hingerichtet. Der achteckige, **La Candela** genannte Turm, der sich am Ortseingang wie ein mahnender Finger in den Himmel reckt, stammt allerdings von einer erst später errichteten Burg. Die Geschichte der Katharer wird im **Musée Hurepel** erstaunlich realistisch in szenischen Bildern anhand von Tonfiguren, den *santons,* erzählt (Rue des Martyrs, tgl Juli/Aug. 11–19, April–Juni, Sept.– Mitte Okt. 14–18 Uhr, 2,50 €).

Caunes-Minervois ▶ E 13

Das Städtchen, das aus einer im 8. Jh. gegründeten Benediktinerabtei hervorging, liegt am Übergang zwischen Minervois und Montagne Noire. Im alten Ortskern blieben bemerkenswerte Renaissance-Häuser sowie die imposante romanische Abteikirche **St-Pierre-et-St-Paul** erhalten. Bekannt ist Caunes in erster Linie wegen seiner Marmorsteinbrüche. Der rote und grüne Stein war im 18. Jh. sehr geschätzt und wurde bis nach Versailles und Paris geliefert. Im Norden des Ortes kann die stillgelegte **Carrière de Roy,** der Steinbruch des Königs, besichtigt werden.

Übernachten, Essen

Gepflegte Regionalküche – **Relais Chantovent:** 17, Grand' Rue, 34210 Minerve, Tel. 04 68 91 14 18, www.relais chantovent-minerve.fr, DZ 42–56 €, Menü 20–44 €, Restaurant So abends, Mo geschl. Speisesaal und Terrasse mit atemberaubendem Blick über die Brian-Schlucht. Sieben schlichte Zimmer im Haus via-à-vis. Pkw-Zufahrt für Hotelgäste gestattet.

Montagne Noire

▶ C–E 11/13

Den südlichsten Ausläufer des Massif Central bildet die wald- und wasserreiche Montagne Noire, deren Quellen den Canal du Midi speisen. Das Bergmassiv gipfelt im 1211 m hohen **Pic de Nore,** auf dem weithin sichtbar eine Relaisstation thront. Über die von Heidekrautteppichen überzogene runde Bergkuppe pfeift nahezu immer ein frischer Wind. Das Panorama reicht im

Vom Canal du Midi ins Haut-Languedoc

Minerve – wie ein mahnender Finger reckt sich La Candela in den Himmel

Osten bis zum Mittelmeer, im Süden bis zu den Pyrenäen und im Nordosten bis zu den Cevennen.

Gouffre Géant de Cabrespine ▶ E 12

D 112, Tel. 04 67 66 11 11. www.grottes-de-france.com, 45-minütige Führung tgl. Juli/Aug. 10.15–18, April–Juni, Sept./Okt. 10.30, 11.30, stdl. 14.30–17.30, 8 €. Warme Jacke!
Das gigantische, bis zu 250 m tiefe Erdloch in den **Gorges de la Clamoux** ist Teil eines ausgedehnten Höhlensystems, durch das der Clamoux fließt. Auf einer fünfstündigen geführten Exkursion können Trainierte weit in den Untergrund vordringen (reservieren!).

Montagne Noire

Lastours ▶ D 12

D 101, http://chateauxlastours.lwd.fr, tgl. Juli/Aug. 9–20, April–Juni, Sept./Okt. 10–17/18, Nov./Dez., Febr./März Sa/So 10–17 Uhr, 5 €

Über dem wilden Tal des **Orbiel** thronen bei Lastours gleich vier Burgen. Vergeblich versuchte Simon de Montfort diese mächtige Festung 1210 zu erstürmen. Erst als sich der Burgherr gegen Zusicherung von Straffreiheit ergab, fiel die Festungsanlage in Feindeshand.

Vom Flusstal führt ein ca. 1,5 stündiger Rundweg zu den Burgruinen mit den klingenden Namen **Cabaret, Tour Régine, Surdespine** und **Quertinheux**. Der Belvédère de Montferrier oberhalb von Lastours gibt einen Überblick über des malerische Quartett auf dem Kamm eines mit Zypressen dunkel getupften Berges.

Im Juli und August rekapituliert ein **Son-et-Lumière-Spektakel** mit Einbruch der Dunkelheit die Geschichte der Burgen. Von den Sitzreihen auf dem Belvédère kann man das dramatische Lichtspiel verfolgen (Do, So ca. 22 Uhr, 7 €, Info Tel. 04 68 77 56 02).

Montolieu ▶ C 13

Der alte Tuchmacherort an den südwestlichen Ausläufern der Montagne Noire lockt seit Beginn der 1990er-Jahre mit gut einem Dutzend Buchläden, Antiquariaten und Buchbinderwerkstätten bibliophile Zeitgenossen an (www.montolieu.net). Im benachbarten **Brousses-et-Villaret** wird in einer Papiermühle aus dem 18. Jh. traditionell Papier geschöpft (Tel. 04 68 26 67 43, www.moulinapapier.com, 45-minütige Führung Juli/Aug. tgl. 11–18, Sept.–Juni Mo–Fr 11, 15.30, Sa/So auch 14.30, 16.30, 17.30 Uhr).

Übernachten, Essen

Design-Herberge – **La Maison Pujol:** 17, rue Frédéric Mistral, 11600 Conques-sur-Orbiel, Tel. 04 68 26 98 18, www.lamaisonpujol.eu, DZ 90 € inkl. Frühstück. Durchgestylt vom ehemaligen Pferdestall – heute das Speisezimmer – über die fünf Gästezimmer bis zum Garten und Pool, dabei jedoch keineswegs kühl oder überkandidelt. Gästetisch 25 €.

Ländlich – **Domaine de la Bonde:** 30, rte. de Caudebronde (D 118), 11390 Cuxac-Cabardès, Tel. 04 68 26 57 16, www.labonde-cuxac.com, DZ 62–85 inkl. Frühstück. Bezauberndes Anwesen in einer ›königlichen‹ Tuchfabrik. Fünf stilvolle Gästezimmer und zwei Apartments mit altem Mobiliar. Vorzügliche Gästetafel (Menü 28 € inkl. Wein). Nathalie Grandin veranstaltet auch Kochkurse. Großer Pool.

Essen & Trinken

Feinschmeckeradresse und Auberge Rurale – **Le Puits du Trésor:** Rte. des Quatre-Châteaux, Tel. 04 68 77 50 24, www.lepuitsdutresor.com, So abends, Mo/Di geschl., Menü 39–55 €. Das ehemalige Fabrikgebäude am Orbiel birgt neben einem schnieken Sterne-Restaurant auch ein Bistro für ein Mittagsessen in legerem Rahmen (Menü 17 €, im Sommer tgl. geöffnet) – beides unter der Regie des kreativen Küchenchefs Jean-Marc Boyer.

Wie in Omas Küche – **Les Anges au Plafond:** Rue de la Mairie, Montolieu, Tel. 04 68 24 97 19, www.lesangesauplafond.com, Di–Mi 12–17.30 Uhr, Menü um 20 €. Fröhlich-buntes Bistro und drei verspielte Gästezimmer (DZ 55–65 € inkl. Frühstück). Italienisch inspirierte Gerichte. Nachmittags gibt es hausgemachtes Eis und Kuchen.

183

Auf Entdeckungstour

Canal du Midi – unter grünem Gewölbe

Einst wurde der Canal du Midi als schneller Transportweg zwischen Atlantik und Mittelmeer von Pierre-Paul Riquet konzipiert. Heute entdecken Reisende auf und am Kanal wieder die Vorzüge der Langsamkeit.

Reisekarte: ▶ F/G 13

Dauer: 1 Tag.

Strecke: Von Le Somail bis Homps und zurück, ca. 50 km.

Radverleih: Belle du Midi, Le Somail, Tel. 04 68 93 53 94, www.canalmidi.com/belledumidivelo.htm. **Mellow Velos,** Paraza, Tel. 06 50 50 01 49, www.mellowvelos.com. Miete ca. 15 €/Tag (Auskunft auch in Englisch).

Zwischen den Meeren

Am 24. Mai 1681 wurde der Canal du Midi, der das Mittelmeer mit dem Atlantik verbindet, feierlich eingeweiht. Pierre-Paul Riquet (1604–80) erlebte die Vollendung seines Traums und Lebenswerks jedoch nicht mehr. Die gigantische Baustelle hatte den kleinen Landadligen aus Béziers sowohl gesundheitlich als auch finanziell ruiniert.

Der Kanal aber brachte den erwarteten wirtschaftlichen Aufschwung. Bis zur Eröffnung der Eisenbahnlinie Ende des 19. Jh. war er der wichtigste Transportweg zwischen Toulouse und Sète. Reisende zogen die komfortable, nur noch vier Tage dauernde Bootsfahrt der Postkutsche vor. Kohle und Holz, Getreide, Wein und Oliven, selbst die Post – alles wurde fortan auf dem Wasser transportiert.

1996 fand das Werk Riquets Aufnahme in das UNESCO-Welterbe. Den Berufsschiffern folgten die Freizeitkapitäne, die bei einer Bootsfahrt auf dem Canal du Midi, bei der zulässigen Höchstgeschindigkeit von acht Stundenkilometern die Hektik des Alltags vergessen.

Auf holprigem Treidelpfad

Den stillen und unaufdringlichen Charme der 300 Jahre alten Wasserstraße kann man keineswegs nur bei einer Bootsfahrt, sondern ebenso gut per Fahrrad entdecken. Besonders schön und abwechslungsreich ist eine Radtour zwischen Le Somail und Homps. Die alte Postschiffstation Le Somail ist einer der idyllischsten Orte am Kanal, der hier von einer für Südfrankreich typischen, buckligen Eselsbrücke überquert wird. An die Brücke schmiegt sich eine kleine Kapelle, in der die Schiffspassagiere seinerzeit himmlischen Beistand für eine glückliche Reise erflehten. Verpflegung und ein Lager für die Nacht fanden sie in einer Herberge gleich gegenüber, die auch heute wieder Reisende aufnimmt. Auch die Hausboote legen gerne über Nacht in Le Somail an. An beiden Seiten des Kanals sorgen Restaurants im Schatten alter Bäume für mediterranes Lebensgefühl. In den Sommernächten (Juli/Aug. Mi) erklingt im Le Comptoir sogar Livemusik.

Vor Tourbeginn kann man sich in dem schwimmenden Tante-Emma-Laden, den Claudine auf der alten Péniche Le Tamata eingerichtet hat, mit Proviant versorgen. Auf dem linksseitigen Treidelpfad startet die manchmal holprige Fahrt unter dem grünen Gewölbe der Platanen Richtung Paraza. 45 000 Bäume – vorwiegend Platanen, aber auch Kiefern und Zypressen – wurden seinerzeit gepflanzt. Ihre Kronen spenden Schatten und verringern die Wasserverdunstung, während ihre Wurzeln die Uferböschungen festigen. (Im Herbst 2008 mussten bedauerlicherweise einige der Baumveteranen wegen Plizbefalls gefällt werden.)

Ca. 1 km hinter dem Örtchen Ventenac-en-Minervois windet sich der Kanal in einer enge Schleife durch die Weinfelder. Hier überqueren die Radfahrer – gemeinsam mit dem Kanal – auf einer Brücke das Flüsschen Répudre. Es ist die älteste (bereits 1676 erbaute) von insgesamt 50 Kanalbrücken, darunter die große *pont-canal* über den Orb in Béziers. In Paraza lädt das Café du Port zu einer Pause ein. Vom Château aus, das über dem Örtchen thront, derigierte Riquet einst die Bauarbeiten.

Von Schleuse zu Schleuse

Weiter geht es – teils auf der Landstraße – vorbei an Roubia nach Argens-Minervois, wo eine erste Schleuse die Fahrt unterbricht. Kanalboote warten

185

hier auf ihre Durchfahrt. Ein vielsprachiges Stimmengewirr hebt an, Hektik kommt auf, doch der Schleusenwärter verliert nicht seine Ruhe und Gelassenheit, während er per Knopfdruck die Schleusentore öffnet.

Auch in den nun folgenden Schleusen von Pechlaurier, Ognon und Homps vollzieht sich dieses Spektakel. Insgesamt gleichen 63 Schleusen auf der 240 km langen Kanalstrecke zwischen Toulouse und Marseillan die Niveauunterschiede aus, darunter auch die neunstufige Schleuse von Fonsérannes bei Béziers und eine kreisförmige Schleuse bei Agde.

In Homps, bis heute einer der größten Kanalhäfen, wurden einst die Weine des Minervois und der Corbières veschifft. In einem alten Lagerhaus am Kai könnte man einige der regionalen Tropfen kosten und kaufen, wenn nicht der Rückweg wäre. Doch zum Mittagsmenü im lauschigen Gartenlokal Les Tonneliers unmittelbar am Kanalufer darf es schon ein Gläschen sein, bevor man wieder das Rad Richtung Le Somail besteigt.

Riquets genialer Plan

Bereits die Römer träumten von einer Verbindung zwischen Mittelmeer und Atlantik. Auch später flammte die Idee eines Kanals zwischen den beiden Meeren wieder auf. Die Projekte scheiterten aber allesamt an der Frage, wie eine solche Rinne zuverlässig mit Wasser versorgt werden sollte.

Erst Pierre-Paul Riquet, der in seiner Funktion als königlicher Steuerbeamter in alle Winkel der Region reiste, fand die Lösung des Problems: Man müsste das Wasser der Montagne Noire in einem Speicherbecken sammeln und von dort dem Kanal an der Seuil de Naurouze, dem Wasserscheidepunkt zwischen Atlantik und Mittelmeer, zuführen.

1662 konnte Riquet den allmächtigen Finanzminister von Sonnenkönig Ludwig XIV., Jean-Baptiste Colbert, vom wirtschaftlichen und strategischen Nutzen eines solchen Wasserwegs überzeugen. Vier Jahre später begannen in Toulouse, wo der Kanal in die Garonne münden sollte, die Aushubarbeiten für die 10–20 m breite und mindestens 1,40 m tiefe Fahrrinne. Gleichzeitig wurde in der Montagne Noire der Stausee von St-Ferréol angelegt. Insgesamt fanden 12 000 Arbeiter 14 Jahre lang Beschäftigung in dem gewaltigen Projekt. Sie legten 355 Bauwerke an sowie den Hafen von Sète, wo der Kanal ins Mittelmeer mündet.

Canal du Midi ▶ D–J 12

Wie ein dunkelgrünes Band zieht sich der Canal du Midi durch die Weinhügel des Biterrois und Minervois. Bei einer Bootsfahrt kann man der Hektik des Alltags entfliehen. Eine Woche dauert die Schiffsreise von Béziers nach Carcassonne, die Fahrt mit dem Auto im Zickzackkurs auf schmalen Sträßchen nur wenige Stunden. Erstes Ziel ist nach **Colombiers** der **Tunel de Malpas,** wo der Kanal in einer 172 m langen Röhre verschwindet. Weiter westlich macht **Capestang,** einst Sommerfrische der Erzbischöfe von Narbonne, durch eine überdimensionierte Kirche (14. Jh.) auf sich aufmerksam.

Bei Mirepeisset zweigt der **Canal de la Robine** ab, der 1789 Narbonne den Zugang zum Canal du Midi eröffnete. Nach knapp 2 km passiert er **Amphoralis,** eine Töpfersiedlung aus gallo-römischer Zeit, die über drei Jahrhunderte Amphoren, Ziegel und Ziegelsteine, Tonröhren und Geschirr in Massenproduktion fertigte (Juli–Sept. tgl. 10–12, 15–19, Okt.–März Di–Fr 14–18, Sa/So auch 10–12 Uhr).

Landschaftlich besonders reizvoll ist die Strecke zwischen **Le Somail** und **Homps,** wo der Kanal mit der Aude auf Tuchfühlung geht (s. Entdeckungstour S. 184). Ab Homps verläuft die gut ausgebaute D 610 in einer weiten, monotonen Ebene. Abwechslung versprechen die Doppelschleuse bei **Puichéric** und die **Ecluse de l'Aiguille,** die von allerlei merkwürdigen Tierskulpturen umringt ist. Letzter größerer Hafen vor Carcassonne ist **Trèbes.**

Essen & Trinken

Genuss am Kanalufer – **Auberge de la Croisade:** Cruzy, Kreuzung D 5/D 36, Tel. 04 67 89 36 36, Di/Mi geschl., Menü 20–50 €. Ein Restaurant, in das man immer wieder gerne einkehrt – herzliche Bewirtung und auf dem Teller delikat zubereitete Spezialitäten der Region.
Bodenständige Küche – **Le Moulin:** 2, rue du Moulin, Trèbes, Tel. 04 68 78 97 57, Menü 23–35 €. In einer ehemaligen Mühle am Ortsrand mit schöner Terrasse direkt an der Schleuse. Mittags großes Vorspeisenbuffet (15 €).

Einkaufen

Ölmühle – **L'Oulibo:** Bize-Minervois, an der D 5, www.loulibo.com. Alles rund um die Olive.
Wein – **Le Chai d'Homps:** 35, quai des Tonneliers, Homps. Über 80 Winzer und Referenzen aus dem Minervois.

Aktiv & Kreativ

Kanalfahrten – **Croisières du Midi:** Homps, Tél. 04 68 91 33 00, www.croisieres-du-midi.com, Ostern–Okt. Entdeckungsfahrten mit der St-Ferréol.

Abends & Nachts

Musikbar – **Plan B:** 135, rue de la Bergerie, 06 72 22 60 47, tgl. 18–2 Uhr. Fine Adresse, ein paar Schritte vom Kanal entfernt, die nicht nur von Touristen besucht wird. Gute Auswahl an Cocktails, regelmäßig Livekonzerte, Billard.

Infos

Maison du Malpas: Rte. de l'Oppidum, 34440 Colombiers, Tel. 04 67 32 88 77, www.lemalpas.com. Informationspavillon mit Boutique.
Internet: www.canalmidi.com.

Das Beste auf einen Blick

Pays Cathare und Pays Narbonnais

Highlights !

Carcassonne: Der mächtige Mauerring, gespickt mit unzähligen großen und kleinen Türmen, lässt die Ritterzeit lebendig werden. Allerdings schuf erst die Romantik diesen Idealtypus der mittelalterlichen Festungsstadt. S. 190

Château de Peyrepertuse: Die größte und beeindruckendste Katharerburg wächst in schwindelerregender Höhe aus einem schroffen Berggrat hervor. Ein unvergessliches Erlebnis ist ein Gleitschirmflug über der Ruine. S. 200

Auf Entdeckungstour

Salin de l'Ile St-Martin: Auf einem Spaziergang durch die Salinen bei Gruissan erfährt man nicht nur, wie aus Meerwasser Salz gewonnen wird, sondern man lernt auch viel über die Natur und Umwelt in diesem fragilen Ökosystem. S. 212

Kultur & Sehenswertes

Abbaye de Fontfroide: Im Mittelalter war die Zisterzienserabtei eines der einflussreichsten Klöster im Süden Frankreichs. S. 205

Narbonne: Einst Kapitale der römischen *provincia gallia narbonensis,* später Bischofssitz mit mächtiger Kathedrale, heute ein ruhiges Provinzstädtchen mit heiterem Flair. S. 206

Forteresse de Salses: Die genial konzipierte Festung markierte bis zum Pyrenäenfrieden die Grenze zwischen Frankreich und Spanien. S. 217

Aktiv & Kreativ

Réserve Africain de Sigean: Im Safaripark am Etang de Bages sind nicht nur die Löwen los. S. 214

Cercle de Voile du Cap Leucate: Der Strand von Les Coussoules, die Etangs und das Meer bieten Wassersportlern viele Möglichkeiten. S. 216

Genießen & Atmosphäre

Castelnaudary: Renommee des Städtchens am Canal du Midi ist das *cassoulet.* Den herzhaften Eintopf serviert hier jedes Restaurant, die Kostprobe für daheim verkauft die Maison Escourrou. S. 195

Mas Amiel: Spezialität des Weinguts sind die schweren, natursüßen *vin doux naturels,* die hier in Glasballons unter freiem Himmel reifen. S. 201

La Rôtisserie: In der Burg von Villerouge-Termenès kann man nach Art der Ritter tafeln. S. 204

Abends & Nachts

Le Bolafoyo: Die Adresse für das Nachtleben in Narbonne mit Restaurant, Club und Tanzfläche. S. 210

Le Lydia: An Bord des gestrandeten Fährschiffs in Port-Barcarès sorgen Restaurant, Bar, Diskothek und Casino für Unterhaltung. S. 216

Pays Cathare und Pays Narbonnais

Über der Ebene der Aude erhebt sich Carcassonne mit zinnen- und turmbewehrten Mauern als Idealbild einer mittelalterlichen Ritterburg. Im weiten, hügeligen Bauernland westlich der Stadt liegt Castelnaudary, die Wiege des *cassoulet*. Aude-aufwärts lädt Limoux zur Verkostung der Blanquette sowie zum Karneval ein. Die Corbières, das ruppige Mittelgebirge zwischen Pyrenäen und der Aude, ist vor allem bei Weinliebhabern bekannt. An schroffe Karsthügel schmiegen sich die grünen AOC-Rebflächen. Die Burgen von Quéribus und Peyrepertuse tragen die Stigmata der Katharerfeldzüge und zeugen von der bewegten Geschichte des Grenzlands zwischen Frankreich und Spanien. Aber auch die Abteien wie Lagrasse und Fontfroide entführen den Besucher in das Mittelalter. Narbonne, einst die älteste Kolonie Roms und eine der bedeutendsten römischen Städte Galliens, ist heute ein reizendes verschlafenes Provinzstädtchen. Nur wenige Kilometer vom Zentrum entfernt locken die Strände des Mittelmeers, wo neben alten Fischer- und Winzerdörfern wie Gruissan und Leucate moderne Ferienzentren entstanden sind.

Carcassonne! ▶ D 13/14

So sollte eine mittelalterliche Ritterburg aussehen: ein mächtiger Mauerring, gespickt mit zahlreichen großen und kleinen Türmen. Dieses als UNESCO-Welterbe (1997) gefeierte musale Ensemble fasziniert jährlich knapp drei Mio. Touristen, und Walt Disney wählte es sogar als Vorlage für sein Dornröschenschloss.

Stadtgeschichte

Erste Siedlungsspuren auf dem an der Aude gelegenen Hügel reichen bis ins 6. Jh. v. Chr. zurück. Unter römischer Herrschaft wurde der wichtige Stützpunkt an der historischen Trasse zwischen Mittelmeer und Atlantik erstmals befestigt. In den folgenden Jahrhunderten bemächtigten sich zunächst Westgoten, später Araber des befestigten Hügels, bevor Pippin ihn schließlich 759 ins Frankenreich eingliederte.

Unter der mächtigen Familie von Trencavel, die als Vizegrafen über Teile des Languedoc herrschten, wurde die Festungsstadt im 12. Jh. weiter ausgebaut. Dennoch widerstand Carcassonne der Belagerung durch das nordfranzösische Kreuzfahrerheer im heißen und trockenen August 1209 nur wenige Tage. Raymond-Roger de Trencavel, der entgegen päpstlicher Anordnung den Katharern Schutz geboten hatte, wurde gefangen genommen und starb wenige Monate später im Kerker. Sein Titel und sein Besitz fielen an Simon de Montfort, den obersten

Infobox

Regionale Websites
www.cg11.fr, www.payscathare.org, www.aude-en-pyrenees.fr, www.escapadesenpaysnarbonnais.com.

Verkehr
Regionalzüge verkehren von Castelnaudary nach Narbonne, von Carcassonne nach Quillan sowie von Narbonne entlang der Küste Richtung Perpignan. Kleinere Orte erreicht man ab Carcassonne, Limoux und Narbonne per Bus. Für die Fahrt zu den Burgen und Klöstern in den Corbières ist das Auto allerdings unentbehrlich.

Carcassonne

Dame Carcas wacht an der Porte Narbonnaise über den Zugang zur Burg

Heerführer der Kreuzfahrer. Sämtliche Einwohner Carcassonnes mussten die Stadt ohne ihr Hab und Gut verlassen.

Carcassonne wurde zu einem wichtigen Militärstützpunkt an Frankreichs Südgrenze ausgebaut und unter Ludwig dem Heiligen Mitte des 13. Jh. durch einen zweiten Mauerring verstärkt. Das gemeine Volk musste die Festungsstadt verlassen und ans linke Aude-Ufer ausweichen, wo auf schachbrettartigem Grundriss die Bastide St-Louis, die Ville Basse, entstand.

Mit dem Pyrenäenfrieden 1659 verlor Carcassonne seine militärische Bedeutung und wurde dem Verfall preisgegeben. Erst 1844 gelang es dem Dichter Prosper Mérimée, seines Zeichens Generalinspektor der historischen Denkmäler Frankreichs, dieser Entwicklung Einhalt zu gebieten. Unter der Ägide des berühmten Architekten Viollet-le-Duc entstand der Idealtypus einer Festungsstadt mit Türmen und Zinnen, die der romantischen Vorstellung der Zeit entsprachen.

Ville Basse

Während die Besuchermassen die mittelalterliche Festung stürmen, bewahrt die Unterstadt (48 000 Einw.) und Verwaltungszentrale des Départements Aude die beschauliche Atmosphäre einer südfranzösischen Kleinstadt. Am lebhaftesten geht es auf dem Wochenmarkt zu, der am Dienstag-, Donnerstag- und Samstagvormittag auf der zentralen **Place Carnot** [1] stattfindet.

Der Hafen des **Canal du Midi** [2] am Nordrand der Unterstadt entstand erst 1810, denn zunächst war der Kanal aus Kostengründen nicht an Carcassonne herangeführt worden.

Cité

Vom Ufer der Aude schweift der Blick über den Pont Vieux (14. Jh.) zu der einzigartigen Festungsarchitektur, die abends märchenhaft illuminiert wird. Hier, an der Flussseite, gibt die kleinere

Pays Cathare und Pays Narbonnais

Porte Aude Durchlass durch den zweifachen Mauerring, während im Osten das Haupttor, die von zwei wuchtigen Türmen flankierte **Porte Narbonnaise**, den Zugang sichert. Eine riesige Büste neben dem Tor erinnert an die Namensgeberin der Stadt, die maurische Burgherrin Carcas. Diese soll durch eine geniale Finte die jahrelange Belagerung der Stadt durch Karl den Großen beendet haben: Als nahezu alle Vorräte aufgezehrt waren, ließ sie das letzte Schwein mästen und über die Burgmauer werfen. Die Feinde verkannten die tatsächliche Lage und zogen ab. Da ließ Carcas die Glocken läuten *(sonner)*, um mit Karl Frieden zu schließen. Eine schöne Geschichte – allerdings historisch unhaltbar!

Promenade de Lices

Von beiden Stadttoren aus erreicht man die Promenade de Lices, das Niemandsland zwischen den beiden gewaltigen von 38 Türmen bewachten Mauerringen. Während intramuros wahre Heerscharen von Touristen die zahlreichen Cafés, Restaurants und unvermeidlichen Souvenirläden in den kopfsteingepflasterten Gassen und Plätzen belagern, herrschen hier vergleichsweise Stille und Leere.

Château Comtal und Remparts

Tgl. April–Sept. 10–18.30, Okt.–März 9.30–17 Uhr, 7,50 €

Umschlossen von Mauerring und Graben, zeigt sich das Schloss der Grafen von Trencavel aus dem 12. Jh. als Festung innerhalb der Festung. Im **Musée Lapidaire** fügen sich Fundstücke aus 2500 Jahren Siedlungsgeschichte zu einer beredten Retrospektive der Cité.

St-Nazaire

Von der romanischen Basilika St-Nazaire, im 10. Jh. begonnen, blieb nur das Langhaus erhalten. Chor und

Die Cité von Carcassonne gilt als das Ideal einer mittelalterlichen Ritterburg

Carcassonne

Querschiff wurden 1269–1330 im Stil der nordfranzösischen Gotik erbaut. Bemerkenswert sind die Glasfenster und Rosetten in Chor und Querschiff.

Übernachten, Essen

Behaglich – **Le Donjon 1**: 2, rue Comte Roger, Tel. 04 68 11 23 00, www.hotel-donjon.fr, DZ 105–158 €. Ein Hotel der Best-Western-Gruppe in drei mittelalterlichen Gebäuden in der Cité. Die 62 Zimmer und Suiten sind teils romantisch mit Antiquitäten, teils modern in aktuellen Farben möbliert. Kleiner Garten. Stylishes Bistro (Tel. 04 68 25 95 72, Menü 16–28 €.). Mit Garage.

Modern und komfortabel – **Les Trois Couronnes 2**: 2, rue des Trois Couronnes, Tel. 04 68 25 36 10, www.hotel-destroiscouronnes.com, DZ 83–120 €, Menü 21–29,50 €. Das Einmalige an diesem Haus ist seine Lage gegenüber der Cité, die man beim Aufstehen und zubettgehen, im Restaurant, in der Bar und sogar im Pool zum Greifen nah vor sich sieht. 68 Zimmer. Mit Garage.

Wie bei Freunden – **La Maison sur la Colline 3**: Chemin de Ste-Croix (von der Tour Narbonnaise Rtg. Friedhof fahren, dann Beschilderung folgen, ca. 2 km), Tel. 04 68 47 57 94, www.lamaisonsurlacolline.com, DZ 80–95 € inkl. Frühstück. Bezauberndes *chambre d'hôte* in ruhiger Lage in den Hügeln oberhalb der Cité. Sechs nostalgisch-verspielte Zimmer. Garten mit Pool. Empfehlenswerter Gästetisch (30 €, auf Reservierung). Sehr familiäre und heimelige Atmosphäre.

Essen & Trinken

Luxus pur – **La Barbacane 1**: Tel. 04 68 71 98 67, www.hoteldelacite.com, März–Okt. Do–Mo nur abends geöff-

Carcassonne

Sehenswert
1. Place Carnot
2. Canal du Midi
3. Porte Aude
4. Porte Narbonnaise
5. Promenade de Lices
6. Château Comtal und Remparts
7. St-Nazaire

Übernachten
1. Le Donjon
2. Les Trois Couronnes
3. La Maison sur la Colline

Essen & Trinken
1. La Barbacane
2. Le Jardin de la Tour
3. Auberge de Dame Carcas

Einkaufen
1. La Maison Cabanel

Abends & Nachts
1. Le Bar à Vins
2. Le Conti

---

net, Menü ab 75 €, Reservierung erwünscht. Michelin-besternte Gourmetadresse im luxuriösen **Hôtel de la Cité**. Für den Aufenthalt in der neogotischen Prachtresidenz muss man tief in die Tasche greifen (DZ ab 310 €).

Romantisch – **Le Jardin de la Tour** 2: 11, rue Porte-d'Aude, Tel. 04 68 25 71 24, nur abends geöffnet, So/Mo außerhalb der Saison geschl., Menü 22–28 €. Das wundervolle Restaurant liegt etwas versteckt an der Stadtmauer. Gemütlicher Gastraum mit riesigem Kamin und verwunschene Gartenterrasse unter Bäumen. Exzellente Cross-Over-Küche. Auch Apéro und Tapas. Manchmal Livemusik. Unbedingt reservieren!

Rustikales Bistro – **Auberge de Dame Carcas** 3: 3, pl. du Château, Tel. 04 68 71 23 23, Mi geschl., Menü 15–25 €. Mitten in der Cité, doch das Preis-Leistungs-Verhältnis stimmt. Auf der Karte bodenständige Rezepte aus dem Südwesten, wie *cassoulet* und pfannengewärmte *foie gras*.

Einkaufen

Wein und Spirituosen – **La Maison Cabanel** 1: 72, Allée d'Iéna. Die Distillerie von 1868 ist eine Institution in Carcassonne und berühmt für ihren hausgemachten Pastis, den Aperitif *L'Or Kina*, den Likör *La Micheline* und – ganz ohne Alkohol – die köstliche Grenadine aus echten Granatäpfeln.

Abends & Nachts

Weinbar – **Le Bar à Vins** 1: 6, rue du Plô, Tel. 04 68 47 38 38, 9–23 Uhr. Schattige Gartenterrasse an der Stadtmauer, offene Weine, Tapas, dezente Musik.

Musikkneipe – **Le Conti** 2: 16, rue de l'Aigle d'Or, 23–5 Uhr, Mo geschl. In der Bar nahe der Place Carnot wird oft bis zum frühen Morgen ausgelassen gefeiert. Offene Weine und Tapas.

Infos & Termine

Office de Tourisme
28, rue de Verdun, 11890 Carcassonne, Bastide St-Louis, Tel. 04 68 10 24 30, www.carcassonne-tourisme.com und www.carcassonne.culture.fr. Nebenstelle in der Cité, Porte Narbonnaise.

Termine
14. Juli: Traumhaftes Feuerwerk am Abend des Nationalfeiertags und Ball auf der Place Carnot.
Festival de la Cité: Juli. Konzerte, Theater-, Tanz- und Operndarbietungen auf der Freilichtbühne des Grand Théâtre (www.festivaldecarcassonne.com).
Spectacles Médiévaux: Juli/Aug. Ritterturniere, Mittelaltermarkt, Ton- und Lichtspiele.

Verkehr
Bahn: Gare SNCF am Kanalhafen. Mehrmals tgl. Verbindung nach Nar-

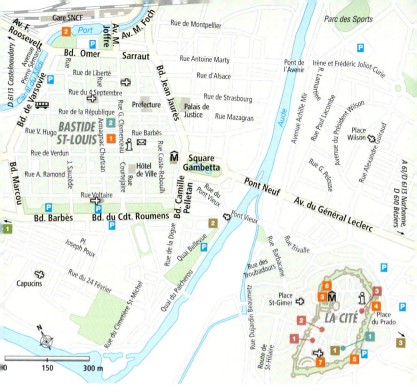

bonne, Castelnaudary, Limoux und Quillan.
Bus: Gare routière, bd. de Varsovie, Tel. 04 68 25 13 74 und 04 68 25 85 45.
Innerstädtisch: Zwischen Unterstadt und Cité Mitte Juni–Sept. tgl. Pendelbusse, ganzjährig Mo–Sa Buslinie 2.
Pkw: Kostenpflichtige Parkplätze an der Porte Narbonnaise. Im Sommer überfüllt!

Castelnaudry ▶ B 13

Nordwestlich von Carcassonne durchfließt der Canal du Midi die fruchtbare Ebene des **Laugarais,** die Wiege der Katharerbewegung in Südfrankreich. Auf halbem Weg nach Toulouse liegt das bäuerlich geprägte **Castelnaudary** (11 600 Einw.), das sich stolz als Weltkapitale des *cassoulet* anpreist. Mit Carcassonne und Toulouse wetteifert es um das beste Rezept für diesen gehaltvollen Eintopf, der während der Belagerung der Stadt im Hundertjährigen Krieg als Kraftspeise aus den letzten Vorräten zusammengemischt worden sein soll. Nicht nur bei der *Fête du Cassoulet* Ende August wird das Gericht in allen Gasthäusern vor Ort serviert.

Riquet ließ in Castelnaudray einen wichtigen Kanalhafen anlegen. Im 7 ha großen **Grand Bassin,** das zur Versorgung der vier Schleusen von **St-Roch** dient, spiegeln sich die Häuser und die gotische Kirche **St-Michel** mit dem spitzen, 56 m hoch aufragenden Glockenturm. Ein Besuch des Städt-

Pays Cathare und Pays Narbonnais

Limoux ▶ C 15

Der Karneval, dessen Ursprünge ins 14. Jh. datieren, und die Blanquette de Limoux, Frankreichs ältester Schaumwein, haben die ehemalige Textilstadt an der Aude (10 200 Einw.) überregional bekannt gemacht.

Stolz reckt sich die gotische Pfarrkirche **St-Martin** mit spitzem Turm über die Altstadt und den **Pont Neuf** (1329), der in zahlreichen Bögen die Aude überspannt. Im Herzen der Altstadt liegt der große, von Arkaden gefasste **Place de la République.** In der Karnevalszeit, die hier von Mitte Januar bis in den April dauert, defilieren täglich dreimal an jedem Samstag und Sonntag maskierte Gruppen im Tanzschritt vor den Cafés des Platzes. Gut besucht sind auch die Cafés unter den Platanen der **Promenade du Tivoli,** obwohl hier der Durchgangsverkehr vorbeirauscht.

Mein Tipp

Deftiges aus einem Topf
Die Tradition verlangt, dass das *cassoulet* nur mit Zutaten aus der Region Laugarais in der *cassole,* einem rostbraunen irdenen Topf, über Stunden in Gänseschmalz geköchelt wird. Grundlage des Eintopfs sind weiße Bohnen, Speckschwarte und Knoblauch, die durch Würste, Enten- oder Gänseconfit sowie Schweinefleisch gehaltvoll ergänzt werden. Berühmt für ihr *cassoulet* ist die **Metzgerei Escourrou.** Die Kostprobe für daheim gibt es hier in der Konservendose oder im dekorativen Tontopf (30, rue de Dunkerque).

chens empfiehlt sich vor allem zum traditionellen Montagsmarkt.

Essen & Trinken

Keine leichte Kost – **La Crêpe:** Rue Général-de-Gaulle, im Vorort Les Crozes, Tel. 04 68 23 19 07, Sa geschl., Menü 13–35 €. Das Restaurant ist weiß Gott nicht schick, aber hier isst man das beste *cassoulet* weit und breit. Serge Villanova bereitet den deftigen Eintopf nach dem Rezept seiner Großmutter zu.

Aktiv & Kreativ

Kanalfahrten – **Le St-Roch:** Quai du Port, Tel. 04 68 23 49 40, www.saintroch11.com. April–Okt. Ausflüge auf dem Canal du Midi von einer halben Stunde bis zu einem Tag. Außerdem Boots- und Fahrradverleih.

Übernachten, Essen

Bodenständigkeit mit Stil – **Grand Hôtel Moderne et Pigeon:** 1, pl. Général Leclerc, Tel. 04 68 31 00 25, www.grandhotelmodernepigeon.fr, DZ 122–169 €, Restaurant Mo, Di, Sa abends geschl., Menü 27 (mittags)–50 €. Traditionshaus in einem stattlichen Gebäude mit wechselvoller Geschichte. 14 elegante, sehr unterschiedlich eingerichtete Zimmer. Ausgezeichnete klassische Küche. Bei der Auswahl der Weine steht Chef-Sommelier Olivier Zavattin beratend zur Seite.

Einkaufen

Blanquette – **Caves du Sieur d'Arques:** av. du Mauzac (Richtung Chalabre). Kellereibesichtigung mit Filmvorführung zur Blanquette-Herstellung sowie

Gratis-Verkostung und natürlich Verkauf.
Für Naschkatzen – **Confiserie Bor:** 23, av. Fabre-d'Eglantine. Nougat aus eigener Herstellung sowie andere süße Spezialitäten aus Limoux.

Infos & Termine

Office de Tourisme
5, Promenade du Tivoli, 11300 Limoux, Tel. 04 68 31 11 82, www.limoux.fr.

Termine
Carnaval de Limoux: Januar bis Ostern, s. S. 34.

Quercorb ▶ B/C 15/16

Von Limoux lohnt ein Abstecher ins Quercorb, den gebirgigen, grünen Westen des Département Aude. Die D 620 schraubt sich hoch über zwei kleinere Pässe und dann hinunter ins Tal des Hers nach **Chalabre.** Der pittoreske Ort mit Fachwerkfassaden und sehenswerter Markthalle ist nach Art der Bastide rundum befestigt.

Das **Château de Puivert,** 8 km südlich, war einst französische Grenzfeste zum Königreich von Aragón. Von der älteren Burg aus dem 12. Jh., 1210 von Simon de Montfort belagert und eingenommen, blieb nur eine Ruine. Die neuere Burg (14. Jh.) mit dem 35 m hohen Donjon wird hingegen nach und nach restauriert und zeigt im Innern schöne Gewölbesäle (Mai–Mitte Nov. 9–19, Mitte Dez.–April 10–17 Uhr, 5 €). Einen lebendigen Einblick in die traditionellen Handwerke im Pyrenäenvorland und in die Kunst der Troubadoure gibt im Ort Puivert das **Musée de Quercorb** (www.quercorb.com, tgl. Mitte Juli–Aug. 10–19, April–Mitte Juli, Sept. 10–12.30, 14–18, Okt. 14–17 Uhr, 4 €).

Der Tanz der Masken im Carneval de Limoux

Pays Cathare und Pays Narbonnais

Von Limoux nach Axat ▶ C 15_17

Das obere Aude-Tal verbindet die mediterran geprägte Ebene des Languedoc mit der alpinen Landschaft der Pyrenäen. **Alet-les-Bains,** dessen Thermalquellen bereits die Römer schätzten, konnte innerhalb eines Mauerrings aus dem 12. Jh. ein charmantes historisches Zentrum bewahren. Von der einst bedeutenden Abtei (11. und 14. Jh.) blieben nach den Religionskriegen allerdings nur Ruinen übrig.

Vor allem Schatzsucher und Okkultisten fühlen sich magisch von **Rennes-le-Château** angezogen, das in aussichtsreicher Lage über der Aude thront. Die Gerüchte um einen verborgenen Schatz wurden geschürt, als der Pfarrer Saunière Ende des 19. Jh. an der Dorfkirche und am Pfarrhaus aufwendige Bauarbeiten durchführen ließ und zudem mit seiner Haushälterin in Saus und Braus lebte. Hatte er die Schatulle der Westgoten oder Templer gefunden, oder war er sogar auf den Heiligen Gral gestoßen? Das Geheimnis um die Herkunft seiner Mittel nahm er mit ins Grab.

Mitte des 19. Jh. entwickelte sich rund um **Espéraza** das Hutmacherhandwerk zur wichtigsten Wirtschaftskraft. 16 Hutfabriken zählte das Örtchen Anfang des 20. Jh. Heute arbeitet nur noch ein Betrieb im benachbarten Montazels. Anschaulich demonstriert das **Musée de la Chapellerie** die Entstehung eines Filzhutes (tgl. 10–12, 14–18, Juli/Aug. 10–19 Uhr). Besuchermagnet in Espéraza sind allerdings die lebensgroßen Saurierskelette im **Musée des Dinosaures,** das auch die Arbeit der Paläontologen in den nahe gelegenen Ausgrabungen dokumentiert (www.dinosauria.org, tgl. Juli/Aug. 10–19, Febr.–Juni, Sept./Okt. 10.30–12.30, 13.30–17.30 Uhr, 7 €)

Südlich von **Quillian,** dem zentralen Städtchen an der oberen Aude, zwängt sich der Fluss zwischen 700 m senkrecht aufragenden Granitfelsen hindurch, dem **Défilé de Pierre-Lys.** Erst Anfang des 19. Jh. wurde der Durchbruch für eine Straße geschaffen, wobei der Dorfpfarrer von St-Martin-Lys selbst Hand anlegte, woran der Name *trou de curé* erinnert. Südlich von **Axat** folgen mit den **Gorges de St-Georges** und **Gorges de l'Aude** weitere atemberaubende Streckenabschnitte.

Aktiv & Kreativ

Extremsport – **Association Pyrène:** Camping du Pont-d'Aliès, 11140 Axat, Tel. 04 68 20 52 76, www.pyrenerafting.com. Rafting, Hydrospeed, Canyoning auf der Aude, außerdem Eselritte.

Château de Puilaurens ▶ D 17

Oberhalb von **Lapradelle** hebt sich die Silhouette der Burgruine stolz gegen den Himmel ab. Mit Aguilar, Quéribus, Termes und Peyrepertuse bildete Puilaurens als einer der ›Fünf Söhne von Carcassonne‹ eine Verteidigungslinie an der Grenze zum Königreich Aragón. Die ausgeklügelte Militärarchitektur war uneinnehmbar und widerstand auch den Heeren der Kreuzfahrer. Mit dem Pyrenäenfrieden verlor die Festung ihre Bedeutung und wurde Wind und Wetter sowie schließlich den Touristen überlassen. Ein Waldweg führt

Château de Peyrepertuse – Katharerburg auf hohem Fels

Pays Cathare und Pays Narbonnais

in 15 Minuten zur Ruine in 700 m Höhe (Juli/Aug. 9–20, April–Juni, Sept. 10–18, Okt. 10–17, Nov.–März Sa/So 10–17 Uhr, Jan. geschl., 3,50 €).

Übernachten, Essen

Nostalgisch – **Hostellerie du Grand Duc:** 11140 Gincla, Tel. 04 68 20 55 02, www.host-du-grand-duc.com, DZ 72–78 €, Menü 30–60 €. Herrenhaus im Wald von Boucheville. Zwölf geräumige, bourgeoise Zimmer. Raffinierte, klassische Küche (Mi mittags geschl. außer Juli/Aug.).

Gorges de Galamus

▶ E 16

Achtung: Die Schlucht kann nicht von Wohnmobilen befahren werden!
Östlich von Axat hat das Flüsschen Agly eine tiefe und wilde Klamm in den Südrand der Corbières gefräst. Vom Belvedere aus entdeckt man die Einsiedelei **St-Antoine-de-Galamus,** die sich im Talgrund unter Steilwände duckt. Zu Fuß ist die Kapelle mit der Einsiedlergrotte in 15 Minuten zu erreichen. Im Sommer lädt der Agly zu einem erfrischenden Bad ein. Unter bedrohlich überhängenden Felsbrocken bahnt sich die Straße ihren Weg durch das Gesteinschaos. An manchen Stellen scheinen sich die steil abfallenden Felsen fast zu berühren.

Château de Peyrepertuse! ▶ E 16

D 14, www.chateau-peyrepertuse. com, tgl. Juli/Aug. 9–20.30, Juni, Sept. 9–19, April/Mai, Okt. 10–18.30, *Febr./März, Nov/Dez. 10–17 Uhr, 5 €. Achtung: Zugang bei starkem Wind und Unwetter gesperrt!*
Diese größte und beindruckendste mittelalterliche Burg in den südlichen Corbières musste niemals ihre Wehrkraft unter Beweis stellen, denn der Burgherr unterwarf sich freiwillig der französischen Krone. Über zwei Ebenen erstreckt sich die Anlage auf einem imposanten Berggrat in 780 m Höhe. Die kühne Silhouette der Ruine, die mit dem Fels verschmolzen zu sein scheint, ist nur von Norden aus zu sehen.

Vom Parkplatz oberhalb von **Duilhac-sous-Peyrepertuse** führt ein beschwerlicher Waldweg in 20 Minuten zur Unterburg aus dem 11./12. Jh. Von dort geht es weiter über eine schwindelerregende, in den Fels gemeißelte Treppe zum jüngeren **Château Sant-Jordi** (St-Georges), das 1242 unter der Regie Ludwig des Heiligen erbaut wurde. Nach dem Pyrenäenfrieden im Jahr 1659 verlor die Festung ihre Bedeutung. Sie wurde während der Französischen Revolution zerstört, als die Bauern der umliegenden Dörfer die Mauern zum Bau ihrer Häuser abtrugen.

Aktiv & Kreativ

Gleitschirmflug – **Oser voler:** Rte. de Vingrau, 11350 Tuchan, Tel. 06 76 75 18 91, www.didier-trocqueme-parapente. com. Wie ein Vogel die Ruine von Peyrepertuse umkreisen, ist ein unvergessliches Erlebnis. Etwas Mut gehört dazu. Doch im Tandemgleiter bei Didier ist man sicher aufgehoben.

Termine

Festival Médiéval: Mitte Aug. Eines der größten Mittelalterspektakel in Südfrankreich mit Rittern und Gauklern.

Cucugnan ▶ F 16

Das Weindorf liegt für motorisierte ›Kreuzritter‹ strategisch günstig zwischen den beiden Katharerburgen Quéribus und Peyrepertuse. Alphonse Daudet hat den Ort in den »*Lettres de mon Moulin*« literarisch verewigt. Eine audiovisuelle Vorführung des Klassikers zeigt das **Théâtre Achille-Mire** im Sommer fortlaufend (5 €).

Auf dem höchsten Punkt der Bergkuppe, an die sich das Dorf schmiegt, drehen sich die Flügel der authentisch restaurierten **Moulin d'Omer**. Sie demonstriert die Funktionsweise einer Windmühle und veranschaulicht das Handwerk des Müllers (in der Saison tgl. 9–19 Uhr, sonst Info unter Tel. 04 68 33 55 03, 2 €).

Übernachten, Essen

Rustikaler Landgasthof – **Auberge du Vigneron:** 2, rue Achille-Mir, Tel. 04 68 45 03 00, www.auberge-vigneron.com, DZ 49–65 €, Restaurant Mo geschl., Menü 28–38 €. Stimmungsvolles Restaurant in einem alten Weinkeller. Auf der Terrasse hat man das Château de Quéribus im Blick. Sechs gepflegte Zimmer.

Aktiv & Kreativ

Reiten – **Cheval Cathare:** Michel Layral, Tel. 04 68 45 05 37, http://cheval cathare.free.fr, Mai–Okt. Reiterhof 500 m südöstl. von Cucugnan. Schnuppertouren sowie mehrtägige Ausritte.

Infos

Office de Tourisme: 11350 Cucugnan, Tel. 04 68 45 03 69, www.queribus.fr.

Villerouge-Termenès

Château de Quéribus ▶ F 16

D 123, www.queribus.fr, tgl. Juli/Aug. 9–20, April–Juni, Sept. 9.30–19, Febr./März, Okt.–Dez. 10–17/18 Uhr, 5 €,
Wie ein Adlerhorst thront die Burgruine, beherrscht von dem massigen eckigen Hauptturm, in 729 m Höhe auf einem windumpeitschten Felsdorn über dem Bergsattel von Maury. Der nur 10-minütige, aber anstrengende Anstieg (Vorsicht bei Wind!) wird belohnt mit einem atemberaubenden Blick auf die Ebene des Roussillon und die Hügel der Fenouillèdes, über die der Pic du Canigou sein markantes Haupt erhebt. Nach dem Fall von Montségur (1244) war Quéribus die letzte Zufluchtsstätte der Katharer. Zehn Jahre später wurde die Festung nach sehr kurzer Belagerung kampflos übergeben und diente bis zum Pyrenäenfrieden als französische Grenzfeste.

Einkaufen

Wein – **Mas Amiel:** Maury, Tel. 04 68 74 21 02. Renommiertes Weingut am Fuß der Corbières im Schatten von Quéribus. Eine besondere Spezialität sind seine Süßweine *(vin doux naturels),* die zunächst in Glasballons *(bonbonnes)* unter freiem Himmel reifen.

Villerouge-Termenès ▶ F 15

Juli/Aug. tgl. 10–19.30, April–Juni, Sept.–Mitte Okt. Di–So 10–13, 14–18, Febr./März, Mitte Okt.–Dez. Sa/So 10–17 Uhr, 6 €
Der Anblick der trutzigen Burg mit ihren vier Ecktürmen, um die sich die

Lieblingsort

Abbaye de Fontfroide – Einkehr im Kloster ▶ G 14
Die Abteikirche und der Kreuzgang aus dem 12./13 Jh. sind mit ihren perfekten Proportionen und ihrer schlichten Eleganz ein außerordentlich schönes Beispiel zisterziensischer Architektur. Trotz des touristischen Andrangs bewahrt der Ort seine mystische Ausstrahlung (Öffnungszeiten s. S. 205).

Häuser eines mittelalterlichen Weilers scharen, lässt die Epoche der Ritter lebendig werden. 1321 wurde hier Guilhem Bélibaste, der letzte ›Vollkommene‹, auf dem Scheiterhaufen verbrannt, womit die Katharerbewegung im Languedoc ihr offizielles Ende fand. Eine Audioführung im perfekt restaurierten Burggeviert beleuchtet sowohl das Schicksal von Bélibaste als auch die Geschichte von Villerouge.

Essen & Trinken

Mittelalter-Romantik – **La Rôtissererie:** Tel. 04 68 70 06 06, So abends, Mo geschl., Menü 36–51 € inkl. Wein. Mittelalterliche Bankette im ehemaligen Pferdestall der Burg. Bedienung in Kostümen der Zeit. Speis und Trank nach Ritterart.

Lagrasse ► F 14

Seinem pittoresken Erscheinungsbild sowie der malerischen Lage am Orbieu inmitten von Weinbergen verdankt Lagrasse (600 Einw.) die Aufnahme in die Liste der ›schönsten Dörfer Frankreichs‹. Im Mittelalter stellte der durch eine Stadtmauer geschützte Ort den wichtigsten Handelsplatz der Corbières dar. In diese Epoche datiert auch die alte von steinernen Pfeilern getragene offene **Markthalle** (1315).

Eine **Eselsbrücke** (12. Jh.) verbindet das Dorf mit der im Jahr 779 gegründeten Benediktinerabtei **Ste-Marie d'Orbieu,** eines der ältesten und mächtigsten Klöster im Languedoc. Im 12. Jh. erstreckte sich sein Besitz über die Pyrenäen bis nach Saragossa. Bis in das 18. Jh. wurde die Klosteranlage immer wieder baulich verändert und ergänzt. Während der Revolution erfolgten die Teilung und der Verkauf des Klosteranwesens. Heute gehört es teils der öffentlichen Hand, teils dem Orden der *chanoines.*

Abbaye Bénédictine

Tgl. Juli–Sept. 10–19, Febr.–April, Okt./Nov. 10–12.30, 14–17/18 Uhr, 4 €
Die mittelalterlichen Gebäude, die sich um den Hof des **Palais Vieux** (Ende 13. Jh.) gruppieren, sind im Besitz der öffentlichen Hand. Besondere Beachtung verdienen die Fresken in der **Chapelle St-Barthélémy.**

Abbaye des Chanoines

www.chanoines-lagrasse.com, Juni–Sept. Fr–Mi 15.15–17.25, Okt.–Mai Sa/So 15.15–17.25 Uhr, 4 €
2004 fand die Abtei mit den *chanoines* zu ihrer eigentlichen Bestimmung zurück. Der Orden hat es sich aber auch zur Aufgabe gemacht, die von ihm übernommenen Gebäude wieder in Stand zu setzen. Dazu gehören die gotische **Abteikirche,** die im 13. Jh. auf den Fundamenten eines karolingischen Bauwerks entstand, der wuchtige **Glockenturm** (16 Jh.) sowie das feudale **neue Abtpalais** im Stil des Klassizismus (17./18. Jh.) samt Kreuzgang und Klostergarten.

Übernachten, Essen

Ungestörte Ruhe – **Hostellerie des Corbières:** 9, bd. de la Promenade, Tel. 04 68 43 15 22, http://hostelleriecorbieres.free.fr, DZ 70–90 €, Menü 22–35 €. Sechs schöne Zimmer mit Dielenböden und Stilmöbeln – aber ohne Chichi, ebenso wie die entschlackt regionale Küche. Terrasse mit Blick auf die Weinberge. Charmante Bewirtung.
Im Reich der Zikaden – **La Fargo:** 11220 St-Pierre-des-Champs (ca. 5 km südl. von Lagrasse), Tel. 04 68 43 12 78, www.lafargo.fr, DZ 65–85 €, nur à la

carte ca. 30–40 €. Eine alte Schmiede aus Naturstein mitten im Grünen, sechs luftige Zimmer und auf dem Teller frische Mittelmeerkost (Di–Fr abends, Sa/So mittags, Juli/Aug. Di–So mittags und abends geöffnet).

Essen & Trinken

Garantiert Bio – **Le Temps des Courges:** 3, rue des Mazels, Tel. 04 68 43 10 18, Di, Mi mittags geschl., Menü 22–28 €. Hier wird nur mit frischen Produkten vom Bauernhof gekocht, auch Vegetarier kommen auf ihre Kosten. Auf der Weinkarte stehen Appellationen der Region. Entspannte Atmosphäre.

Infos

Office de Tourisme: 6, bd. de la Promenade, 11220 Lagrasse, Tel. 04 68 43 11 56, www.lagrasse.com.

Abbaye de Fontfroide ▶ G 14

D 613, www.fontfroide.com, einstündige Führungen tgl. Juli/Aug. 10–18, April–Juni, Sept./Okt. 10.15, 11.15, 12.15, 13.45, 14.30, 15.15, 16, 16.45, Nov.– März 10, 11, 12, 14, 15, 16 Uhr, 9 €

In einem weltabgeschiedenen Tal der Corbières entstand Ende des 11. Jh. eine Mönchsgemeinschaft nach den Regeln des hl. Benedikts. Nachdem sich diese Gemeinschaft 1144 den Zisterziensern angeschlossen hatte, entwickelte sich eines der einflussreichsten Klöster Südfrankreichs, das zu einem geistigen Bollwerk gegen die Häresie werden sollte. So bestieg im 14. Jh. sogar ein Abt von Fontfroide als Benedikt XII. den Papststuhl in Avignon.

Während der Revolution aufgelöst, diente die Klosteranlage als Krankenhaus, bevor sie 1908 endgültig in Privatbesitz wechselte und nach allen Regeln der Kunst restauriert wurde. Beachtung verdienen die Fenster, die Anfang des 20. Jh. von einem Glaskünstler geschaffen wurden. Mit Blumen geschmückte Höfe, gepflegte Terrassengärten mit schlank aufragenden Zypressen sowie der ockergelbe Sandstein verleihen der Abtei ein hohes Maß an Charme. Im Sommer finden zahlreiche Veranstaltungen statt.

Massif de Fontfroide ▶ G 14

Zum Reiz von Fontfroide trägt nicht unwesentlich die Lage in typischer Corbières-Landschaft bei, die man auf Spazierwegen durchstreifen kann. 30 Minuten benötigt man für den Aufstieg zum Kreuz auf dem Felssporn über dem Kloster. Der Weg ist steinig und steil, das Panorama grandios. 30 Minuten führt der *sentier des vignes* durch die Rebflächen rund um das Kloster. In ca. 3 Stunden kann man das Massiv komplett umrunden, wobei sich Blicke auf Narbonne, die Küste mit den Etangs, die Pyrenäen und die Montagne Noire ergeben (Wegbeschreibungen im Klostershop).

Übernachten, Essen

Ein Handwerker de Luxe – **Auberge du Vieux Puits**, 11360 Fontjoncouse, Tel. 04 8 44 07 37, www.gilles-gouion.fr, DZ 115–250 €, Restaurant So abends, Mo/Di geschl., Mitte Juni–Mitte Sept. nur Mo mittags, Menü 58 (mittags)– 118 €. Mit meisterlicher Kochkunst hat Gilles Goujon das winzige Corbières-Dorf in der Welt der Gastronomie berühmt gemacht – Michelin verleiht

Pays Cathare und Pays Narbonnais

zwei Sterne. Wer nach opulentem Mahl ein Nachtquartier sucht, findet in der Auberge oder im Maison des Chefs vierzehn schnörkellos elegante Zimmer und Suiten.

Infos

Maison des Terroirs: Château de Boutenac, www.aoc-corbieres.com. Die Winzervereinigung der AOC-Corbières informiert über die elf lokalen *terroirs* und die Winzer, außerdem Veranstaltungen rund um das Thema Wein und *dégustation*.

Narbonne ▶ H 14

An die glorreiche Vergangenheit als Hafen und Kapitale der römischen *provincia gallia narbonensis,* als Residenz der westgotischen Könige sowie als Sitz eines Erzbischofs konnte Narbonne (51 000 Einw.) in seiner späteren Geschichte nicht mehr anknüpfen. Mit der Versandung der Aude und dem damit einhergehenden Verlust des Hafens im 14. Jh. geriet die Stadt ins Abseits. Und auch heute spielt sie im Département Aude nur die zweite Rolle nach Carcassonne.

Mit Erzbischöflichem Palast und der Kathedrale, deren majestätische Silhouetten bereits aus der Ferne den Blick auf sich lenken, bewahrt Narbonne beeindruckende Zeugnisse des Mittelalters. Von der römischen Stadt *narbo martius* blieben hingegen nicht mehr als eine Steinsammlung, unterirdische Lagerräume und die Ausgrabungen des Clos de la Lombarde erhalten.

Der von Promenaden gesäumte Canal de la Robine, der in einem alten Bett der Aude durch die Altstadt geführt wird, verleiht Narbonne eine heitere, mediterrane Note. Er verbindet die Stadt mit dem Meer und dem Canal du Midi.

Quartier de Cité

Palais des Archevêques 1
Museen April–Sept. tgl. 9.30–12.15, 14–18, Okt.–März Di–So 10–12, 14–17 Uhr, je 3,70 €
In der Cité am linken Ufer der Aude bzw. des heutigen Canal de la Robine residierten vom Ende des 11. Jh. bis zu Beginn des 19. Jh. die Erzbischöfe. Ihr Palast und die angrenzende Kathedrale beherrschen bis heute den Rathausplatz, über den die Trasse der *via domitia* verläuft. Der verschachtelte Palais des Archevêques, in dem sich das

Rathaus sowie das archäologische Museum und das Kunstmuseum befinden, ist über mehrere Jahrhunderte hinweg immer wieder umgestaltet worden. Ältester Baukörper ist rechter Hand der romanische **Palais Vieux** (12. Jh.), der direkt an die Kathedrale grenzt. Links neben dem alten Palais wurde im 14. Jh. der **Palais Neuf** errichtet. Seine dem Platz zugewandte Fassade wurde im 19. Jh. von Viollet-le-Duc im neugotischen Stil umgestaltet. Die äußere linke Ecke des Gebäudeensembles markiert der mächtige **Donjon Gilles-Aycelin** (13. Jh.), dessen Wehrgang in 42 m Höhe eine schöne Aussicht über die Stadt bis hin zum Massif de la Clape gewährt (9–12, 14–18, Juli–Sept. 10–18 Uhr). Eingerahmt von der **Tour de la Madeleine** (13. Jh.) und der **Tour St-Martial** (14. Jh.) führt die **Passage de l'Encre** zu den hübschen Innenhöfen der Palais und zum Kreuzgang der Kathedrale (Höfe 8–20 Uhr).

Im Palais Vieux zeigt das **Musée Archéologique** neben Fundstücken aus Neolithikum sowie griechischer und gallo-römischer Epoche eine einzigartige Sammlung römischer Fresken und Mosaiken, die bei den Grabungen im Clos de la Lombarde freigelegt wurden. Exponate zur Lokalgeschichte, Fayencen aus großen französischen Manufakturen, Tapisserien aus Beauvais sowie Gemälde des 16.–20. Jh. vereint das **Musée d'Art et d'Histoire** in den ehemaligen Gemächern der Erzbischöfe (17. Jh.).

Die gotische Kathedrale überragt Narbonne himmelhoch

Narbonne

Sehenswert
1. Palais des Archevêques
2. Cathédrale St-Just
3. Horreum
4. Notre-Dame-de-Lamourguié
5. Collégiale St-Paul
6. Maison Natale de Charles Trenet

Übernachten
1. La Résidence
2. Le Régent

Essen & Trinken
1. La Table Saint-Crescent
2. Le Petit Comptoir
3. L'Estagnol

Einkaufen
1. Les Halles

Aktiv & Kreativ
1. Les Coches d'Eau

Abends & Nachts
1. Le Botafogo

Cathédrale St-Just 2
Tgl. 9–12, 14–18, Juli–Sept. 10–19 Uhr
Neben dem Bischofspalast strebt die gotische Kathedrale zum Himmel. Mit 40 m Scheitelhöhe zählt das Chorgewölbe zu den höchsten in Frankreich. Der Grundstein für den Chor, den Papst Clemens IV., ehemals Erzbischof von Narbonne, eigens aus Rom schickte, wurde 1272 gelegt. Nach Vollendung des Chors 1332 stockten die Arbeiten und der von Türmen flankierte westliche Abschluss der Kathedrale blieb bis heute ein Provisorium. Die **Schatzkammer** der Kathedrale birgt u. a. einen kostbaren flämischen Wandteppich, in den aus Seide und Goldfäden die Schöpfungsgeschichte gewebt ist (15. Jh.). In der **Chapelle de Bethléem** fällt ein monumentaler Altaraufsatz mit reichem Skulpturenwerk aus farbigem Stein (14. Jh) ins Auge. Das Strebewerk der Kathedrale, aus dem sich zahlreiche wasserspeiende Dämonen hervorrecken, kann vom **Kreuzgang** (14. Jh.) und vom **Jardin des Archevêques** (18. Jh.) aus begutachtet werden.

Horreum 3
7, rue Rouget de Lisle, April–Sept. tgl. 9.30–12.15, 14–18, Okt.–März Di–So 10–12, 14–17 Uhr, 3,70 €
Die unterirdischen Galerien aus dem 1. Jh. v. Chr. einen Eindruck von der Art und Weise, in der die Römer ihre Vorräte aufbewahrten. Das Horreum, in das man von der Rue Rouget de Lisle hinabsteigt, stellt das einzige intakte antike Bauwerk in Narbonne dar.

Quartier de Bourg

Notre-Dame-de-Lamourguié 4
April–Sept. tgl. 9.30–12.15, 14–18, Okt.–März Di–So 10–12, 14–17 Uhr, 3,70 €
Im ehemaligen Bourg, der Stadt der Vizegrafen, stößt man auf das gotische Gotteshaus (13. Jh.). Ab 1868 wurde der Kirchenraum als **Lapidarium** zweckentfremdet, als man hier Steine der abgebrochenen Stadtmauer deponierte. In vier Reihen türmen sich an die 1300 Steinquader, u. a. römische Grabsteine mit gemeißelten Inschriften und Friese, die im Mittelalter beim Bau der Stadtmauer verwendet worden waren. Eine Multimediashow erweckt den Steinfriedhof zum Leben und gibt Einblicke in die Stadtgeschichte.

Collégiale St-Paul 5
Tgl. 9–12, 14–18 Uhr, So nachmittags geschl.
Der Glockenturm der Kirche, die romanische und gotische Architekturelemente vereint, setzt einen markanten Sichtpunkt am rechten Kanalufer. St-Paul wurde über dem Grab des ersten Bischofs von Narbonne erbaut. Im Innern amüsiert das Weihwasserbecken mit dem Frosch. Da das Tier während der Messe zu laut quakte, wurde es an Ort und Stelle versteinert.

Maison Natale de Charles Trenet 6
April–Sept. Mi–Mo 10–12, 14–18 Uhr, sonst nur nachmittags, 5,20 €
Für Liebhaber des französischen Chansons ist das Geburtshaus des Sängers eine wahre Fundgrube – »Y a d'la joie!«

Übernachten

Klassische Eleganz – **La Résidence** 1: 6, rue du 1er Mai, Tel. 04 68 32 19 41, www.hotelresidence.fr, DZ 66–100 €. Nah am Zentrum, aber dennoch ruhig gelegenes altes Stadtpalais mit Marmortreppe, hohen Stuckdecken, Kronleuchtern und Seidentapeten. 26 bequem eingerichtete Zimmer, denen einige Antiquitäten Charme verleihen.

Moderne Bäder. Von Nr. 33 und 34 erblickt man die Türme der Kathedrale.
Einfach und adrett – **Le Régent** 2: 50, rue de la Mosaïque, Tel. 04 68 2 02 41, www.leregentnarbonne.com, DZ 38–56 €. Freundliches Familienhotel in einem ruhigen Viertel. 15 Zimmer – teils etwas bieder, teils modern aufgepeppt – die preiswertesten mit Etagenbad. Zimmer Nr. 16 und 17 im Anbau haben Zugang zum kleinen Gärtchen, Nr. 10 und 11 zur Dachterrasse, Parken kein Problem. Mit Fahrradgarage.

Essen & Trinken

Haute cuisine ohne Allüren – **La Table Saint-Crescent** 1: Im Palais du Vin, 68,

Pays Cathare und Pays Narbonnais

av. du Général-Leclerc (N 9 Rtg. Perpignan), Tel. 04 68 41 37 37, www.la-table-saint-crescent.com, Sa mittags, So abends, Mo geschl., Menü 25 (mittags), 40–70 €. Die unvorteilhafte Lage am Stadtrand ist unter dem kühlen Gewölbe einer alten Kapelle schnell vergessen. Die mit einem Stern ausgezeichneten Kochkünste des jungen Chefs Lionel Giraud lohnen allemal den Abstecher – etwa Tartar von St-Jacques-Muscheln mit Sesamöl und grüner Zitrone. Die Weinkarte erweist dem Languedoc die Ehre.

Im Bistrostil – **Le Petit Comptoir** 2 : 4, bd. du Maréchal Joffre, Tel. 04 68 42 30 35, So/Mo geschl., Menü 25–35 €. Das nostalgisch eingerichtete Restaurant ist eine der beliebtesten Adressen der Stadt. Der *patron* legt beim Einkauf großen Wert auf Frische und Qualität. Und das schmeckt man. Unbedingt reservieren!

Der Klassiker neben den Hallen – **L'Estagnol** 3 : 5 bis, cours Mirabeau, Tel. 04 68 65 09 27, So, Mo abends geschl., Menü 17–28 €. Gut besuchte Brasserie mit Terrasse am Kanal. Fisch und Meeresfrüchte sind stets frisch.

Einkaufen

Markthalle – **Les Halles** 1 : Bd. du Docteur-Ferroul, tgl. 7–13 Uhr. Durch die prächtige Markthalle aus der Belle Epoque weht dank des reichen Angebots an Fisch und Meeresfrüchten immer eine frische Meeresbrise. Impressionen aus dem Eröffnungsjahr der Halle 1901 zeigen große Schwarzweißfotografien an der Fassade.

Aktiv & Kreativ

Kanalfahrten – **Les Coches d'Eau** 1 : Cours Mirabeau, Tel. 04 68 90 63 98. Bootsfahrt nach Port-la-Nouvelle oder zum Canal du Midi (Rückfahrt per Bus).

Abends & Nachts

Bar-Restaurant – **Le Botafogo** 1 : 8, av. des Pyrénées, Tel. 04 68 41 95 09, Di–So 11–2 Uhr, Menü 22–29,50 €. Das Restaurant mit Bar im Erdgeschoss ist indonesisch inspiriert, der Zagora Club im Keller dagegen marokkanisch. Zuerst kann man hier gut essen, dann dreht der DJ den Ton auf und heizt die Stimmung an.

Infos

Office de Tourisme: 31, rue Jean-Jaurès 11100 Narbonne, Tel. 04 68 65 15 60, www.narbonne-tourisme.com.
Pass Monuments et Musées: 7,50 €. Eintritt zu den vier städtischen Museen, zu Donjon und Schatzkammer.

Verkehr
Bahn: Gare SNCF, av. Carnot, Verbindungen nach Montpellier, Perpignan, Carcassonne.
Bus: Gare routière, bd. du Docteur-Auge, neben dem Bahnhof.
Innerorts: Pendelbus *La Narbonnette* kostenlos Mo–Sa zwischen Parc des Exposition (AB-Ausfahrt West) und Stadtzentrum.

Montagne de la Clape ▶ H/J 14

Zwischen Narbonne und dem Meer türmt sich die Montagne de la Clape auf und unterbricht die endlose flache Sandküste. Zwar ist das Massif mit 214 m nicht sonderlich hoch, gibt sich aber mit Schluchten und Felskämmen recht verwegen. Zahlreiche Wander- und Reitwege durchqueren die ruppige Garriguelandschaft. An den Hängen der Montagne gedeihen vorzügliche Rotweine, darunter einige *crus*.

Ein geologisches Rätsel gibt der **Gouffre de l'Oeil Doux** oberhalb von St-Pierre-sur-Mer auf, ein mit Salzwasser gefülltes kraterähnliches Loch (Baden gefährlich!). Weitere Ausflugsziele sind die hoch über dem Meer bei Gruissan gelegene Kapelle **Notre-Dame-des-Auzils** sowie der benachbarte Seemannsfriedhof.

Während von **St-Pierre-sur-Mer** über den Jachthafen **Brossolette** bis nach **Narbonne-Plage** zahlreiche Ferienhäuser und kleinere Apartmentanlagen die Küste säumen, sind die Aude-Mündung im Norden sowie der Lido am **Etang de Mateille** im Süden weitgehend unverbaut.

Cité de la Vigne et du Vin ▶ J 14

Domaine de La Pech Rouge, nahe Les Ayguades, Tel. 04 68 75 22 62, www.cite-vigne-vin.com, Juli/Aug. 10–20 Uhr, Rest des Jahres unter Vorbehalt 14–18 Uhr, 6 €

Die interaktive Ausstellung rund um das Thema Wein des Agrarfoschungsinstituts INRA ist nicht nur lehrreich, sondern auch abwechslungsreich. Eine Weinverkostung gehört ebenfalls zum Programm. Im Außenbereich zeigt ein 5000 m² großer Wingert Rebarten aus aller Welt.

Abends & Nachts

Chillout im Weinberg – **Le Bouïs Bar:** Château le Bouïs: 11430 Gruissan (ab Kreisverkehr D 32/D 332 ausgeschildert), Tel. 04 68 75 25 25, www.chateau

lebouis.fr, April–Sept. Weinbar und Tapas-Restaurant auf einer Domaine oberhalb des Etang de Mateille. Am Freitagabend wird Lifemusik geboten – meist Jazz oder Flamenco. Empfehlenswert sind die AOC-Weine, die vor Ort verkauft werden. Drei großzügige, schöne Apartments bzw. *chambres d'hôte* für Feriengäste (DZ ab 100 €).

Gruissan ▶ H/J 14

Schneckenhausförmig gruppieren sich die Häuser des alten Fischerhafens, der zwischen den Etangs am Fuß der Montagne de la Clape liegt, um die Ruine der **Tour Barberousse**. Die Burg bewachte einst die Hafenzufahrt nach Narbonne. Neben der Fischerei stellte die Salzgewinnung in Gruissan eine wichtige Erwerbsquelle dar.

Um 1850 kamen die ersten Narbonnais zur Erholung ans Meer und errichteten direkt am Strand relativ einfache Ferienhäuschen aus Holz, die sie zum Schutz gegen das Meer auf Stelzen setzten. Noch heute besteht **Gruissan-Plage** aus diesen kuriosen Chalets *(les pilotis)*, die stets ein wenig vernachlässigt wirken. Regisseur Jean-Jacques Beinex nutzte sie 1986 als Kulisse im Film »Betty Blue – 37,2 Grad am Morgen«. Südlich der Siedlung erstreckt sich ein weiter Naturstrand.

Unmittelbar neben dem alten Fischerdorf wurde in den 1970er-Jahren aus ockergelben und rotfarbenen Betonteilen **Gruissan-Port** zusammengefügt, ein modernes Ferienzentrum mit Marina (3400 Einw.).

Übernachten

Am Jachthafen – **Le Corail:** Quai Ponant, Tel. 04 68 49 04 43, www.monalisahotels.com, DZ 65–93 €. 32 frisch re-

Auf Entdeckungstour

Salin de l'Ile St-Martin – Naturkunde und Chemie

Seit Zeitengedenken versteht es der Mensch, das Wasser des Meeres in Salzkristalle zu verwandeln. Hierzu braucht es nicht viel mehr als Sonne und Wind. All das gibt es im Languedoc-Roussillon im Übermaß.

Reisekarte: ▶ H 14

Ort: Salin de l'Ile St-Martin, Gruissan, Tel. 04 68 49 59 97, www.salins.com.

Dauer: Etwa 2 Std., Spaziergang durch die Salzgärten 1.30 Std.

Öffnungszeiten: Ecomusée tgl. März–Okt. 9.30–12.30, 14–18, Juli/Aug. bis 19 Uhr, der Eintritt ist frei. Führungen (frz.) durch die Salinen Juli/Aug. tgl. 9.30, 11, 14.30, 16, 17.30 Uhr, März–Juni, Sept./Okt. Mi, So 10.30, 14.30 Uhr sowie auf Anfrage, 6,60 €.

Das weiße Gold des Meeres

Die ersten Salzgärten der Region legten die Römer bei Aigues-Mortes an. Zahlreiche weitere Salinen folgten im Lauf der Jahrhunderte zwischen Hyères an der Côte d'Azur und Canet im Roussillon.

Die Salin de l'Ile St-Martin wurde 1911 eingerichtet. Das hier gewonnene Salz fand Verwendung bei den Fischern an der Küste, bei den Metzgern im Haut Languedoc sowie bei den Gerbern in Millau. Zuletzt produzierte man in Gruissan jährlich bis zu 20 000 t Salz ausschließlich für die Enteisung der Straßen. Neben dem Empfangs- und Museumsgbäude erinnert eine *camelle*, ein Berg aus Salz, an die letzte Ernte im großen Stil. Innen dokumentieren Gerätschaften, Fotos und Lagepläne sowie Filme die Geschichte der Salzgewinnung. So gewappnet beginnt der Spaziergang durch die Salzgärten, die eine Fläche von 345 ha einnehmen.

Die Alchemie des Salzes

Im März wird das Meerwasser mittels elektrischer Pumpen über ein Kanalsystem in die flachen Verdunstungsbecken *(partènements)* befördert. Dort zirkuliert es unter den wachsamen Augen des *maître saunier*, des Salzmeisters. Abhängig von der Topografie der Saline und dem Wetter reguliert er den Wasserfluss.

Unter dem Einfluss von Sonne und Wind, insbesondere dem trockenen *cers* aus dem Norden, verdunsten schließlich 90 % des Wassers. Übrig bleibt eine konzentrierte Lauge mit 260 g Salz pro Liter, die zwecks Kristallisierung in Trockenbecken *(tables salantes)* gepumpt wird.

Das Wasser in diesen Becken leuchtet in den charakteristischen Tönen von rosarot bis grell violett. Für dieses Farbwunder ist eine mikroskopisch kleine Alge verantwortlich, die Karotin produziert und zudem von einem winzigen Krebs, *Artemia salina*, gefressen wird.

Sobald der *saunier* das Restwasser aus den Becken ablaufen lässt, wird ein 4–7 cm dicker Salzkuchen sichtbar. Diesen trägt man in der Salin de l'Ile St-Martin im Juli und August wieder nach Vorväter Sitte in Handarbeit ab. Mit Holzschaufeln werden dabei viele kleine Salzpyramiden *(gerbes)* zum Trocknen aufgetürmt. Nach einer guten Woche kann das Salz dann mit Schubkarren abtransportiert werden.

In hübschen Dosen und Säckchen verpackt, wird es im Museumsshop angeboten. Besonders begehrt ist die *fleur de sel*, die sich während der Nacht auf der Salzlake absetzt und früh morgens mit rechenartigen Werkzeugen abgeschöpft werden muss. Einst war das besonders feinkörnige und delikate Salz ausschließlich den *maître saunier* vorbehalten.

Salzliebende Fauna und Flora

Auch wenn die Salinen in Gruissan in Zeiten der Globalisierung nicht mehr rentabel sind, so ist ihr Erhalt ein Anliegen von Naturschützern. Denn hier gedeihen salzliebende, teils geschützte Pflanzen wie Queller, Strandflieder oder Strand-Sode. Außerdem finden Seeschwalben, Säbelschnäbler, Regenpfeifer und Schnepfen in den Salinen reichhaltige Nahrung und ideale Nistplätze. Im Frühjahr sind daher einige Wege für Besucher gesperrt. Emblemvogel der Salinen ist der Flamingo. Zu seiner Lieblingsspeise zählen die kleinen Krebse, die sein Gefieder rosa färben.

Nachdem die Salzproduktion gedrosselt wurde, ist ein Teil der Verdunstungsbecken für die Austernzucht geflutet worden. Die Anfänge sind erfolgversprechend.

Pays Cathare und Pays Narbonnais

novierte Balkonzimmer in fröhlichen Farben in einem modernen Haus. Restaurant und Terrasse mit Hafenblick (Menü ca. 24 €).

Essen & Trinken

Auf der Höhe der Zeit – **G Restaurant:** 12, av. des Dunes, Plage les Chalets, Tel. 04 68 32 61 46, Mo geschl., Menü ab 35 €. Angesagte coole Adresse im Lounge-Stil und eine entschlackt regionale Küche.
Fisch und Meeresfrüchte – **L'Estagnol:** 12, av. de Narbonne, Gruissan-Village, Tel. 04 68 49 01 27, So abends, Mo geschl., Menü 24–30 €. Beliebte Adresse in einem alten Fischerhaus am Etang mit schattiger Terrasse.

Aktiv & Kreativ

Wassersport – **Gruissan Windsurf:** Base de Mateilles, Tel. 04 68 49 88 31, Base des Chalets, Tel. 04 68 49 33 33, www.gruissan-windsurf.com. Surfen und Segeln im Etang oder Meer. Unterricht und Materialverleih.

Infos & Termine

Office de Tourisme
1, bd. du Pech Maynaud, 11430 Gruissan, Tel. 04 68 49 09 00, www.gruissan-mediterranee.com.

Termine
Fête des Pêcheurs: 29. Juni. Schiffsprozession mit Segnung der Boote.

Etang de Bages ▶ H 14/15

Am Westufer des Strandsees liegt auf einem Felssporn das pittoreske Fischerdorf **Bages**. Besonders reizvoll ist die Weiterfahrt auf der D 105 zwischen Wasser und Weinfeldern nach **Peyrac-de-Mer**. Am Ortseingang von **Port-la-Nouvelle** stört eine Zementfabrik die idyllischen Ufer des Etang. Der Industrie- und Fischereihafen ist Endstation der Ausflugsboote von Narbonne auf dem Canal de la Robine. Südlich der langen Mole, die Ziel vieler Angler und Spaziergänger ist, erstreckt sich ein schöner Sandstrand.

Réserve Africaine de Sigean ▶ H 15

Sigean, Tel. 04 68 48 20 20, www.reserveafricainesigean.fr, tgl. 9–18.30, im Winter bis ca.16 Uhr, 24 €
Größter Besuchermagnet am Etang de Bages ist der Safaripark. In einer afrikanisch anmutenden Steppenlandschaft tummeln sich auf 300 ha mehr als 3800 Wildtiere – Löwen, Zebras, Giraffen, Elefanten und viele andere Arten. Im eigenen Pkw nähert man sich ihnen auf einer 6 km langen Rundfahrt. Darüber hinaus kann man sich auf gesicherten Wegen auch zu Fuß auf die Pirsch begeben.

Terra Vinea ▶ G 15

Portel-des-Corbières, www.terra-vinea.com, Führungen Mo–Sa 14.30–16, So 13.34–16.45, 8,50 €, Verkauf tgl. 10.30–17.45
Die Winzer in Portel-des-Corbières haben einen außergewöhnlichen Lagerplatz für ihre Weinfässer gefunden. Ihre guten Tropfen reifen nämlich in den Stollen eines alten Gipsbruches rund 80 m unter der Erde. Eine einstündige Besichtigung mit anschließender Verkostung gibt Einblick in das unterirdische Depot.

Etang de Leucate

Essen & Trinken

Mit Seeblick – **Le Portanel:** La Placette, Bages, Tel. 04 68 42 81 66, So abends, Mo geschl. Menü 25–40 €. Eine zauberhafte Adresse, um die Propukte des Etangs zu genießen. Dazu zählt Aal in allen Variationen. Aber auch die Fleischgerichte sind gut.

Etang de Leucate

▶ H 16/17

Der zweitgrößte Etang des Languedoc-Roussillon, wahlweise nach den Orten Leucate oder Salses benannt, erstreckt sich über die beiden Départements Aude und Pyrénées-Orientales. Im Norden reicht das Weinanbaugebiet von **Fitou** bis an seine Ufer. Auf einem Felsplateau überschaut das Winzer- und Fischerdorf **Leucate** die Lagune. Der Erfolg der Austern- und Muschelzucht im Etang de Thau bei Sète bewog die Fischer von Leucate zu Beginn der 1960er-Jahre, ebenfalls in dieses Gewerbe einzusteigen.

Zwischen dem Sandbuckel **Les Coussoules,** das Reich der Strandsegler und Camper, und dem Etang schiebt sich **Cap Leucate** ins Meer. In den kleinen Badeorten **La Franqui** und **Leucate-Plage** zu beiden Seiten des Felsruckens geht es nach wie vor mediterran gemächlich zu.

Ganz anders verhält es sich auf dem sich südlich anschließenden Lido, der von Bungalowsiedlungen und Apartmentanlagen überwuchert wird. Ungeachtet der Departementgrenze sind **Port-Leucate** und **Port-Barcarès** zu einer riesigen Betonwüste verschmolzen, die mit einem weitläufigen Jachthafen und einem vielfältigen Wassersport- und Freizeitangebot jährlich bis zu 200 000 Urlauber anzieht. Permanent wohnen in dem Doppelort nur ca. 6500 Menschen.

Mein Tipp

Lieu d'Art contemporain ▶ H 15
Der holländische Maler Piet Moget hat ein Weinlager am Etang de Leucate in eine Galerie moderner Kunst verwandelt. Neben eigenen Arbeiten präsentiert er jeden Sommer die Werke junger Künstler (Hameau du Lac, nördl. von Sigean, Tel. 04 68 48 83 62, http://lac.narbonne.com, Mi–Mo Juni–Aug. 15–19, Sept. 14–17 Uhr, 3 €).

Übernachten

Unmittelbar am Strand – **La Côte Rêvée:** 55, Av du Front de Mer, Tel. 04 68 40 72 72, www.coterevee.com, DZ 52–60 €. Einfaches Elf-Zimmer-Haus am Fuß des Cap Leucate. Vorzugsweise wählt man selbstverständlich ein Zimmer mit Meerblick. Sommerliches Restaurant mit Terrasse und Strandbar.

Essen & Trinken

Tafelfreuden – **La Cave d'Agnès:** 29, rue Salamo, Fitou (Oberdorf), Tel. 04 68 45 75 91, Mi, Do mittags geschl., Menü 23–37 €. An heißen Tagen ist es angenehm kühl unter dem Steingewölbe der ehemaligen Schäferei, abends genießt man die frische, reichhaltige Küche auf der hübschen Terrasse.
Spanien lässt grüßen – **Le Calamar en Folie:** Bd. des Coussoules, La Franqui, Tel. 04 68 45 63 66, außerhab der Saison Mo geschl., Menü ca. 24 €. Tapas,

Pays Cathare und Pays Narbonnais

Paella oder *calmar à la plancha* in einer Bodega mit Blick auf den Etang.

Aktiv & Kreativ

Wassersport – **Cercle de Voile du Cap Leucate (CVCL):** Av. de la Pinède, Tel. 09 71 37 59 32, http://cercledevoile.free.fr. Segeln und Surfen im Etang und Meer, Strandsegeln an der Plage des Coussoules. Kurse und Ausrüstung.

Abends & Nachts

Glücksspiel und Unterhaltung – **Le Lydia:** La Grande Plage, Tel. 04 68 86 07 13, www.partouche.com. Symbol von Port-Barcarès ist das griechische Fährschiff Lydia, das 1967 absichtlich auf Sand gesetzt wurde und eine originelle Location für das Nachtleben darstellt. An Bord findet man ein Restaurant, eine Diskothek und ein Casino.

Infos & Termine

Office de Tourisme
Espace Culturel, 11370 **Port-Leucate,** Tel. 04 68 40 91 31, www.leucate.net. Pl. de la République, 66420 **Port-Barcarès,** Tel. 04 68 86 16 56, www.portbarcares.com.

Termine
Mondial du Vent: Ende April, Weltmeisterschaft im Kite- und Windsurfen an der Plage des Coussoules.
Sol y Fiesta: Anf. Mai, Straßenfest mit Musik, Theater und Tanz in Leucate.

Stelldichein mit Wind und Wellen – Surfer an der Plage des Coussoules

Verkehr

Bahn: Gare SNCF, nördl. von Leucate. Verbindungen mit Narbonne und Perpignan. Im Sommer Pendelbusse zwischen dem Bahnhof, Leucate und den übrigen Ortsteilen.

Forteresse de Salses ▶ G 16

Salses-le-Château, www.monum. fr, tgl. Juni–Sept. 9.30–19, Okt.–Mai 10–12.15, 14–17 Uhr, letzter Einlass 1 Std. vor Schließung, 6,50 €

Die Ebene zwischen den Hängen der Corbières und dem Ufer des Etang de Leucate wird von dem mächtigen Bollwerk von Salses beherrscht. Ferdinand von Aragón ließ es 1497 an der Nordgrenze seines Königreichs errichten. Die halb in den Boden gebaute Festung auf rechteckigem Grundriss mit einer bis zu 11 m dicken Schutzmauer ist ein einmaliges Beispiel der Militärarchitektur zu Beginn der Neuzeit. Unter französischer Regie wurde das Fort 1691 nach Plänen des königlichen Baumeisters Vauban verstärkt, um gegen Artillerieangriffe gewappnet zu sein. Doch da hatte Salses bereits seine militärische Bedeutung eingebüßt. Denn die Befestigungslinie verlief seit dem Pyrenäenfrieden 1659 entlang der natürlichen Grenze auf dem Pyrenäenkamm.

Essen & Trinken

Zu Gast auf dem Weingut – **Domaine de Rombeau:** Av. de la Salanques (D 12B), 66600 Rivesaltes, Tel. 04 68 64 35 35, www.domaine-de-rombeau.com, Menü 23–44 €. Unter der hohen Balkendecke des ehemaligen Weinlagers werden katalanische Gerichte, z. B. auf Rebenholz gegrillte Fisch- und Fleischspezialitäten, aufgetischt. Dazu gibt es gute, preisgünstige Weine aus eigener Produktion. Angeschlossen ist im Ort das moderne 60-Zimmer-Hotel **Des Vignes** (DZ ca. 60 €).

Tautavel ▶ F/G 16/17

Av. Grégory und av. Anatole France, www.tautavel.com, tgl. Juli/Aug. 10– 19, April–Juni, Sept. 10–12.30, 14–18, Okt.–März bis 17 Uhr, Audioführung auch auf Deutsch, 7 €

Mit dem sensationellen Fund eines 450 000 Jahre alten menschlichen Schädels rückte das Weinbauerndorf Tautavel 1971 in den Fokus archäologischer Untersuchungen und wurde zu einem Zentrum prähistorischer Forschung. In einem Museumskomplex, der das **Musée de Préhistoire** und das **Musée des Premiers Habitants de l'Europe** umfasst, werden die Ausgrabungsergebnisse präsentiert. Mittels modernster Technik geht man auf eine spannende Reise zu den Anfängen der Menschheitsgeschichte in Europa. Die naturgetreue Nachbildung der **Caune de l'Arago,** in der die Funde gemacht wurden, fehlt ebenso wenig wie die des *homme de Tautavel.* Fliehende Stirn, wülstige Augenbrauen und tiefliegende Augen charakterisieren diesen etwa 1,60 m großen Urmenschen, der zur Spezies des *homo erectus* gehört.

Essen & Trinken

Heiter und gelassen – **Le Petit Gris:** Rte. d'Estagel, Tautavel, Tel. 04 68 29 42 42, Okt.–Mai Mo geschl. sowie abends außer Fr/Sa, Menü 20–30 €. Im gepflegten Kamin brutzeln katalanische Grillspezialitäten, wie z. B. die *petits gris* genannten Weinbergschnecken. Sehr hübsche Terrasse.

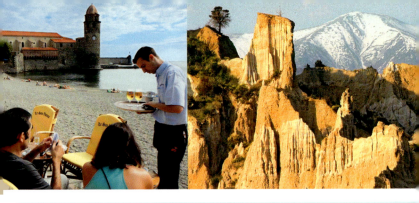

Das Beste auf einen Blick

Roussillon und Pyrenäen

Highlight!

La Côte Vermeille: Tief im Süden endet der Golfe du Lion in der faszinierenden ›roten‹ Felsenküste. Das Blau des Himmels und das Blau des Meeres überbieten sich hier an Tiefe und Leuchtkraft. Auf Terrassen über dem Meer stehen Rebstöcke in endlosen Zeilen Spalier. In enge Buchten schmiegen sich charmante Fischer- und Winzerorte. S. 228

Auf Entdeckungstour

Klöster am Fuß der Pyrenäen: Die Abteien St-Michel-de-Cuxa und St-Michel-du-Canigou sowie die Prieuré de Serrabonne zeugen vom Genie romanischer Baumeister und Steinmetze. S. 240

Train Jaune: In Villefranche-de-Conflent besteigt man die gelbe Schmalspurbahn, die durch etliche Tunnel und über atemberaubende Brücken hinauf in die Cerdagne zu Frankreichs höchstem Bahnhof rumpelt. S. 246

Kultur & Sehenswertes

Perpignan: Die katalanisch-spanische Vergangenheit prägt bis heute den Rhythmus der Stadt, die einst Residenz der Könige von Mallorca war. S. 220

Collioure: Die Maler Matisse und Dérain entdeckten zu Beginn des 20. Jh. das Fischerdorf und machten es berühmt. S. 230

Villefranche-de-Conflent: Die Festungsstadt im engen Tal der Têt wurde von Vauban zur Sicherung der französischen Grenze ausgebaut. S. 244

Aktiv & Kreativ

Sentier sous-marin: Der Unterwasserlehrpfad bei Banyuls gibt Schnorchlern Einblicke in das Ökosystem der Felsenküste. S. 236

Pic du Canigou: Vom Chalet des Cortalets schafft man es in zwei Stunden hinauf zum Gipfelkreuz auf 2784 m Höhe. S. 244

Genießen & Atmosphäre

Cellier des Templiers: Die traditionsreiche Domäne ist in Banyuls erste Adresse für die Verkostung des natursüßen roten Weins. S. 235

Tour des Parfums: Der Turm im mittelalterlichen Burgdorf Mosset lädt ein in die Welt der Düfte. S. 244

Bains chauds: In den warmen Thermalquellen von St-Thomas, Llo und Dorres kann man nach einem anstrengenden Tag in den Bergen herrlich relaxen. S. 245, 249

Abends & Nachts

Perpignan: In der Altstadt ziehen die Nachtschwärmer von Bar zu Bar, die Auswahl ist groß, die Stimmung temperamentvoll. S. 225

Bar des Templiers: Eine Institution in Collioure ist die urige Schänke, deren Wände unzählige Gemälde schmücken. S. 232

Roussillon und Pyrenäen

Zwischen Bergen und Meer inmitten einer fruchtbaren, von Agly, Têt und Tech bewässerten Ebene liegt Perpignan, das im Mittelalter kurze Zeit Residenz der Könige von Mallorca war. Südlich der Stadt findet die Küste des Golfe du Lion ihr grandioses Ende in der Côte Vermeille, deren Farben- und Lichtspiel Anfang des 20. Jh. zahlreiche Maler begeisterte. Die bunten katalanischen Barken und der knubbelige Glockenturm von Collioure waren ihr bevorzugtes Motiv. Von der Küste, wo erstklassige Weine gedeihen, steigen das Tal des Tech an der Südflanke des Canigou sowie das Tal der Têt an seiner Nordflanke in die alpine Welt der Pyrenäen empor. Mediterrane Korkeichenwälder und Garrigue weichen mit zunehmender Höhe dem Grün von Eichen und Buchen, bis schließlich Nadelhölzer und ausgedehnte Almweiden die Vegetation bestimmen. Keine Autostunde von den Stränden entfernt laden die alpinen Hochtäler von Cerdagne und Capcir zum Wandern oder im Winter zum Skilaufen ein. Festungsstädte wie Prats-de-Mollo, Mont-Louis oder Villefranche-de-Conflent bewachten hier einst die Grenze nach Spanien. Die mittelalterlichen Klöster St-Michel-de-Cuxa und St-Martin-du-Canigou künden davon, dass in abgelegenen Pyrenäentälern Architekturgeschichte geschrieben wurde.

Perpignan ▶ G 17

Seit gerade mal 350 Jahren gehört die Präfektur des Départements Pyrénées-Orientales zu Frankreich (108 000 Einw.). Die katalanisch-spanische Vergangenheit prägt bis heute Rhythmus und Temperament von *Perpinyà*, dem geistigen und kulturellen Zentrum Kataloniens diesseits der Pyrenäen. Dass Perpignan aber auch eine moderne, europäische Stadt sein will, demonstrieren ehrgeizige Architekturprojekte wie das neue Stadtviertel um den alten Bahnhof, in dem Salvador Dalí 1965 den »Nabel der Welt« sah, und der Bau des Théâtre de l'Archipel nach Plänen des Stararchitekten Jean Nouvel.

Infobox

Regionale Websites
www.little-france.com, www.reseauculturel.fr, www.parc-pyrenees-catalanes.fr.

Verkehr
Von Parpignan fahren Regionalzüge über Elne an die Côte Vermeille bis nach Cerbère sowie durchs Tal der Têt nach Villefranche. Nach Thuir, Céret und ins Vallespir besteht Busverbindung. Kleinere Ortschaften und die Pyrenäentäler sind nur per Pkw zu erreichen.

Geschichte

Die Geschichte Perpignans beginnt mit einer römischen Villa am Südufer der Têt. Um das Jahr 1000 errichteten hier die Grafen des Roussillon ihre Residenz, die Ende des 12. Jh. mangels Erben dem Grafen von Barcelona, seines Zeichens König von Aragón, unterstellt wurde. Ihren politischen und wirtschaftlichen Höhepunkt erlebte die Stadt ab 1276 als Festlandskapitale der Könige von Mallorca. Doch die Herrlichkeit dauerte nur 68 Jahre: 1344 fiel das Inselkönigreich zurück an das Stammhaus Aragón.

Bis zum Pyrenäenfrieden 1659 war Perpignan Zankapfel spanischer und

Perpignan

Gemütlich den Tag ausklingen lassen: im Schatten des Castillet von Perpignan

französischer Interessen. Schließlich verleibte Richelieu Perpignan und das Roussillon der französischen Krone ein, wobei ihm die Unzufriedenheit der Katalanen mit der absolutistischen Regierung in Madrid zu Gute kam. Ungeachtet der politischen Grenzen blieb jedoch die kulturelle Einheit Kataloniens beidseitig der Pyrenäen bestehen. Nicht zuletzt wird die neue TGV-Verbindung die Schwesterstädte Perpignan und Barcelona wieder enger zusammenschweißen.

Altstadt

Das historische und touristische Zentrum Perpignans strahlt ursrpüngliche mediterrane Atmosphäre aus. Das Netzwerk aus kleinen Sträßchen und Plätzen mit hübschen Boutiquen, zahlreichen Cafés und Restaurants brummt tagsüber vom Stimmengewirr der Passanten, während abends die Nachtschwärmer von Bar zu Bar ziehen.

Castillet [1]
Mi–Mo Mai–Sept. 10–18.30, Okt.–April 11–17.30 Uhr, 4 €
Wahrzeichen Perpignans ist der burgartige Torbau (14. Jh.) mit seinem Kostüm aus rotem Ziegelmauerwerk, über dem stets die katalanische Flagge weht. Er ist das einzige Überbleibsel der zu Beginn des 20. Jh. geschleiften Stadtmauer und beherbergt die **Casa Païral,** ein Museum der katalanischen Volkskunde. Von der Turmterrasse hat man eine grandiose Aussicht auf Stadt und Umland mit der Silhouette des Canigou am Horizont.

Cathédrale St-Jean [2]
Tgl. 7.30–18.30 Uhr
Die Kathedrale wurde 1324 von den Königen von Mallorca als eines der größten und prächtigsten Gotteshäuser im Roussillon konzipiert. Doch die kurze Herrschaftszeit setzte den ambitionierten Plänen ein vorzeitiges Ende. Hinter der schlichten Westfassade, die von einem **Uhrturm** mit schmiedeei-

Perpignan

Sehenswert
1. Castillet
2. Cathédrale St-Jean
3. Campo Santo
4. Place de la Loge
5. Musée Hyacinthe Rigaud
6. St-Jacques
7. Palais des Rois de Majorque

Übernachten
1. Villa Duflot
2. Park Hôtel
3. New Hôtel Christina

Essen & Trinken
1. La Galinette
2. La Route du Tanger
3. Casa Sansa
4. Le Saint-Jean

Einkaufen
1. Marché de la Place Cassanyes
2. Marché aux Puces
3. Aux Bonnes Olives
4. Creuzet-Romeu
5. Gil & Jean
6. Laviose

Abends & Nachts
1. Republic Café
2. Les Trois Soeurs
3. Le Habana Bodeguita

---

sernem Glockenkäfig (18. Jh.) flankiert wird, verbirgt sich ein beeindruckend großer, einschiffiger **Kirchenraum** im Stil der südfranzösischen Gotik.

Neben Altären aus dem 16. und 17. Jh. zählt das hölzerne Kruzifix **Dévôt Christ,** das in der gleichnamigen Kapelle aufbewahrt wird, zu den wertvollsten Ausstattungsgegenständen der Kathedrale. Die ausdrucksstarke Christusfigur wurde im frühen 14. Jh. von einem rheinischen Künstler gefertigt. Jährlich soll sie ihren Kopf ein wenig mehr zur Schulter neigen, berührt sie diese, steht das Weltenende bevor, so die Legende.

Links an die Kathedrale grenzt **St-Jean-le-Vieux,** die älteste, im Jahr 1025 geweihte Kirche der Stadt. Rechter Hand liegt der **Campo Santo** 3, ein ungewöhnlicher Friedhof aus dem 14. Jh. in Form eines Kreuzgangs (Di–So Okt.–April 11–17.30 Uhr).

Place de la Loge 4

Die Place de la Loge gilt vielen als der Nabel Perpignans. Unberührt vom quirligen Treiben überblickt die bronzene *Venus* von Aristide Maillol den Platz. Ihr gegenüber strahlt die **Loge de Mer** (1397) mit Spitzbögen im spätgotischen Flamboyant-Stil. Eine schmiedeeiserne Wetterfahne in Form eines Schiffes (16. Jh.) weist auf die einstige Bestimmung des Gebäudes als Seehandelsgericht und Börse hin. Den Arkadenhof des **Rathauses** (14. Jh.), gleich neben der Loge, ziert eines der Hauptwerke Maillols, die wohl geformte *La Méditerranée.*

Die winzigen Gassen **Fabriques Nabot, Fabriques Nadal** und **Fabriques Couvertes** gegenüber dem Rathaus erinnern an die Werkstätten der Stoffveredler, die im Mittelalter den Reichtum Perpignans begründeten. Die **Maison Julia** (2, rue Nabot), ein elegantes Wohnhaus aus dem 14. Jh., ist mit ihrer Fassade aus Ziegeln und Flusskieseln ein typisches Beispiel traditioneller Architektur des Roussillon.

Musée Hyacinthe Rigaud 5

16, rue de l'Ange, Mi–So Mai–Sept. 12–18.30, Nov.–April 11–17.30 Uhr, 4 €
Vom Strom der Fußgänger getrieben, gelangt man unweigerlich zu den Caféhausterrassen unter den Palmen und Magnolien der **Place Arago.** Wenige Schritte entfernt in der Rue de l'Ange residiert in einem Patrizierhaus des 18. Jh. das städtische **Kunstmuseum,** das den Namen des aus Perpignan stammenden Porträtmalers Ludwig XIV. trägt. Neben Werken Rigauds sind u. a. flämische Meister sowie eine Sammlung kleinformatiger Bilder zeitgenössischer Maler zu sehen.

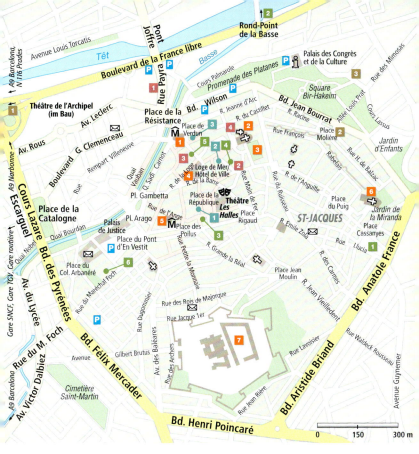

Quartier St-Jacques

Im Kontrast zum Boutiquenchic steht das ärmliche Wohnviertel in der westlichen Altstadt. Rund um die Plätze **Puig** und **Cassanyes** taucht man in eine fremde Welt ein: Teestuben und Kebabläden säumen die Gassen, Wäscheleinen spannen sich zwischen blätternden Fassaden, vor den Türen toben unter den wachsamen Augen korpulenter Frauen Kinderhorden.

St-Jacques ist die Heimat sozialer Randgruppen: Eine große Zigeunergemeinde ist bereits seit dem 14. Jh. hier sesshaft, Einwanderer aus Nordafrika verschlug es nach dem Algerienkrieg in das Viertel. Die räumliche Enge in überteuerten heruntergekommenen Unterkünften, Diskriminierung sowie Arbeits- und Perspektivlosigkeit münden gelegentlich auch hier in gewalttätigen Konflikten, so etwa im Frühjahr 2005, als Perpignans Altstadt eine Woche im Ausnahmezustand lebte. Dominiert wird das Viertel von der Kirche **St-Jacques** 6 (13. Jh.), von der alljährlich an Karfreitag die sehr beeindruckende Prozession der Sanch-Brüderschaft startet.

Roussillon und Pyrenäen

Citadelle

Palais des Rois de Majorque [7]
Eingang Rue des Archers, tgl. Juni–Sept. 10–18, Okt.–Mai 9–17 Uhr, 4 €
Auf einer Erhebung im Süden der Altstadt ließen die Könige von Mallorca ab 1276 ihre Festlandsresidenz errichten. Unter französischem Regime wurde der gotische Königspalast mit einer gigantischen sternförmigen Zitadelle ummantelt. Im quadratischen Ehrenhof mit zwei monumentalen Treppenaufgängen und eleganten Arkadengalerien lässt sich ein wenig von der einstigen Pracht erahnen, wohingegen die Innenräume ihrer Ausstattung beraubt sind und sich karg und kahl präsentieren. Der schönste Teil des Palastes ist die doppelgeschossige Kapelle zwischen den Gemächern des Königs und der Königin.

Strände

12 km vom Stadtzentrum entfernt erstreckt sich zwischen der Têt-Mündung und dem Etang de Canet der Badeort **Canet-Plage,** dessen Strandpromenade von mehrstöckigen Apartmenthäusern gesäumt wird. Naturbelassene Strände finden sich nördlich der Têt bei **Ste-Marie** und **Toreilles.**

Übernachten, Essen

Luxuriös – **Villa Duflot** [1]: Rond-point Albert Donnezan (N 9 Rtg. Céret bzw. 2 Min. ab *péage* Perpignan Rtg. Argelès), Tel. 04 68 56 67 67, www.villa-duflot.com, DZ 120–160 €. Ein 15 000 m^2 großer Park schirmt die elegante Villa von der wenig attraktiven Stadtrandumgebung ab. 24 harmonische Balkonzimmer, besonders angenehm sind diejenigen mit Blick auf den Pool. Das Restaurant, in einem schicken Pavillon, genießt ein exzellentes Renommee (mittags Menü 31 € inkl. Wein, abends *à la carte* um 45 €).

Mit Design-Restaurant – **Park Hôtel** [2]: 18, bd. Jean Bourrat, Tel. 04 68 35 14 14, www.parkhotel-fr.com, DZ 75–105 €. Modernes Haus der Best-Western-Kette am Park Bir-Hakeim. 69, meist großzügig geschnittene Zimmer in starken Far-

Aux Bonnes Olives verkauft Spezereien aus aller Welt

Perpignan

ben. Das hauseigene Restaurant **Le Chap** rangiert unter den besten Tischen der Stadt (Sa mittags, So/Mo geschl., Menü 30–50 €). Mit Garage.
Ohne Chichi – **New Hôtel Christina** 3: 51, cours Lassus, Tel. 04 68 35 12 21, www.hotel-newchristina.com, DZ 75–83 €. Auf den ersten Blick steril und funktional, doch das Ambiente ist familiär. 25 komfortable Zimmer. Oben auf dem Dach ein Pool mit Aussicht. Restaurant (Mo–Do abends geöffnet). Mit Garage.

Essen & Trinken

Der Senkrechtstarter – **La Galinette** 1: 23, rue Jean-Payra, Tel. 04 68 35 00 90, So/Mo geschl. sowie Mitte Juli–Mitte Aug., Menü 48–62 €. Christophe Comes wird von allen Gastroführer gelobt – und das zu Recht. Vom Roussillon inspirierte Cross-over-Küche. Junges, engagiertes Serviceteam. Unbedingt reservieren!
In der Tajine geköchelt – **La Route du Tanger** 2: 1, rue du Four St-Jean, Tel. 04 68 51 07 57, So/Mo außerhalb der Saison geschl., Menü um 25 €. Willkommen im Orient! Auf der Karte Spezialitäten aus Marokko und Nordafrika, z. B. *pastilla aux cailles* (Wachteln mit Mandeln im Teigblatt).
Eine Institution – **Casa Sansa** 3: Rue Fabriques Nadal, Tel. 04 68 34 21 84, Menü 19–39 €. Stimmungsvolles Kneipenrestaurant mit urigem Schankraum in einer engen Altstadtgasse. Katalanische Gerichte und Tapas – Spanien ole!
Weinbistro – **Le Saint-Jean** 4: 1, rue Cité Bartissol, Tel. 04 68 51 22 25, So, Mo abends geschl., Menü 19–21 €. Zum Wein, der im Kelch serviert wird, gibt es regionale Gerichte wie *boles de picolat* (Fleischklösschen mit weißen Bohnen) und frisches Landbrot. Schöne Außenplätze neben der Kathedrale.

Granatschmuck
Die Verarbeitung der dunkelroten Steine, die an den Flanken des Canigou und in den Fenouillèdes gefördert werden, geht auf das 17. Jh. zurück. Zu den typischen Pretiosen zählt ein aus sechs Steinen gefertigtes Kreuz. Ausgesprochen schöne Schmuckstücke kreieren **Creuzet-Romeu** 4 (9, rue Fontroide), **Gil & Jean** 5 (5, rue Louis Blanc) und **Laviose** 6 (4, rue du Maréchal Foch).

Einkaufen

Märkte – **Marché de la Place Cassanyes** 1: Di–So 7.30–13 Uhr. Einkauf mit orientalischem Flair, besonders am So. **Marché aux Puces** 2: Av. du Palais des Expositions, So 6–13.30 Uhr. Trödel am nördlichen Têt-Ufer.
Spezereien – **Aux Bonnes Olives** 3: 2 bis, rue Adjuant-Pilote-Paratilla. Der Ali Baba von Perpignan, tausende Gewürze und Lebensmittel aus aller Herren Länder.

Abends & Nachts

Am Abend kann man rund um die Place Gambetta und den Castillet von Bar zu Bar ziehen: Die Auswahl ist groß. Im Juli/August spielt die Musik allerdings in Canet-Plage.
Billardkneipe – **Republic Café** 1: Pl. de la République. Zu den festen Größen im Nachtleben zählt das ›Rep‹. Die Musik tendiert zu House und Lounge.
Treffpunkt für den Apéro – **Les Trois Soeurs** 2: 2, rue Fontroide, Tel. 04 68 51 22 33, So/Mo mittags geschl. Res-

Roussillon und Pyrenäen

taurant, Bar und Disco – ein hippes Lokal mit Terrasse an der Place Gambetta.
Im Salsa-Rhythmus – **Le Habana Bodeguita** 3: 5, rue Grande-des-Fabriques, Tel. 04 68 34 11 00, So/Mo mittags geschl. Zu lateinamerikanischen Klängen wird natürlich Mojito geschlürft. Dazu Cross-over-Küche. Zigarrenkeller für Havanna-Fans.

Infos & Termine

Office de Tourisme
Pl. Armand Lanoux, Palais des Congrès, 66000 Perpignan, Tel. 04 68 66 30 30, www.perpignantourisme.com.

Termine
La Procession de la Sanch: Karfreitag, 15 Uhr (s. S. 84).
Festa Major: Um den 24. Juni (St-Jean). Großes Volksfest der Katalanen mit Konzerten und Johannisfeuer.
Les Estivales: Juli. Tanz- und Musikveranstaltungen (www.estivales.com).
Les Jeudis de Perpignan: Juli/Aug. Jeden Do abend in der Altstadt, Straßentheater, Konzerte, Tanz.
Visa pour l'Image: Anf. Sept. Fotofestival (www.visapourlimage.com).
Jazzèbre: Okt. Musikfestival (www.jazzebre.com).

Verkehr
Flugzeug: Perpignan-Rivesaltes, 6 km nördl. (N 6), Tel. 04 68 52 60 70. Flüge nach Paris-Orly. Zubringerbusse zum Zentrum.
Bahn: Garde SNCF, pl. Salvador Dalí, Lokalzüge nach Collioure, Villefranche, Rivesaltes. Vom neuen TGV-Bahnhof vis-à-vis am Bd. du Conflent nach Paris, Barcelona, Carcassonne.
Bus: Gare routière, ab Mitte 2009 gleich neben dem TGV-Bahnhof, Tel. 04 68 35 29 02. Ab der Place de Catalogne halbstdl. nach Canet-Plage.

Innerstädtisch: Busse 7–20 Uhr (So eingeschränkt).
Parken: Mehrere ausgeschilderte Parkhäuser rund um die Altstadt, so z. B. am bd. Wilson nahe dem Castillet.

Elne ▶ H 18

Schon von weitem weckt der massige eckige Glockenturm der **Cathédrale Ste-Eulalie** (11. Jh.) die Neugier. Das Gotteshaus zeugt von der einstigen herausragenden Stellung Elnes, das ab dem 6. Jh. über einen Zeitraum von 1000 Jahren Bischofssitz war. Ein absolutes Muss für Freunde der Romanik ist der original erhaltene Kreuzgang. Die kunstvoll gearbeiteten, durch Pflanzen- und Tiermotive sowie Bibelszenen ausgestalteten Kapitelle sind ein beeindruckendes Zeugnis des Stilwandels, den die Bildhauerkunst zwischen dem 12. und 14. Jh. vollzog (www.ot-elne.fr, tgl. April/Mai 9.30–17.45, Juni–Sept. 9.30–18.45, Okt.–März 9.30–11.45, 14–16.45/17.45, Uhr, 5 €).

St-Cyprien ▶ H 18

Wie die meisten Orte an der Küste des Roussillon hat auch St-Cyprien (10 000 Einw.) eine Dependance am Meer. **St-Cyprien-Plage** ist weitläufig mit Ferienhäusern bebaut, nur am Strand stehen einige mehrstöckige Apartmentanlagen. Rund um den großen Jachthafen scharen sich Restaurants, Cafés, Kneipen und Andenkenläden. Sechs Kilometer feinsandige Strände, zahlreiche Wassersportangebote, ein 27-Loch-Golfplatz sowie die Auszeichnung *Station Kid* machen St-Cyprien zu einem beliebten Badeort für Familien.

Collections de St-Cyprien
Rue Emile Zola, pl. de la République,

www.collectionssaintcyprien.com, Juli/Aug. tgl. 10–12, 15–19, Sept.–Juni Mi–Mo 10–12, 14–18 Uhr, 6 €
Neben zahlreichen Werk von François Desnoyer und Gemälden des 19. und 20. Jh. aus dem Besitz Desnoyer zeigen die beiden Ausstellungsstätten zeitgenössische Kunst und afrikanische Volkskunst.

Übernachten

Clubhotel – **La Lagune:** Av. A. Lanoux, Tel. 04 68 21 24 24, http://fr.hotel-lalagune.com, DZ 87–146 €. 49 Zimmer sowie Studios in einem Resort im Süden von St-Cyprien-Plage. Zur Ausstattung gehören Pool, Tennisplätze, Spa, Fitness, Restaurant (Büffet 26–32 €) und Strandbar.
Beim Winzer – **Mas Bazan:** 66200 Alénya, an der D 22, Tel.04 68 22 98 26, www.masbazan.com, DZ 65 € inkl. Frühstück. Typisches katalanisches Mas mit allerlei Viehzeug und Pool, idyllisch inmitten von Wein- und Pfirsichfeldern. Natursteinmauern und Dielenböden verleihen den vier Gästezimmern einen rustikalen Charakter. Für Selbstversorger gibt es drei hübsche *gîtes.* Am Gästetisch werden Weine aus eigenem Anbau serviert (Menü 27 €).

Infos

Office de Tourisme: Quai Arthur Rimbaud, 66750 St-Cyprien, Tel. 04 68 21 01 33, www.saint-cyprien.com.

Argelès-sur-Mer ▶ H 19

Das lebhafte katalanische Städtchen (9150 Einw.) am Fuß der Albères-Berge lebt vom Weinbau und Tourismus. 100 000 Gäste kommen jährlich nach **Argelès-Plage,** das dennoch eine familiäre Atmosphäre bewahren konnte. Am **Racou-Plage,** dem südlichen Ende des Strandes, mündet die Sandküste des Languedoc-Roussillon in die felsige Côte Vermeille. Mit etwa 60 Zeltplätzen ist Argelès die Camping-Hochburg an der französischen Mittelmeerküste.

Im alten Ortsteil vermittelt die **Casa de les Albères** Informationen über traditionelle katalanische Handwerkskünste sowie über Volkskunst und Brauchtum in den Albères-Bergen (Mo–Fr 9–12, 15–18, Sa 9–12 Uhr, 2 €) Lebendige katalanische Tradition ist der Tanz der *sardane,* zu der sich Einwohner und Touristen im Sommer montags und freitags abends auf der Place St-Côme treffen.

Château de Valmy ▶ H 19

www.lesaiglesdevalmy.com, Park April–Nov. tgl. ab 14 Uhr, Vorführungen Juli/Aug. tgl. 14.30, 16, sonst Di, Mi, Do, So 14.30 Uhr, 8,50 €
Das weiße Schlösschen im Zuckerbäckerstil, etwa 2 km südich von Argelès, beherbergt einige exklusive Gästezimmer. Attraktion für die große Masse sind in einem Teil des weitläufigen Parks die Falknerei und ihre Raubvogeldressuren sowie ein Streichelzoo.

Übernachten

Mit Blick aufs grande bleue – **Mas Senyarich,** 3 km nördl.von Argelès (Rtg. Sorède, ab Eisenbahnunterführung ausgeschildert), Tel. 04 68 95 93 63, www.mas-senyarich.com, DZ 65 € inkl. Frühstück. Fünf charmante Zimmer in einem authentischen katalanischen Bauernhaus oberhalb von Argelès-Village. Bezaubernder Garten mit Pool – und in der Ferne glitzert das Meer.

Roussillon und Pyrenäen

Essen & Trinken

Frischer Wind in alten Mauern – **Auberge du Roua:** Chemin du Roua (nördl. von Argelès Rtg. Sorède), Tel. 04 68 95 85 85, www.aubergeduroua.com, So, Do–Di abends, Juli/Aug. tgl. geöffnet, Menü 32–75 €. Feinschmeckeradresse in einer ehemaligen Mühle (17. Jh.) in den Weinbergen am Ortsrand von Argelès. Gartenterrasse am Pool mit Blick in die Alberès-Berge. 17 schicke Zimmer (DZ 60–189 €).

Einkaufen

Märkte – **Wochenmarkt:** Mi und Sa vormittags in Argelès-Village, pl. de la République. **Bauernmarkt:** 15. Juni–15. Sept. Mo, Mi, Fr vormittags in Argelès-Plage, Parking des Platanes. **Kunsthandwerkermarkt:** 15. Juni–15. Sept. tgl. 17–24 Uhr, Parking des Platanes.

Aktiv & Kreativ

Bootsausflüge – **Roussillon Croisieres:** Tel. 04 68 81 63 84, www.roussilloncroisieres.com. Ab Port-Argelès entlang der Felsenküste nach Collioure und Port-Vendres sowie zur Costa Brava. Außerdem Angeltouren.
Canyoning Park – **Espace Loisirs:** Plage Nord, Tel. 04 68 95 41 66, www.canyoning-park.com, April–Mitte Sept. 10–19/20 Uhr. Abenteuerpark mit künstlicher Wasser- und Felslandschaft zum Canyoning (27 €) oder Klettern (19 €).
Reiten – **Ranch des Albères:** Rte. de Sorède, Tel. 04 68 95 42 10, www.cheval-argeles.fr. Poney-Reiten und Ausritte im Albères-Massiv.
Wandern – **Forêt de la Massane:** Neun ausgewiesene Wege ab Argelès. Beschreibung und Karte im Tourismusbüro.

Infos

Office de Tourisme: Pl. de l'Europe, 66700 Argelès, Tel. 04 68 81 15 85, www.argeles-sur-mer.com.

Côte Vermeille❗ ▶ J 19

Die ›rote‹ Felsenküste am Fuß der Pyrenäen bildet den landschaftlich faszinierendsten Abschnitt des Golfe du Lion. Schmale Buchten mit Kiesstränden schmiegen sich an steil abfallende Felsklippen, die zwischen das Blau des

Côte Vermeille

Himmels und des Meeres einen rostroten Trennstrich ziehen.

Die viel befahrene Küstenstraße schlängelt sich in zahllosen Kehren von Collioure über Port-Vendres und Banyuls nach **Cerbère,** das vor allem als Grenzbahnhof bekannt ist und von einem großen Eisenbahnviadukt beherrscht wird. Von **Cap Réderis** sowie von **Cap Cerbère** genießt man einen grandiosen Blick auf die gesamte Küste bis hinunter nach Spanien.

Ein Abstecher ins spanische **Portbou** führt zum Denkmal für den deutschen Schriftsteller Walter Benjamin, der sich in dem Grenzort im September 1940 aus Angst vor Entdeckung und Auslieferung an die Nazis das Leben nahm. Der israelische Künstler Dani Karavan hat das »Pasagen« genannte Denkmal 1994 neben dem Friedhof von Portbou installiert.

Zurück nach Collioure geht es über die **Route des Crêtes** oberhalb der Felsenküste. Von Banyuls schraubt sich das enge Sträßchen durch Weinterrassen und Korkeichenwälder empor zur **Tour Madeloc** mit einzigartigem Panorama. Der abseits der D 86 liegende Signalturm gehörte, wie die **Tour de la**

Die Bucht von Collioure zählt zu den schönsten der Côte Vermeille

Roussillon und Pyrenäen

Massane weiter westlich, zu einem Netz von Wachttürmen, die in der Zeit der Könige von Aragón und Mallorca entstanden. Einige Kilometer weiter passiert man die Einsiedelei **Notre-Dame-de-Consolation,** ein wichtiges Pilgerziel im Roussillon, wovon zahlreiche Votivtafeln zeugen.

Collioure ▶ J 19

Tief im Süden liegt das mit Abstand schönste Küstendorf des Languedoc-Roussillon (3000 Einw.). Selbst der Touristenrummel im Sommer vermag den Reiz von Collioure nicht zu beeinträchtigen. Die malerische Kulisse mit Fort und Wehrkirche, die engen Gassen des **Quartier du Mouré** und die bunten katalanischen Barken vor dem glitzernden Blau des Meeres faszinierten Anfang des 20. Jh. Maler wie Matisse und Derain. Die Arbeiten dieser sogenannten ›Wilden‹ zeigt der **Chemin du Fauvisme** am Fuß des Château Royal (s. auch S. 76). Bevor der Tourismus den Ort entdeckte, lebte Collioure hauptsächlich vom Fischfang und Weinbau. Für ihre Qualität bekannt sind die Anchovis, die heute noch von zwei Traditionshäusern in Handarbeit zubereitet werden.

Château Royal
Tgl. Juni–Sept. 10–17.15, Okt.–Mai 9–16.15 Uhr, 4 €
Im 13. Jh. errichteten die Könige von Mallorca in der Bucht von Collioure zwischen dem Port d'Avall und Port d'Amont ihre Sommerresidenz. Nach dem Pyrenäenfrieden im 17. Jh. ließ der französische Festungsbaumeister Vauban das Château Royal zur Bastion ausbauen, wobei die Einwohner zu Füßen der Burg den Schutzwällen weichen musste. Heute beherbergt die imposante Festung Sonderausstellungen.

Notre-Dame-des-Anges
Tgl. 9–12, 14–18 Uhr
Am nördlichen Zipfel der Bucht von Collioure steht die Pfarrkirche (1648–91) mit den Füßen fast im Wasser. Der runde Glockenturm mit der markanten rosafarbenen Haube stammt noch aus dem Mittelalter und diente ursprünglich als Leuchtturm des alten Hafens. Zur Innenausstattung gehören kostbare Barockaltäre und Reliquien.

Übernachten

Eine Oase der Ruhe – **Casa Païral:** Impasse des Palmiers, Tel. 04 68 82 05 81, http://fr.hotel-casa-pairal.com, DZ 89–180 €. Elegante katalanische Villa in einem mediterranen Garten mit Springbrunnen und Pool. 28 geräumige Zimmer und Suiten mit nostalgischem Flair. Mit Parkplatz.

Mit Traumblick – **Le Bon Port:** 12, rte. de Port-Vendres, Tel. 04 68 82 06 08, www.bon-port.com, DZ 75–102 €. Modernes und sehr komfortables 22-Zimmer-Haus in Hanglage gegenüber vom alten Zentrum. Terrasse und Pool.

Eine Institution – **Hostellerie les Templiers:** 12, quai de l'Amirauté, Tel. 04 68 98 31 10, www.hotel-templiers.com, DZ 50–130 €. Individuell eingerichtete Zimmer – 25 im Haupthaus und 31 in einem Nebengebäude. Die vorderen Zimmer haben Blick auf die Burg, die hinteren sind ruhiger und moderner. Auch hier an allen Wänden Kunst (s. Lieblingsort S. 232). Returant mit Terrasse am Quai (Menü um 21 €).

Essen & Trinken

Japanisch-katalanisches Crossover – **Le 5° Péché:** 18, rue Fraternité, Tel. 04 68 98 09 76. Menü mittags 15–23 €, *à la carte* 45 €. Allemal eine Sünde wert

Collioure

Am Strand von Collioure genießt man den Blick über die Bucht

sind die Kreationen von Masashi Iijima – feinste regionale Küche mit einem Hauch Asien, mit Charme serviert in einem winzigen Lokal in der Altstadt.
Ganz entspannt – **Can Pla:** 7, rue Voltaire, Tel. 04 68 82 10 00, Menü 17,50–26,50 €. Hinter der Festung, wenige Schritte vom Strand d'Avall entfernt. Große Auswahl an Tapas, Paëlla, fangfrischer Fisch *a la planxa, parillade* (gemischte Grillplatte mit Fleisch oder Fisch) und dazu Weine der Region.

Einkaufen

In den Gassen des alten Zentrums gibt es viele kleine Läden, Ateliers von Künstlern und Kunsthandwerkern, aber ebenso zahlreiche Souvenirshops.
Anchovis – **Maison Roque:** 17, rte. d'Argelès-sur-Mer. **Anchois Desclaux:** 3, rte. d'Argelès-sur-Mer. Die Fischchen gibt es eingelegt in Öl und in Salz oder auch als Creme. Die Produktion kann besichtigt werden.

Wein – **Cellier des Dominicains:** Pl. Orfila. Weinkeller der Winzer von Collioure unter den Gewölben eines alten Dominikanerklosters.

Abends & Nachts

Musikkneipe – **Le Piano Piano:** 18, rue Rière, 15–2 Uhr. Gemütliches Kellerlokal. 50 Biersorten und Tapas für den Gaumen, Worldmusic und andalusische Melodien für die Ohren.

Infos & Termine

Office de Tourisme
Pl. du 18 Juin, 66190 Collioure, Tel. 04 68 82 15 47, www.collioure.com.

Termine
Procession de la Sanch: Karfreitag, 21 Uhr in der Altstadt.
Fête de la St Vincent: 14.–18. Aug. Stadtfest mit Straßenmusik, *sardanes*

Lieblingsort

Bar des Templiers – wie im Kunstsalon
Anfang des 20. Jh. war das Templiers in Collioure der Treffpunkt der Maler, und so wurde der Wirt René Pous zum begeisterten Kunstsammler. Sein Enkel Jojo und seine Urenkelin Manée tragen heute dafür Sorge, dass der urige Schankraum seine ursprüngliche Atmosphäre bewahrt. Am Nachmittag spielen hier die alten Colliourencs Karten, am späteren Abend schaut die Jugend auf ein Bier oder einen Wein vorbei (s. auch S. 230).

Roussillon und Pyrenäen

und Stierkampf, am 16. Aug. spektakuläres Feuerwerk (150 000 Besucher!).

Parken
Die Plätze am Fuß der Festung und am Bahnhof sind in der Saison hoffnungslos überfüllt. Dann muss man oben auf dem Berg am Cap Dourats parken (Juli/Aug. Pendelbusse ins Zentrum).

Port-Vendres ▶ GJ 19

Der antike ›Hafen der Venus‹, in römischer Zeit ein wichtiger Handelsstützpunkt, steht ganz im Schatten von Collioure. Trotz der großen Marina lockt das traditionsreiche Fischerstädtchen (6000 Einw.) nur wenige Touristen an. Entlang der Quais mit den pastellfarbenen Häusern kann man zum Fischereihafen bummeln. Vom Handelshafen führt ein 40-minütiger Fußweg zur Landspitze am **Cap Béar**.

Essen, Einkaufen

Ferme-auberge auf hohem Niveau – **Les Clos de Paulilles:** Baie de Paulilles (3 km Rtg. Banuyls), 6660 Port-Vendres, Tel. 04 68 98 07 58, www.clos-de-paulilles.com, tgl. abends und So mittags geöffnet, Menü inkl. Wein 39 €. Ein raffinierter, moderner Rahmen, eine Terrasse inmitten von Reben und dazu Meeresrauschen. Die Gerichte basieren auf lokalen Produkten, die Weine kommen selbstverständlich von der Domäne. Außerdem Weinverkauf und ein Apartment in schickem Design.

Kleiner Imbiss – **Poissonneries de la Côte Catalanes:** Am Fischereihafen, 8–12.30, 16–19.30, Mo, So nachmittags geschl. In der Markthalle ein paar Delikatessen einkaufen und dann am verchromten Tresen einen Happen Fisch oder frische Austern, begleitet von einem kühlen Glas Weißwein, genießen – *la vie est belle.*

Port Vendres – der Hafen der Venus

Banyuls-sur-Mer ▶ J 19

Das alte Küstenstädtchen (4600 Einw.) liegt geschützt in einer Bucht zwischen **Cap Oullestreil** und **Cap l'Abeille.** Von der mit Palmen gesäumten Uferstraße aus klettern die Häuser den Taleinschnitt empor. Auf den umliegenden Terrassen gedeihen die Trauben, aus denen der berühmte natursüße rote Banyuls-Wein gekeltert wird.

Aquarium
www.obs-banyuls.fr, tgl. 9–12, 14–18.30, Juli/Aug. bis 21 Uhr, 4,60 €
Als eine der ersten Städte in Frankreich eröffnete Banyuls 1883 ein Aquarium, das sich ausschließlich der Unterwasserwelt des Golfe du Lion widmet. Angeschlossen ist ein bedeutendes Forschungszentrum für Meeresbiologie.

Cellier des Templiers
Rte. du Mas-Reig, Tel. 04 68 98 36 92, www.banyuls.com, April–Okt. tgl. 10–19.30, Nov.–März Mo–Sa 10–13, 14.30–18.30 Uhr (Besichtigung nur nachmittags)
Über Weinbau und Vinifikation in Banyuls informiert der Cellier des Templiers und lädt selbstverständlich zur Verkostung ein. Im Hof altern die jungen Weine ein Jahr lang in Eichenfässern unter freiem Himmel, denn Hitze und Kälte fördern den besonderen Charakter des Süßweins. Ein wenig oberhalb steht im Juli/August außerdem der alte unterirdische Weinkeller der Templer aus dem 13. Jh. zur Besichtigung offen.

Métairie de Maillol
Rte. des Mas, Tel. 04 68 88 57 11, tgl. Mai–Sept. 10–12, 16–19, Okt.–April 10–12, 14–17 Uhr, 3,50 €
Im Roume-Tal außerhalb des Ortes liegt die Métairie de Maillol, wo der aus Banyuls gebürtige Bildhauer und

Roussillon und Pyrenäen

Mein Tipp

Sentier sous-marin ▶ J 19
1974 wurde ein 650 ha großer Meeresabschnitt bei Banyuls unter Naturschutz gestellt. Einblicke in das vielfältige Ökosystem der Felsenküste gibt ein Unterwasserlehrpfad, den man schnorchelnd erkunden kann. Der Zugang befindet sich an der Plage de Peyrefite, auf halbem Weg zwischen Banyuls und Cerbère (Infocenter und Materialverleih, Juli/Aug. tgl. 12–18 Uhr, Tel. 04 68 88 56 87).

Maler Aristide Maillol (1861–1944) jedes Jahr mehrere Monate verbrachte. Im Haus sind ca. 30 seiner Arbeiten zu besichtigen. Im Garten fand der Künstler seine letzte Ruhe.

Übernachten, Essen

Mit Hafenblick – **El Llagut & al Fanal:** Av. du Fontaulé, Tel. 04 68 88 00 81, www.al-fanal.com, DZ 62–72 €, Menü ab 28 €. Hübsch renoviertes Haus an der Uferstraße (nachts wenig Verkehr) mit 13 Zimmern. Im Restaurant wird vorzügliche regionale Küche serviert, und dazu die besten Tropfen aus Banyuls und dem Roussillon.

Aktiv & Kreativ

Kajak – **Les Aléoutes:** 13, rue Ferry, Tel. 04 68 88 34 25, www.kayakmer.net. Paddeltouren an der Felsküste.
Tauchen – **Rédéris Sub:** Espace Méditerranée, Tel. 04 68 88 31 66, www.rederis.com. Tauchgänge an der Felsküste zwischen Banyuls und Cerbère. Einführung und Materialverleih.

Infos & Termine

Office de Tourisme
Av. de la République, 66650 Banyuls, Tel. 04 68 88 31 58, www.banyuls-sur-mer.com.

Termine
Semaine Catalane: Anf. Juli. Kostümumzug, Menschenpyramiden, *sardanes*.
Festa Major: Mitte Aug., Dorffest mit Umzug, *sardanes*, Feuerwerk.
Fête des Vendanges: Mitte Okt. Fest zur Weinlese.

Céret ▶ F 19

Mit seinem beeindruckenden Sardane-Festival und der Feria gilt der Hauptort des Vallespir (7550 Einw.) als ein Hort katalanischer Kultur. Außerhalb des Roussillon ist Céret vor allem für seine knackigen Kirschen bekannt, die bereits Mitte April reifen und von denen traditionsgemäß der französische Präsident eine erste Kostprobe erhält.

Den einzigen Zugang zu dem lebhaften Marktstädtchen bildete lange Zeit der steinerne **Pont de Diable** (14. Jh.). Bei seiner Errichtung soll der Teufel mitgewirkt haben, überspannt er doch in einem einzigen kühnen Bogen den Tech. Sein typisches südfranzösisches Flair verdankt Céret dem Boulevard, der unter mächtigen Platanen dem Verlauf der Stadtmauer folgt.

Musée d'Art Moderne de Céret
8, bd. Maréchal Joffre, www.musee-ceret.com, 10–18, Juli–Mitte Sept. bis 19 Uhr, Okt.–April Di geschl., 8 €
Anfang des 20. Jh. verfiel Picasso dem Charme des Ortes und seiner Umge-

bung. Künstlerfreunde wie Braque, Jacob, Gris, Matisse oder Chagall folgten ihm und Céret avancierte zum ›Mekka des Kubismus‹. Eine hochkarätige Sammlung ihrer Werke präsentiert das Kunstmuseum, das 1950 in einem ehemaligen Kloster eingerichtet wurde.

Übernachten

Am Ufer des Tech – **Le Mas Trilles:** Pont de Reynes (2 km südl. von Céret), Tel. 04 68 87 38 37, www.le-mas-trilles.com, DZ 112–231 € inkl. Frühstück. Großartiger katalanischer Hof aus dem 17. Jh. mit Park und beheiztem Pool am Tech. Zehn elegante Zimmer mit Terrasse zum Wohlfühlen.

Essen & Trinken

Grillspezialist – **Hostalet de Vivès:** 66490 Vivès (8 km nordöstl. von Céret), Tel. 04 68 83 05 52, www.hostalet-vives.com, Di/Mi geschl., Menü 23–33 €. Rustikaler katalanischer Landgasthof in einem kleinen Weiler. Im Kamin brutzeln Schnecken, Würste, Kaninchen und Lamm. Am Wochenende geht es oft hoch her. Einige einfache Zimmer (60–75 €).

Infos & Termine

Office de Tourisme

1, av. Clemenceau, 66400 Céret, Tel. 04 68 87 00 53, www.ot-ceret.fr.

Termine

La Fête de la Cérise: Ende Mai/Anf. Juni, Kirschenfest mit Wettbewerben im Kirschkernespucken.
Céret de Toros: Mitte Juli. Feria – Stierkämpfe und Straßenfest (www.feriaceret.com).

Festival Internationale de la Sardane: Ende Juli. Riesiges Tanzspektakel in der Arena mit hunderten Teilnehmern.

Vallespir ▶ E/F 19/20

Parallel zum Tech schlängelt sich die D 115 durch das waldreiche Vallespir hinauf zum Col d'Arès. Kurz nach Céret passiert sie **Amélie-les-Bains,** einen biederen Kurort mit vielen Hotels, wo Asthmatiker und Rheumakranke Linderung suchen. Hier steigt ein eindrucksvoller Wanderweg durch die Gorges du Mondony hinauf zum **Roc de France** (1450 m) an der spanischen Grenze.

Ähnlich wie Céret bewahrt **Arles-sur-Tech,** das früher von der Eisenverarbeitung und Weberei lebte, in Festen und Bräuchen die katalanische Tradition. Das Dorf entstand rund um die im 8. Jh. gegründete Benediktinerabtei **Ste-Marie,** die einen prächtigen gotischen Kreuzgang aus dem 13. Jh. besitzt. Rätsel gibt der Sarkophag neben dem Kirchenportal auf, der sich alljährlich auf wundersame Weise mit Wasser füllt (Mo–Sa Juli/Aug. 9–19, sonst 9–12, 14–18 Uhr, So April–Okt. 14–17 Uhr, 3,50 €).

Ein Panoramasträßchen führt von Arles-sur-Tech zu den hübschen Bergdörfern **Corsavy** und **Montferrer** am Südhang des Canigou. Auf der gegenüberliegenden Talseite klettert die D 3 hinauf nach **St-Laurent-de-Cerdans.** Das Dorf war bis in die 1950er-Jahre ein wichtiges Zentrum für die Fabrikation von *espadrilles.* Wie diese Stoffschuhe gefertigt werden, erklärt das örtliche Volkskundemuseum. Ein Raum des Museums ist den spanischen Exilanten gewidmet, die 1939 vor dem Diktator Franco über die grüne Grenze nach Frankreich flohen (Mo–Fr 9–12,

Roussillon und Pyrenäen

14–18 Uhr, Mitte Mai–Sept. Sa/So 10–12, 15–18 Uhr, 2 €).

Wehrhaft zeigt sich **Prats-de-Mollo** mit Stadtmauer und einer befestigten Kirche (17. Jh.), die ein Glockenturm überragt. Über allem wacht das **Fort Lagarde**, ein weiteres Werk von Vauban. Im Juli und August wird in der Festung vorgeführt, wie die Soldaten im 18. Jh. gedrillt wurden (So–Fr nachmittags). Die fünf Thermalquellen im 8 km entfernten **La Preste** lindern u. a. rheumatische Erkrankungen.

Gorges de la Fou ▶ F 19

April–Nov. tgl. 10–18 Uhr, 5 €
Spektakulär ist die etwa 2 km lange Klamm, deren Felswände bis zu 200 m senkrecht aufragen und dabei einander fast berühren. Mit Metallstegen, unter denen der Wildbach braust, und Sicherheitsnetzen wurden sie für eine gefahrenfreie Besichtigung hergerichtet.

Domaine de Falgos ▶ F 20

66260 St-Laurent-de-Cerdans, Tel. 04 68 39 51 42, www.falgos.fr.
Eines der schönsten Golfressorts Frankreichs bietet auf 1100 m Höhe einen anspruchsvollen 18-Loch-Parcours und herrliche Pyrenäenblicke. Für den längeren Aufenthalt checkt man im komfortablen Hotel ein. Entspannung nach dem Spiel findet man im luxuriösen Spa.

Übernachten, Essen

In frischer Bergluft – **Case Guillamo:** 66230 Serralongue (ca. 6 km hinter dem Ort), Tel. 04 68 39 60 50, www.caseguillamo.com, für 2 Pers. 130–140 € inkl. Frühstück und Gästetisch am Abend. Wunderschön restauriertes Bauernhaus in einem einsamen Tal im Grenzgebirge mit Pool, Quelle und Forellenbach.
Preisgekrönt – **Bellevue:** Pl. du Foirail, 66230 Prats-de-Mollo, Tel. 04 68 39 72 48, www.hotel-le-bellevue.fr, DZ 48–64 €, Menü 25–35 €. Ansprechend modernisierter Dorfgasthof. 17 schöne Zimmer, teils mit Balkon. Der Chef im **Restaurant Bellavista** ist für seine hochwertige Regionalküche mit der *Casserole d'Or* ausgezeichnet worden.

Einkaufen

Katalanische Stoffe – **Toiles du Soleil:** St-Laurent-de-Cerdans, Tel. 04 68 39 33 93, Mitte April–Sept. Mo–Sa 10–12, 14.30–19, So 10–12 Uhr. Seit 1873 fertigt die Weberei bunte Baumwollstoffe für *espadrilles* und Tischwäsche.

Infos & Termine

Office de Tourisme
Pl. du Foiral, 66230 Prats-de-Mollo-la-Preste, Tel. 04 68 39 70 83, www.pratsdemollolapreste.com.

Termine
Fête de l'Ours: Feb. Arles-sur-Tech, St-Laurent-de-Cerdans, Prats-de-Mollo.
Procession de la Sanch: Karfreitag am Abend in Arles-sur-Tech.

Aspres ▶ F/G 18

Im Westen von Perpignan liegt zwischen Tech und Têt das Gebiet der Aspres, dessen Hauport **Thuir** (8000 Einw.) ist. Endlose Spaliere von Aprikosen- und Pfirsichbäumen sowie weite Rebenflächen umgeben das einladende Städtchen und bilden zugleich

Aspres

seine wirtschaftliche Basis. Zur Bekanntheit von Thuir trugen entscheidend die **Caves Byrrh** bei, die seit Ende des 19. Jh. hier ihren Aperitif herstellen. Im Zentrum der Produktion steht ein riesiges Eichenfass, das sage und schreibe 1 Mio. l fasst (Führungen Juli/Aug. tgl. 10–11.45, 14–18.45, April–Juni, Sept./Okt tgl. 9–11.45, 14.30–17.45, Nov.–März Di–So 10.45–15.30 Uhr, www.byrrh.com.

Castelnou, das bezauberndste Dorf der Aspres, entfaltet sich malerisch über eine Hügelkuppe, über der sich am Horizont die Silhouette des Canigou abzeichnet. Vom Stadttor steigen krumme Kopfsteingassen, an denen Kunsthandwerker ihre Produkte feilbieten, hinauf zur 1000-jährigen Burg.

Von dem Bilderbuchdorf schlängelt sich ein schmales Sträßchen durch die ausgedörrten Hügel der Aspres, vorbei an der kleinen romanischen Kapelle **Fontcouverte** und hinunter nach **Ille-sur-Têt**. Der Ort zwischen der Têt und ihrem Nebenfluss Boulès wird vom imposanten Glockenturm (14. Jh.) der **Eglise St-Etienne-del-Pradaguet** dominiert. Um das Gotteshaus mit schmucker Barockfassade laden Gassen und Plätze unter Platanen zum Bummeln und Verweilen ein. Sehenswert ist die Sammlung sakraler Kunst im ehemaligen **Hospici d'Illa** (Mitte Juni–Sept. tgl. 10–12, 14–19 Uhr außer Sa/So vormittags, sonst Mi–Mo 14–18 Uhr, 3,50 €).

Orgues ▶ F 18

Ille-sur Têt, www.ille-sur-tet.com, tgl. Juli/Aug 9.30–20, April/Mai, Sept. 10–18.30, Febr./März, Okt. 10–12.30, 14–17.30, Nov.–Jan. 14–17 Uhr, 3,50 €
Am linken Ufer der Têt bilden erodierte Sandsteinfelsen, deren Form an riesige Orgelpfeifen *(orgues)* erinnert, ein natürliches Amphitheater. Vor allem im Abendlicht bilden die in Ocker- und Orangetönen leuchtenden Felsformationen ein einmaliges Naturschauspiel.

Die Orgues vor den schneebedeckten Gipfeln der Pyrenäen

Auf Entdeckungstour

Klöster am Fuß der Pyrenäen – Schmuckstücke der Romanik

St-Michel-de-Cuxa, St-Michel-du-Canigou und Serrabonne zählen zu den beeindruckendsten Zeugnissen der romanischen Baukunst im Roussillon. Trotz ihrer weltfernen Lage kreuzten sich hier die Wege von Gelehrten, Baumeistern und Steinmetzen.

Reisekarte: ▶ F 18 und D 19

Dauer: Ein Tag.

Öffnungszeiten: St-Michel-de-Cuxa, Tel. 04 68 96 15 35, tgl. 9.30–11.50, 14–17 Uhr, Mai–Sept.bis 18 Uhr, So vormittags/Fei geschl., 4 €.
St-Martin-du-Canigou, Tel. 04 68 05 50 03, Führungen Juni–Sept. tgl. 10–17 stdl., Febr.–Mai, Okt.–Dez. Di–Sa 10, 11, 14, 15, 16, So/Fei 10, 12.30 Uhr, 4 €.
Prieuré de Serrabonne, Tel. 04 68 84 09 30, tgl.10–18 Uhr, 4 €.

Im Schatten des Canigou

Nachdem die Araber aus dem Süden Frankreichs vertrieben waren, gewann unter den Karolingern das Christentum an Bedeutung. Für die wachsende Schar an Gläubigen mussten Kapellen, Kirchen und Klöstern erbaut werden. Ihre Architektur, die antikes römisches Erbe mit arabischer und westgotischer Kunst sowie mit italienischen Einflüssen mischt, ist wegweisend für die Frühromanik im Roussillon. Drei bemerkenswerte Bauwerke kann man auf einer Fahrt am Fuß des Canigou entdecken.

Hort des Glaubens und der Kunst

In Prades weist ein markanter vierstöckiger Glockenturm mit Zwillingsfenstern und Zinnenkranz den Weg durch die Pfirsischhaine zur Abtei **St-Michel-de-Cuxa**. Ihre Anfänge gehen auf das Jahr 878 zurück. Eine verheerende Überschwemmung zwang damals die Mönche, ihr Kloster Eixalada im Têt-Tal zu verlassen. Am Nordhang des Canigou überließen ihnen die Grafen von Cerdagne Land für eine Neugründung.

Unter dem gräflichen Schutz erlangte das neue Kloster sehr schnell Ruhm und Reichtum. Dass es zum religiösen Zentrum im Roussillon aufstieg und zu einem der majestätischsten präromanischen Architekturensemble der Region wurde, verdankte es seinem mächtigen Abt Oliba, der dem Grafengeschlecht von Cerdagne entstammte.

Auf Geheiß von Oliba entstand Anfang des 11. Jh. der Glockenturm nach lombardischem Vorbild. Auch der Bau der runden Krypta, deren Gewölbe auf einem einzigen zentralen Pfeiler ruht, datiert in seine Amtszeit. Vorbildcharakter für die romanische Architektur und Skulptur hatte der im 12. Jh. errichtete Kreuzgang, von dem allerdings nur Fragmente erhalten sind. Die Chortribüne ging zwar auch verloren, ihren Zwilling kann man jedoch in Serrabonne entdecken.

Nach einer langen Zeit des Niedergangs wurde die Abtei nach der Französischen Revolution geplündert und dem Verfall preisgegeben. Die Marmorsäulen des Kreuzgangs und viele seiner reich verzierten Kapitele gelangten 1907 in die USA, wo sie im Cloisters Museum am Hudson River wieder zusammengefügt wurden.

Zisterziensermönche aus Fontfroide setzten 1919 dem weiteren Verfall der Abtei ein Ende. Ab den 1950er-Jahren konnte der Kreuzgang zur Hälfte rekonstruiert werden. Heute lebt eine kleine Gemeinschaft von Mönchen in Cuxa.

Adlerhorst in den Bergen

Nur wenige Kilometer Luftlinie von Cuxa entfernt befindet sich in wildromantischer Berglandschaft die Abtei **St-Martin-de-Canigou**. Insbesondere die weltentrückte Lage auf einem Felssporn in 1055 m Höhe trägt zur Einzigartigkeit der Anlage bei. Guifred de Cerdagne, ein Bruder des Abtes Oliba von Cuxa, stiftete 1007 das Kloster, in das er sich die letzten 14 Jahre seines Lebens als einfacher Mönch zurückzog. Das bei einem Erdbeben 1428 stark beschädigte und nach 1781 von den umliegenden Dörfern als Steinbruch missbrauchte Gebäude wurde erst zu Beginn des 20. Jh. wieder aufgebaut.

Besonders reizvoll ist der Kreuzgang, dessen südliche Galerie sich heute zum Canigou hin öffnet. Allerlei Getier und dämonische Gestalten beleben die Kapitele aus rosafarbenem und weißem Marmor. Archaisch muten die düstere dreischiffige Ober- und Unterkirche an, deren Tonnengewölbe auf grob gearbeiteten Pfeilern ruhen. Architektonisch war der Bau jedoch wegweisend, denn hier dürfte erstmals ein größerer Raum mit Steingewölbe entstanden sein. Eine gedrungene Bauweise mit starken, nur von wenigen kleinen Öffnungen durchbrochenen Mauern sowie massive Pfeiler lieferten die nötige Stabilität. Auch der isoliert stehende lombardische Glockenturm war zusammen mit demjenigen von Cuxa der erste seiner Art im Roussillon.

Vom kleinen Weiler Casteil führt ein Fußweg durch schattigen Laubwald in 45 Minuten hinauf zum Kloster. Wer den Weg scheut, kann ab Vernet ein Taxi nehmen. Vor dem Abstieg sollte man dem Wanderweg auf einigen Metern bergan folgen. Rechts biegt dann ein Pfad ab, vor dessen Begehung gewarnt wird, der aber einen faszinierenden Blick auf St-Martin ermöglicht.

Fabelwesen erzählen die Bibel

Von Bouleternère aus erreicht man nach kurvenreichen 12 km auf der D 618 die **Prieuré de Serrabonne**. Augustinermönche gründeten diese Prioratskirche im 11. Jh. in der Abgeschiedenheit der Aspres.

Das schlichte und in seinem grauen Schiefergestein düster wirkende Gotteshaus lässt nichts von seinem prächtigen Innenleben erahnen. Die auf 14 Pfeilern und Säulen ruhende Chortribüne aus rosa Marmor zählt zu den Juwelen romanischer Bildhauerkunst im Languedoc-Roussillon. Meisterhaft gearbeitet sind die Kapitelle, um die sich Löwen, Greife und Adler, Engel und Dämonen winden. Ebenso kunstvoll gestaltet sind die Flachreliefs der Archivolten. Der reiche und fantasievolle Skulpturenschmuck, der im Kontrast zu den klaren Linien und der strengen Regelmäßigkeit der Architektur steht, sollte den Gläubigen in anschaulicher Weise die Inhalte der Bibel vermitteln.

Angst einflößende Fratzen zieren auch die Säulenkapitelle der Südgalerie, von der aus der Blick in ein stilles und einsames Tal fällt. Hier lädt ein botanischer Garten mit Weinstöcken, Feigenbäumen und Kräuterbüschen der Garrigue zu einer Entdeckung typischer Mittelmeerflora ein.

Abgelegen in den Aspres – die Prieuré de Serrabonne

Essen & Trinken

Katalanische Bauernküche – **Domaine de Nidolères:** 66300 Banyuls-del-Aspres (ca. 15 km südöstl. von Thuir), Tel. 04 68 83 15 14, www.domainedenidoleres.com, Mai–Sept. Mo, Di mittags geschl., Okt.–April Do–So geöffnet, Menü ab 32 € inkl. Wein, Reservierung erforderlich. Martine und Pierre Escudié bewirten auf ihrer Domaine am Fuß der Aspres mit *ollada* (pikanter Eintopf) und anderen regionalen Spezialitäten und Weinen aus eigenem Anbau. Drei *chambres d'hôte* mit Pool, Sauna und Spa sind ebenfalls vorhanden. Auch Weinverkauf.

Infos

Office de Tourisme: Bd. Violet, 66300 Thuir, Tel. 04 68 53 45 86, www.thuir.com.

Prades ▶ E 18

Die Hauptstadt des Conflent, über die der mächtige Canigou sein Haupt erhebt, ist ein stilles Provinzstädtchen (5800 Einw.). Lebhaft wird es hier alljährlich im Sommer, wenn Musikfreunde aus aller Welt zum **Festival Pablo Casals** anreisen. Der berühmte spanische Cellist und überzeugte Pazifist, der 1939 in Prades Zuflucht vor der Franco-Diktatur fand, initiierte 1950 dieses Event der Kammermusik.

Lohnend ist ein Besuch der Dorfkirche **St-Pierre,** die von einem romanischen Glockenturm überragt wird. Zu ihrer prächtigen Innenausstattung zählt ein imposanter Altar, der mit einer Vielzahl geschnitzter Figuren geschmückt ist. Der Katalane Joseph Sunyer fertigte dieses Meisterwerk der Barockkunst im 17. Jh. an.

Eus ▶ E 18

Etwas außerhalb von Prades weckt der malerische Ort, der in exponierter Lage auf einem Bergkegel über dem rechten Têt-Ufer thront, das Interesse. Zu Recht zählt Eus zu den »schönsten Dörfern Frankreichs«. Reizvoll ist von dort aus die Aussicht auf Prades und den Canigou.

Essen & Trinken

Raffiniert – **Les Loges du Jardin d'Aymeric:** 7, rue du Canigou, 66500 Clara (5 km südl. von Prades, Tél. 04 68 96 08 72, www.logesaymeric.com, Menü ab 34 €. Die Küche von Gilles Bascou lockt Feinschmecker aus der gesamten Region in das Dörfchen am Fuß des Canigou. Im schönen Anwesen findet man auch drei Gästezimmer und einen Pool (DZ 65–85 € inkl. Frühstück).

Ganz entspannt – **Jardin d'Aymeric:** 3, av. Général de Gaulle, Prades, Tel. 04 68 96 53 38, So abends, Mo geschl. sowie 25. Juni–8. Juli, Menü 20–34 €. Nicht zu verwechseln mit dem Namensvetter im 5 km entfernten Clara. Kleines Lokal, auf der Karte lokale Spezialitäten.

Aktiv & Kreativ

Outdoor – **Extérieur:** 66130 Marquixanes (N 116, östl. von Prades), Tel. 04 68 05 72 12, www.exterieur-nature.com. Fuß-, Rad- und Schneewanderungen, Canyoning, Rafting und Hydrospeed.

Infos & Termine

Office de Tourisme

4, rue des Marchands, 66500 Prades, Tel. 04 68 05 41 02, www.prades-tourisme.com.

Roussillon und Pyrenäen

Mein Tipp

Tour des Parfums ▶ D 18
Auf halbem Weg zum Col de Jau liegt in idyllischer Berglandschaft das mittelalterliche Burgdorf **Mosset** – ganz in Naturstein erbaut und eines der »schönsten Dörfer Frankreichs«. Hier lädt der Turm des Parfums zu einem interaktiven Spaziergang ins Reich der Düfte ein (D 14 ab Prades, Tel. 04 68 05 38 32, www.mosset.fr, Juli/Aug. tgl. 10–12, 15–19, sonst 15–18 Uhr, 3 €).

Termine
Festival Pablo Casals: Ende Juli–Mitte Aug. Kammermusik-Festival (www.prades-festival-casals.com).

Pic du Canigou ▶ E 19

Über die Ebene des Roussillon erhebt sich majestätisch die Silhouette des Canigou. Lange Zeit hielt man den 2784 m hohen Berg für den höchsten Gipfel der Ostpyrenäen. Dass er nur Nummer drei ist, hat seinem Mythos keinen Abbruch getan. Katalanen beidseitig der Pyrenäen gilt er als heiliger Berg und als Symbol ihrer Einheit. So entfachen sie gemeinsam in der Nacht zum 24. Juni auf dem Gipfel das Johannisfeuer mit einer Flamme, die das Jahr über im Castillet in Perpignan bewahrt wird.

Von Prades führen zwei Fahrpisten in etwa einer Stunde zum **Chalet des Cortalets** in 2150 m Höhe, von wo selbst Untrainierte es in etwa zwei Stunden zum Gipfelkreuz schaffen. Die Fahrt hinauf zur Berghütte, insbesondere die schwindelerregende Route über die spektakuläre **Escala de l'Ours** und den **Col de Voltes,** sollte man auch bei guten Wetterverhältnissen unbedingt den ortskundigen Profis im Geländewagen überlassen. Für den Gesamtaufstieg benötigt man ab Prades etwa acht Stunden. Vom Kurstädtchen **Vernet-les-Bains** am Fluss Cady sind es etwa sieben Stunden zum Gipfel. Diesen Weg hat 1925 Kurt Tucholsky ausprobiert und in seinem »Pyrenäenbuch« beschrieben.

Übernachten, Essen

Berghütten – **Chalet des Cortalets:** Tel. 04 68 96 36 19, Mitte Juni–Sept. 110 Schlafplätze, Restaurant. Unbedingt reservieren! **Refuge de Mariailles:** Tel. 04 68 05 57 99, Mai–Mitte Nov. 50 Schlafplätze, Restaurant.

Infos

Office de Tourisme: 2, rue de la Chapelle, 66820 Vernet-les-Bains, Tel. 04 68 05 55 35, www.ot-vernet-les-bains.fr.
Wanderkarten: IGN 2450 Ouest, 2349 Est.
Wanderführer: FFRP-Topoguide GR 36/GR 10, Pyrénées Orientales.
Geländewagen-Taxi: Transports Taurigna, Vernet-les-Bains, Tel. 04 68 05 63 06. Ca. 25 € pro Person bis Les Cortalets.

Villefranche-de-Conflent ▶ D 18

Die Grafen von Cerdagne gründeten 1090 die ›freie Stadt‹ in einem tiefen Bergeinschnitt am Zusammenfluss von Cady und Têt und kontrollierten damit den Zugang ins obere Conflent. Unter Vauban wurde Villefranche im 17. Jh.

Villefranche-de-Conflent

mit sechs Eckbastionen verstärkt. Zusätzlich wurde im Hang ein Fort gebaut, um die strategisch wichtige Pyrenäenpassage zu sichern. Die Festungsstadt zählt nicht nur zu den »schönsten Dörfern Frankreichs« sondern auch zu den 14 Vauban-Stätten, die 2008 ins UNESCO-Welterbe eingetragen wurden.

Die monumentalen **Porte de France** im Osten und **Porte d'Espagne** im Westen geben Einlass in den musealen Ort, in dem stets reges touristisches Leben herrscht. Die beiden Hauptstraßen St-Jean und St-Jacques säumen gut erhaltene mittelalterliche Fassaden. Einen interessanten Einblick in die Militärarchitektur des 11. bis 19. Jh. vermittelt ein Rundgang über die **Remparts** (32, rue St-Jacques, tgl. Juni–Sept. 10–19, Okt.–Mai 10.30–12.30, 14–17 Uhr, 4 €).

Fort Libéria

www.fort-liberia.com, tgl. Juli/Aug. 9–20, Mai–Juni 10–19, sonst bis 18 Uhr, 5,50 €, 8 € inkl. Anfahrt im Jeep
Ein ca. 20-minütiger Aufstieg führt von der Porte de France hinauf zur Festung Vaubans, die zeitweise als Gefängnis diente. Den Rückweg sollte man über die *mille marches,* eine von Napoléon III. angelegte unterirdische Treppe, antreten. Es sind allerdings nicht tausend *(mille),* sondern ›nur‹ 734 Stufen.

Grandes Canalettes ▶ D 18

D 116, www.grotte-grandes-canalettes.com, tgl. Juli/Aug. 10–19.30, April–Juni, Sept., Okt 10–17.30/18 Uhr, Nov.–März nur Sa/So geöffnet, 7 €. Warme Jacke!
Am Ufer des Cady erstreckt sich bis hinunter zur Têt ein weit verzweigtes Höhlensystem, das vor 40. Mio. Jahren entstand. Im Juli/Aug. setzt ein Son-et-Lumière -Spektakel die Tropfsteine besonders effektvoll in Szene (19 Uhr).

Gorges de la Carança ▶ C 19

Bei Thuès-entre-Vals, Parkplatz 2 €, Wanderkarte IGN 2349 Ouest
Durch die enge Klamm, deren Felswände über 100 m aufragen, führen mehrere lohnenswerte Wanderwege. Bei einigen Passagen über Hängebrücken ist Schwindelfreiheit gefragt. Vier Stunden dauert der Aufstieg zur Hütte von Ras.

Bains de St-Thomas ▶ C 19

Fontpédrouse/St-Thomas-les-Bains, Tel. 04 68 97 03 13, www.bains-saint-thomas.fr, tgl. 10–20, Juli/Aug. bis 21 Uhr, 4,50 €
Vor allem im Winter, wenn rund herum Schnee liegt, ist es eine Wohltat, in den beiden großen Außenpools in das 34–38 °C warme Quellwasser einzutauchen. Hammam und Massagen runden das Verwöhnprogramm ab.

Essen & Trinken

Lustgewinn – **Auberge Saint-Paul:** 7, pl. de l'Eglise, Tel. 04 68 96 30 95, So abends, Mo geschl., Menü 29–85 €. In der ehemaligen Pauluskapelle verwöhnt Küchenchefin Patricia Gomez mit raffinierten Gerichten. Einladende Terrasse unter einer mächtigen Platane.

Infos

Bahn: Lokalzüge zwischen Villfranche und Perpignan. Ab Villefranche mit dem **Train jaune** über Mont-Louis bis Latour-de-Carol (s. Entdeckungstour S. 246).
Parken: Kostenpflichtige Parkplätze vor den Stadttoren und am Bahnhof.

Auf Entdeckungstour

Train jaune – der kleine Bolide der Cerdagne

Auch im 21. Jh. rumpelt der gelbe Zug mit 55 km/h Höchstgeschwindigkeit munter durch das felsige Tal der Têt hinauf in die Cerdagne – ein schwindelerregendes Vergnügen.

Reisekarte: ▶ B–D 18–20

Start/Dauer: Ab Gare SNCF Villefranche-de-Conflent und zurück Juli/Aug. 5x tgl, Nebensaison 3 x tgl., Winter 1 x tgl. Fahrzeit bis Font Romeu 1.45 Std., bis Latour-de-Carol knapp 3 Std.

Fahrpreis: Komplett hin und zurück ca. 36 €. Villefranche bis Font-Romeu und zurück ca. 21 €.

Fahrplaninfo: Tel. 04 68 96 63 62, www.trainstouristiques-ter.com/train_jaune.htm

Mit dem Canari in die Pyrenäen

Bereits eine Stunde vor der Abfahrt des Train jaune haben sich zahlreiche große und kleine Eisenbahnfans auf dem Bahnhof von Villefranche-de-Conflent eingefunden. Die Zahl der Sitzplätze ist begrenzt, eine Reservierung nicht möglich und der Andrang in der Ferienzeit groß. Besonders begehrt sind natürlich die Plätze in den offenen Panoramawagen, wobei bergauf die Plätze auf der rechten Zugseite die besseren Ausblicke bieten. Wegen seiner auffälligen gelben Farbe trägt die Schmalspurbahn auch den Spitznamen *canari* (Kanarienvogel).

Atemberaubende Ausblicke

Endlich gibt der Bahnhofsvorsteher die Strecke frei. Die wilde Fahrt kann beginnen. Unterwegs passiert der gelbe Zug 20 Haltepunkte, darunter Bolquère-Eyne – mit 1593 m Frankreichs höchst gelegener Bahnhof. Achtung, an manchen Stationen hält der Lokführer nur nach vorheriger Absprache! Endstation ist Latour-de-Carol. Dort besteht Anschluss an die internationale Bahnstrecke Toulouse – Barcelona.

Besonders spektakulär ist der Abschnitt zwischen Villefranche und Font-Romeu mit dem 237 m langen Viaduc de Séjourné und der 80 m hohen, eisernen Hängebrücke Pont Gisclard. Dort lässt der Blick in die Tiefe der Têt-Schlucht manchen Reisenden schwindeln. Beängstigend wild und rumpelig ist die Talfahrt, wenn der Bolide der Cerdagne mit gefühlter TGV-Geschwindigkeit durch die Kurven braust. Entspannen kann man hingegen bei der Durchquerung des alpinen Hochtals der Cerdagne. Aus den Panoramawagen bieten sich nun wundervolle Blicke in die Bergwelt.

Unglaublich steiles Gefälle

Im Sommer 1927 nahm der Train Jaune seinen Betrieb auf und befreite die Dörfer in Conflent und Cerdagne aus ihrer Isolation. Die größte Herausforderung für die Ingenieure hatte darin bestanden, auf nur 30 km Länge 1100 Höhenmeter zu überwinden. So zählt die insgesamt 62,6 km lange eingleisige Trasse 650 technische Bauwerke, darunter 19 Tunnel sowie zwölf Brücken und Viadukte. Der Antrieb des Zuges erfolgt elektrisch mittels einer dritten seitlichen Schiene. Um die notwendigen 850 Volt Strom zu erzeugen, wurden ein Wasserkraftwerk und der Bouillouses-Stausee oberhalb von Font-Romeu errichtet.

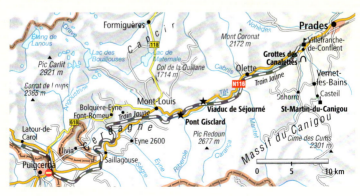

Roussillon und Pyrenäen

Mont-Louis ▶ C 19

Wieder einmal war Vauban, der Festungsbaumeister Ludwig XIV., am Werk. 1679 beauftragte ihn der Sonnenkönig, auf einem Plateau am Schnittpunkt der Hochtäler von Conflent, Cerdagne und Capcir eine Verteidigungsanlage zu errichten. Zu Ehren des Königs erhielt sie den Namen ›Mont-Louis‹. Die befestigte Stadt samt Zitadelle, in der heute noch eine Elitetruppe der Armee ausgebildet wird, ist seit 2008 UNESCO-Welterbe.

Four Solaire
www.four-solaire.fr, Führungen tgl. Juli/Aug. 10–11.30, 14–18 halbstdl., Sept.–Juni 10, 11, 14, 15, 16, 17 Uhr, 6 €
Wegen der konkurrenzlos vielen Sonnenstunden in der Cerdagne bot sich Mont-Louis 1949 als idealer Standort für dieses erste Solarkraftwerk der Welt an. Anschaulich werden hier das Prinzip eines Sonnenofens und dessen Nutzung erläutert.

Übernachten

Herrlich altmodisch – **Lou Raballou:** Mont-Louis, rue des Ecoles-Laïques, Tel. 04 68 04 23 26, christine.courivaud@wanadoo.fr, DZ 65 € inkl. Frühstück. Christine und ihre *mamma* bewirten ihre Gäste mit großer Herzlichkeit. Ein Kaffee zur Begrüßung und das üppige Frühstück werden in einem Salon voller Nippes gereicht. Zimmer mit Großmutters Mobiliar und dicken Federbetten bei Bedarf.

Infos

Office de Tourisme: Rue du Lieutenant-Pruneta, 66210 Mont-Louis, Tel. 04 68 04 21 97, www.mont-louis.net.

Capcir ▶ B/C 18

Nördlich von Mont-Louis erstreckt sich die mit Gletscherseen blau getupfte Bilderbuchlandschaft des Capcir. Jedoch stören bei **Les Angles** und **Puyvalador** Skipisten und -lifte sowie Apartmentanlagen die Idylle. Den Hauptschwerpunkt des Wintertourismus bildet mit über 100 km gespurten Loipen der Skilanglauf. Im Sommer erschließen zahlreiche Wanderwege das faszinierende Seengebiet am Fuß von **Pic Carlit** (2921 m; s. Lieblingsort S. 250) und **Pic Peric** (2810 m). Wassersportmöglichkeiten bietet im Sommer der **Lac de Matemale**.

Parc Animalier ▶ C 18

Les Angles, Tel. 04 68 04 17 20, www.faune-pyreneenne.com, tgl. 9–17/18 Uhr, 8 €, Wanderschuhe anziehen!
Im Parc Animalier des Angles können die in den Pyrenäen ursprünglich und teils noch heute heimischen Wildtiere – vom Braunbär bis zum Murmeltier – in ihrer natürlichen Umgebung beobachtet werden. Themenwege erklären zudem die Gebirgsflora.

Infos

Internet: www.capcir-pyrenees.com.

Cerdagne ▶ B/C 19/20

Das weite, von mächtigen Bergen gesäumte Tal westlich von Mont-Louis ist dank der prächtigen Gebirgslandschaft und der über 3000 Stunden Sonnenschein im Jahr genossen wie winters ein attraktives Ziel für Aktivurlauber.

Mekka des Wintersports in den Pyrénées-Orientales ist **Font-Romeu,** dessen touristische Karriere Anfang des 20. Jh. mit dem Bau des Grandhotel eingeläutet wurde. Allerdings wirken die gesichtslosen Bettenburgen und die von Skiliften verstellten Hänge rund um den Ort in der schneelosen Saison nicht sonderlich einladend. Aber daneben gibt es noch viele Dörfer mit urigen Natursteinhäusern unter Schieferdächern sowie kleinere romanische Kirchen, die ihren altertümlichen Charme bewahrt haben, so etwa **Dorres, Valcebollère** oder **Llo**.

Ein historisches Kuriosum stellt die spanische Enklave **Llívia** dar. Im Pyrenäenvertrag hatten die Franzosen nämlich ausgehandelt, dass 33 Dörfer in der Cerdagne französisch werden, dabei aber übersehen, dass Llívia Stadtrechte besaß. Daher konnte das Örtchen nicht von Frankreich in Besitz genommen werden.

Héliodyssée ▶ B 19

Font Romeu Odeillo Via, Tel. 04 68 30 77 86, www.foursolaire-fontromeu.fr, tgl. Juli/Aug. 10–18.30, Sept.–Juni 10–11.30, 14–17 Uhr, 6 €

Bei Font-Romeu fasziniert der 40 m hohe Parabolspiegel des **Grand Four Solaire d'Odeillo** – eine gigantische Vergrößerung des Solarkraftwerks von Mont-Louis. Durch Bündelung der Sonnenstrahlen können in der Forschungsanlage, in der u. a. feuerfeste Stoffe entwickelt werden, Temperaturen von bis zu 3800 °C erreicht werden.

Bains de Dorres und Bains de Llo ▶ B 19

Dorres, Tel. 04 68 04 66 87, www.bains-de-dorres.com, tgl. 8.30–20 Uhr, 4 €; Llo, Tel. 04 68 04 74 55, www.lesbains dello.com, tgl. 10–19.30 Uhr, 8,50 €

In den Quellen von Dorres und Llo kann man in schwefelhaltigem, über 35 °C warmem Wasser unter freiem Himmel wunderbar relaxen. In Llo gibt es auch ein Innenbecken.

Übernachten, Essen

Uriges Berghotel – **Auberge les Ecureuils:** 66340 Valcebollère, Tel. 04 68 04 52 03, www.aubergeecureuils.com, DZ 70–88 €, Menü 20–50 €. 15 komfortable und gemütliche Zimmer in einer alten Schäferei auf 1500 m Höhe am Ende einer Talstraße. Warmherzige Atmosphäre, empfehlenswertes Restaurant. Spezialangebote für Wanderer und Skilangläufer. Kaminzimmer, Billard, Sauna und Fitness.

In Naturstein – **Cal Miquel:** 66800 Llo, Tel. 04 68 04 19 68, www.calmiquel.com, Halbpension 45 €/Person. Fünf urgemütliche Gästezimmer und ein reich gedeckter Gästetisch in einem alten Bergbauernhof auf 1500 m Höhe.

Aktiv & Kreativ

Outdoor – **Ozone 3:** 40, av. Brousse, Font-Romeu, Tel. 04 68 30 36 09, www.ozone3-montagne.com. Zum breiten Angebot gehören Wandern, Radfahren, Klettern, Rafting

Drachenfliegen – **Vol'Aime:** 92, rue Creu de Fé, Targasonne (westl. Font-Romeu), Tel. 04 68 30 10 10, www.vol aime.com. Tandemflüge für Anfänger und Kurse für jedes Niveau.

Infos

Office de Tourisme: 82, av. Brousse, 66120 Font-romeu, Tel. 04 68 30 68 30, www.font-romeu.fr.
Internet: www.pyrenees-cerdagne.com.

Lieblingsort

Tour des Etangs – Bergseen und schneebedeckte Gipfel
▶ B 18

Von der Staumauer des Lac des Bouillouses führt eine ca. dreistündige Wanderung zu den Seen und Tümpeln am Fuß des Pic Carlit. Nach einem steilen Anstieg geht es ohne große Höhenunterschiede weiter. Die Luft in 2000 m Höhe ist klar und frisch. Im Frühsommer blühen Enzian, Hahnenfuß und Zahnlilie, mit etwas Glück sieht man Mufflons und hört den Warnpfiff des Murmeltiers (gelbe Wegmarkierung, Wanderkarte IGN 2249 ET, Zufahrt auf der D 60 im Juli/Aug. nur mit dem Pendelbus.)

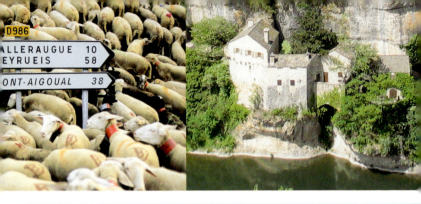

Das Beste auf einen Blick

Lozère und Cevennen

Highlights!

Viaduc de Millau: In etwa 270 m Höhe überspannt die Autobahnbrücke mit elegantem Schwung das weite Tals des Tarn. Der höchste der sieben schlanken Pylonen ragt gar 343 m in den Himmel. S. 256

Gorges du Tarn: Zwischen Ispagnac und Le Rozier hat der Tarn sich tief in die Causses gefressen und eine wilde Felsschlucht hinterlassen. Besonders beeindruckend ist eine Fahrt mit dem Kanu durch die Gorges. S.265

Auf Entdeckungstour

Aven Armand: Tief unter der Causse Méjean wächst in einem riesigen unterirdischen Saal ein märchenhafter Urwald aus Kalksteinsäulen. S. 272

Musée du Désert: Die Ausstellung im Geburtshaus des Kamisardenführers Pierre Laporte hält die Erinnerung an den Kampf der Protestanten für ihren Glauben lebendig. S. 278

Kultur & Sehenswertes

Mende: Stolz reckt sich die mächtige Kathedrale mit ihrem markanten ungleichen Turmpaar über das schmucke Städtchen am Ufer des Lot. S. 260

Mont Lozère: Das mächtige Granitmassiv, dessen Kuppen vom Wind glatt gefegt sind, bildet das Dach des Cevennen-Nationalparks. S. 261

Aktiv & Kreativ

Vallon du Villaret: Ein von Künstlern geschaffener Erlebnispfad, der Kinder und Erwachsene gleichermaßen begeistert. S. 260

Chemin Stevenson: Vom Mont Lozère bis nach St-Jean-du-Gard kann man einige Tage auf den Spuren des schottischen Romanciers wandern. S. 264

Train à vapeur: Zwischen St-Jean-du-Gard und Anduze schnaubt der Dampfzug mit Getöse durch das Tal des Gardon. S. 277

Genießen & Atmosphäre

Fête de la Transhumance: Der Auftrieb der Rinder auf die Weiden des Aubrac wird Ende Mai am Col de Bonnebombe gefeiert. S. 259

Florac: Belebte Caféterrassen unter Platanen verleihen dem hübsch herausgeputzten Cevennen-Städtchen mediterranes Flair. S. 263

Bambouseraie de Prafrance: Ein tropischer Bambuswald, der im lauen Klima am Gardon gedeiht, entführt den Besucher nach Asien. S. 276

Abends & Nachts

Buron de Born: In der Sennhütte des Aubrac sitzt man abends vor prasselndem Kaminfeuer, probiert ein *aligot* und hört dazu Akkordeonmusik. S. 257

Ste-Enémie: Im Sommer animiert ein abendlicher Markt die Gassen des mittelalterlichen Dorfs am Tarn. S. 268

Lozère und Cevennen

Die Fahrt ins Département Lozère im Norden der Region haben die A 75 und der spektakuläre Viaduc de Millau erheblich verkürzt. Mit nur 14 Einwohnern pro Quadratkilometer ist das Lozère einer der am dünnsten besiedelsten Landstriche Frankreichs. Massive Landflucht hatte die unwirtliche Bergregion in den 1960er-Jahren nahezu leer gefegt. Um den Erhalt dieses vielfältigen Naturraums bemüht sich seit 1970 der Parc National des Cévennes (s. S. 50). Ausgedehnte Weideflächen, Wälder und Bäche prägen das Plateau des Aubrac und das Mittelgebirge der Margeride. Lieblicher mutet das Tal des Lot bei Mende, der Hauptstadt des Département Lozère, an. Doch auch hier ist die Nähe zum Mittelmeer kaum zu erahnen. Kahl und unwirtlich präsentiert sich das Massiv des Mont Lozère. Gehöfte und Dörfer sind aus grauem Granit wie für die Ewigkeit geschaffen. Tiefe Schluchten haben die Flüsse Tarn, Jonte und Dourbie in Jahrmillionen in die Kalkplateaus der Causses gefräst. Die weltentrückte Steppenlandschaft auf der Causse Méjean sowie die grandiose Felswelt der Gorges du Tarn begeistern Naturfreunde und Wassersportler. Vom Gipfel des windumtosten Mont Aigoual erstrecken sich die Cevennen in einem Labyrinth aus tiefen Tälern und schroffen Felskämmen bis hinunter in die Küstenebene des Languedoc. Diese wilde und arme Gegend, in der die Kastanie jahrhundertelang das tägliche Brot ersetzte, war schon immer ein Zufluchtsort für Andersgläubige und Freigeister.

Millau ▶ H 6

Die geschäftige Kleinstadt (ca. 21 400 Einw.) ist Verwaltungssitz des Départements Aveyron und gehört zur Nachbarregion Midi-Pyrénées. Im neuen Jahrtausend ist sie durch den Viaduc de Millau, die weltweit höchste Autobahnbrücke, berühmt geworden. Zuvor hatte sich Millau vor allem mit Lederwaren und feinen Handschuhen einen Namen gemacht und beachtlichen Wohlstand erlangt.

Durch die von einem Boulevard umschlossene trapezförmig angelegte Altstadt führen verkehrsberuhigte Gassen zur lauschigen **Place Foch** mit Cafés und Restaurants unter Arkaden und alten Platanen. Vom **Beffroi,** ein gotischer Viereckturm mit achteckigem Oberbau aus dem 17. Jh., hat man einen schönen Ausblick über die Dächer der Stadt.

Wem dies nicht genügt, kann Millau auch aus der Vogelperspektive bestaunen. Steile Felswände am Zusammenfluss von Tarn und Dourbie, verbunden mit idealer Thermik, bieten Drachen- und Gleitschirmfliegern hierzu beste Voraussetzungen.

Infobox

Regionale Websites
www.lozere.com, www.tourisme48.fr, www.gevaudan.com, www.mescevennes.com.

Verkehr
Über die A 75 ist der Norden gut an das Verkehrsnetz angeschlossen. Regionalzüge verkehren von Nîmes über Alès sowie von Béziers über Millau nach Mende. Das Busnetz ist jedoch nicht sehr dicht, sodass das Auto für die Erkundung des Lozère unentbehrlich ist.

In einem eleganten Bogen überspannt der Viaduc de Millau das Tal des Tarn

Lozère und Cevennen

Musée de Millau
Pl. Foch, Juli/Aug. tgl. 12–18, Okt.–April Mo–Sa 10–12, 14–18 Uhr
Die Ausstellung im eleganten **Hôtel de Pégayrolles** informiert über Lederverarbeitung und Handschuhherstellung. Einen weiteren Schwerpunkt des Museums bildet gallo-römische Keramik aus den Ausgrabungen im 1 km südwestlich der Stadt gelegenen La Graufesenque. Sie belegen, dass Tonwaren im 1. Jh. n. Chr. einen Exportschlager Millaus darstellten.

Viaduc de Millau! ▶ H 7

Mautgebühr ab 5,60 €,
www.leviaducdemillau.com
Wie eine stolze Karavelle mit geblähten Segeln an sieben riesigen Masten überspannt die 2460 m lange Autobahnbrücke in 270 m Höhe das weite Tal des Tarn bei Millau. Der englische Stararchitekt Sir Norman Foster zeichnet für den Entwurf des kühnen Bauwerks verantwortlich, das im Dezember 2004 für den Verkehr freigegeben wurde. Für Durchreisende wurde eigens ein Besucherzentrum mit **Aussichtspunkt** direkt neben der Autobahn angelegt. In aller Ruhe bestaunen kann man den Giganten vom Informationspavillon oberhalb von **Creissels** (D 992 westl. von Millau) aus. Fantastische Blickwinkel ergeben sich auch im Dörfchen **Peyre,** das unterhalb des Viadukts am Ufer des Tarn liegt.

Essen & Trinken

Regionale Küche – **La Braconne:** 7, pl. Maréchal-Foch, Tel. 05 65 60 30 93, So abends, Mo geschl., Menü 20–39 €. Mit Außenplätzen am Arkaden gesäumten Platz und urigem Gewölbesaal mit großem Kamin.

Aktiv & Kreativ

Outdoor – **Horizon Millau Vol Libre:** 6, pl. Lucien Grégorie/pl. Foch, Tel. 05 65 59 78 60, www.horizon-millau.com. Neben Gleitschirmflügen auch Kletter- und Höhlentouren.

Infos

Office de Tourisme: 1, pl. du Beffroi, 12100 Millau, Tel. 05 65 60 02 42, www.ot-millau.fr.

Gévaudan ▶ J 2–4

Die alte Grafschaft des Gévaudan umfasste im Wesentlichen das Gebiet des Départements Lozère. Heute wirbt der Landstrich zwischen Aubrac und Margeride mit seinem sagenumwobenen Namen, der noch heute in ganz Frankreich eine Wolfsphobie auslöst: Ab 1764 zerfleischte die **Bête du Gévaudan** rund 100 Menschen, in der Mehrzahl Kinder und junge Frauen. Die königlichen Dragoner wurden zur Wolfsjagd in die Region abkommandiert, doch die Bestie trieb weiter ihr Unwesen. Erst im Juni 1767, als ein Wolf mit geweihten Kugeln erlegt wurde, endete der Schrecken schlagartig.

Das wehrhafte Städtchen **Marvejols** (ca. 5500 Einw.) am Fuß des **Truc du Midi** verdankt seinen Wiederaufbau nach der Zerstörung im Religionskrieg der Großzügigkeit Heinrich IV. Drei, von trutzigen Rundtürmen flankierte Stadttore kontrollierten einst den Zugang zum historischen Stadtkern. Leider spielt sich das Geschäftsleben heute vornehmlich außerhalb der alten Mauern ab. Besonders belebt ist die Place de l'Esplanade beim Viehmarkt an jedem ersten und dritten Montag des Monats.

Durchzogen von der Urugne und kleinen Kanälen, an denen früher Weiß- und Lohgerber ihre Werkstätten hatten, nennt sich das ehemalige Klosterdorf **La Canourgue** vollmundig ›Kleines Venedig der Cevennen‹. Markantes Zeichen des Ortes (ca. 2000 Einw.) ist der windschiefe runde Uhrturm. Im Zentrum stehen schöne Fachwerk- und Renaissancehäuser, teils mit vorkragenden Obergeschossen.

Château de la Baume ▶ J 2

D 73 ab AB-Ausfahrt 37 (Le Buisson), www.chateaudelabaume.org, Juli/Aug. tgl. 10–12, 14–18 Uhr, 6 €
In einem lieblichen Wald- und Wiesental an der Ostflanke des Aubrac taucht unvermutet das vierflüglige, mit wehrhaften Ecktürmen versehene Schloss auf. Es bringt ein wenig von der Pracht, die am Hof von Sonnenkönigs Ludwig XIV. herrschte, in diese abgelegene ländliche Idylle.

Parc des Loups du Gévaudan ▶ J 2/3

Ste-Lucie (AB-Ausfahrt 38), www.loupsdugevaudan.com, April–Okt. tgl. 10–18, Juli/Aug. bis 19, Nov./Dez, Febr./März Sa/So 10–17 Uhr, 7 €
Seit 1985 versucht der Wolfspark ein realistischeres Bild vom ›bösen‹ Wolf zu vermitteln. Etwa 100 Exemplare aus Polen, Sibirien, Kanada und der Mongolei leben hier in weiträumigen Freigehegen.

Infos

Office de Tourisme: Porte du Soubeyran, 48100 Marvejols, Tel. 04 66 32 02 14, www.ville-marvejols.fr. Rue de la Ville, 48500 La Canourgue, Tel. 04 66 32 83 67, www.la-canourgue.com.

Aubrac ▶ H/J 1–3

Große Einsamkeit erwartet den Reisenden, der von **La Canourgue** oder **Le Monastier** aus auf das Aubrac-Plateau, den äußersten nordwestlichen Zipfel des Département Lozère, hinauffährt. Beidseitig der D 52 dehnt sich endloses, sanft gewelltes Weide- und Heideland aus, durch das klare Bäche plätschern. Winzige Seen und kleine Baumgruppen setzen Akzente. Basaltblöcke, wie von Riesenhand verstreut, verleihen der Landschaft eine herbe Schönheit. Im Mai überzieht ein Teppich aus weißen und hellgelben Narzissen die Wiesen. Ab Ende Mai bis Anfang Oktober

Mein Tipp

Buron de Born ▶ J 2
Im Seengebiet südlich von Nasbinals lädt der Buron de Born zu einer zünftigen Brotzeit ein, entweder am Kamin im urigen Schankraum oder auf der Terrasse mit Blick auf den Lac de Born. Spezialität ist selbstverständlich *aligot*. Die Stimmung ist besonders ausgelassen bei den Akkordeonabenden. Die robusten, aus Granit gebauten Sennhütten *(burons)* dienten den Viehhirten des Aubrac im Sommer als Unterkunft. Außerdem wurden sie als Käsereien genutzt. Rund zwanzig *burons* wurden rund um Nasbinals restauriert und zum Teil als Restaurant hergerichtet (Ostern–Allerheiligen, Tel. 04 66 32 52 20, Menü 20–25 €).

Lozère und Cevennen

grasen auf den saftigen Sommerweiden die karamellfarbenen Aubrac-Kühe.

Der **Aubrac-Wanderweg** lädt dazu ein, die Region in mehreren Tagen auf Schusters Rappen zu erkunden. Im Winter, wenn die Landschaft unter einer hohen Schneedecke verschwindet, werden rund 250 km Loipen für den Langlauf gespurt. Zwischen Aumont-Aubrac und Nasbinals durchwandern Pilger auf der *via podiensis* (GR 65), die einen Abschnitt des alten von Le Puy im Zentralmassiv ausgehenden Jakobswegs darstellt, das Aubrac.

Der Marktflecken **Nasbinals**, im Herzen des Plateaus, ebenso wie **Aumont-Aubrac** an seinem östlichen Rand wirken mit massiven Häusern aus Granit und Basalt wie für die Ewigkeit erbaut. Die Dorfkirche Ste-Marie von Nasbinals, mit ihrem kompakten achteckigen Glockenturm ein schönes Beispiel auvergnatischer Romanik, lohnt nicht nur für Jakobspilger einen Besuch.

Übernachten, Essen

Ein Koch mit Ambitionen – **Chez Camillou**: 10, rte. du Languedoc, 48130 Aumont-Aubrac, Tel. 04 66 42 80 22, www.camillou.com, DZ 65–160 €. Die 37 Zimmer sind modern und ansprechend eingerichtet, doch vor allem sind die Kochkünste von Cyril Attrazic eine Wucht – ein Michelinstern! Je nach Jahreszeit stehen Lamm, Aubrac-Rind oder Wild, Spargel, Zucchini oder Waldpilze auf der Karte. Himmlische Desserts runden das Geschmackserlebnis ab (Restaurant So abends/Mo geschl. außer Juli/Aug., Menü 33–75 €, Brasserie tgl. geöffnet, Menü 25 €).

Natur pur – **Le Relais de l'Aubrac**: 48260 Pont de Gournier (D 12, 4 km nördl. von Nasbinals), Tel. 04 66 32 52 06, www.relais-aubrac.com, DZ 49–62 €. Herzlicher Empfang in diesem Granithaus des Aubrac am Flüsschen Bès. 27 bequeme Zimmer. Gemütlicher Schankraum mit Kamin, großer Speise-

Menschenleer – das Plateau des Aubrac

saal und Terrasse. Aufgetischt wird eine solide *terroir*-Küche, die mehrfach ausgezeichnet wurde (So abends, Do abends geschl., Menü 23–38 €).

Aktiv & Kreativ

Reiten – **Centre Equestre des Monts d'Aubrac:** Nasbinals, rte. de St-Urcize, Tel. 04 66 32 50 65. Ausritte auf Pferd oder Pony, Kutschfahrten sowie Reitkurse mit Unterbringung im Gîte.
Wellness – **La Chaldette:** Brion, 14 km nördl. von Nasbinals, Tel. 04 66 31 68 00, www.lachaldette.com. Thermalbad mit Wellness- und Fitness-Zentrum am Bès.

Infos & Termine

Office de Tourisme
48260 Nasbinals, Tel. 04 66 32 55 73, www.nasbinals-tourisme.fr.

Termine
Fête de la Transhumance: Traditioneller Almauftrieb am So um den 25. Mai. Am **Col de Bonnecombe** finden eine Messfeier mit Segnung der Tiere und die Prämierung der schönsten Herde statt. Anschließend wird *aligot* aus großen Töpfen serviert. Der Andrang ist riesig! (Info: www.aubrac-sud-lozere.com).

Margeride ▶ K/L 1–3

Vom Tal des Lot steigt gegen Norden das Granitmassiv der Margeride an, das bis ins Département Cantal hineinreicht. Von **Châteauneuf-de-Randon,** das weithin sichtbar auf einem Bergkegel thront, führt die D 985 durch die charakteristische sanfte Hügellandschaft der Margeride: Viehweiden und Heide im Wechsel mit Kiefer-, Tannen- und Birkenwäldern. Durchzogen von fischreichen Quellflüssen ist das Gebiet ein Paradies für Angler. Wanderwege, Radpisten und Loipen ziehen Aktivurlauber an. Zentraler Startpunkt für Montainbiker oder Skilangläufer ist **Baraque-de-Bouviers** westlich von Grandrieu.

Nur wenige Gehöfte und kleine Weiler unterbrechen die Einsamkeit in der weiten Natur. Mit Unterkunft und Verpflegungsmöglichkeit kann **St-Alban-sur-Limagnole** einige Touristen anlocken. Die romanische Dorfkirche, wie alle Gebäude hier aus massivem Granit erbaut, trägt den für die Region typischen Kammturm.

Bisons d'Europe ▶ K 1

Ste-Eulalie, Tel. 04 66 31 40 40, www.bisoneurope.com, Mitte Juni–Mitte Sept. tgl. 10–18, sonst bis 17 Uhr, 12 €
Seit den 1990er-Jahren werden am Rande der Margeride in einem 200 ha großen Reservat Wisente gezüchtet. Der Herde kann man sich per Kutsche oder im Winter mit dem Schlitten nähern.

Übernachten, Essen

Romantisch – **Relais St-Roch:** 48120 St-Alban-sur-Limagnole, Tel. 04 66 31 55 48, www.relais-saint-roch.fr, DZ 98–198 €. Neun luxuriöse Zimmer in einem Schlösschen aus rosa Granit, das von einem kleinen Park umschlossen wird. Ein beheizter Pool ist auch vorhanden. Das angeschlossene Feinschmecker-Restaurant **La Petite Maison** serviert als Spezialität Fleischgerichte vom Bison. Als Dégestif wählt man zwischen über 300 Sorten Whisky (Mo–Mi mittags geschl., Menü 28–69 €).

Lozère und Cevennen

Mende ▶ L 3

Das schmucke Städtchen (ca. 12 000 Einw.) in einem weiten, grünen Talkessel am Oberlauf des Lot teilt nicht die Hektik anderer Départementstädte. Den hübschen Altstadtkern rund um die mächtige Kathedrale umschließt ein von Platanen gesäumter Boulevard. Verwinkelte Gassen mit Kopfsteinpflaster und herausgeputzten alten Häusern laden zum Bummeln ein.

Rund um das Grab des christlichen Märtyrers St-Privat entwickelte sich Mende im frühen Mittelalter, begünstigt durch seine Lage als Schnittpunkt zwischen Languedoc und Auvergne, zu einem blühenden Handwerks- und Handelszentrum, wobei Wollhandel und -verarbeitung bis ins 19. Jh. die Grundlage für den Wohlstand der Stadt bildeten. Nachdem Mende zum Bischofssitz erhoben worden war, veranlasste 1369 Papst Urban V., ein Sohn der Region, als Symbol der bischöflichen Macht den Bau einer Kathedrale. Die Protestanten, angeführt von Mathieu Merle, eroberten am Weihnachtsabend 1579 das katholische Mende und beschädigten während ihrer zweijährigen Besatzung die Kathedrale und die ganze Stadt erheblich.

Notre-Dame-et-St-Privat
Die Kathedrale reckt sich hoch über das Rund der schiefergedeckten Häuser. Markant sind ihre ungleichen, erst 1512 fertiggestellten Türme. Zu ihren kostbarsten Ausstattungsstücken gehören eine aus Ebenholz gefertigte Schwarze Madonna (11. Jh.) sowie acht Wandteppiche aus Aubusson (1706). An die *Non-Pareille*, die seinerzeit größte Glocke der Christenheit, erinnert nur der unter der Orgel aufgehängte gewaltige Klöppel. Die Protestanten ließen die ›Unvergleichbare‹ zu Kanonenkugeln einschmelzen.

Altstadt
Den weiträumigen Platz vor dem Westportal der Kathedrale beherrscht die **Statue von Papst Urban V.** Von hier aus führt der vorbildlich ausgeschilderte *Circuit du Patrimoine* (Faltblatt im Office de Tourisme) in eineinhalb Stunden durch die Altstadt, vorbei an stattlichen Fachwerkhäusern und Palais aus Gotik und Renaissance mit kunstvoll ausgearbeiteten Portalen.

Die ehemalige **Synagoge** in der Rue Notre-Dame sowie der **Couvent des Carmes** in der Rue de l'Ange, beide aus dem 13. Jh., zählen zu den ältesten Gebäuden der Stadt. Von der mittelalterlichen Stadtbefestigung, die heute der Ringboulevard nachzeichnet, blieb einzig die **Tour des Pénitents** erhalten. Nördlich der Altstadt trotzt der steinerne **Pont Notre-Dame** seit 1229 allen Hochwassern des Lot.

Mont Mimat ▶ L 3

Abrupt steigen am nördlichen Stadtrand die Felswände des Causse de Mende auf. Vom Aussichtspunkt auf dem Mont Mimat reicht der Blick weit über die Stadt und das Tal des Lot. Er ist per Auto, aber ebenso ab der Place du Foirail zu Fuß erreichen (ca. 2 Std. hin und zurück).

Vallon du Villaret ▶ L 3

Bagnols-les-Bains, Tel. 04 66 47 63 76, www.levillaret.fr, Ostern–Mitte Sept. tgl. 10–18.45 Uhr, Mitte Sept.–Okt. Sa/So 11–18 Uhr, letzter Einlass 16.30 bzw. 16 Uhr, 9–11 €
Knapp 20 km westlich von Mende lädt der von Künstlern gestaltete Erlebnispfad Kinder und Erwachsene zu einem abwechslungsreichen Waldspaziergang ein, bei dem alle Sinne geschärft

werden. Mindestens drei Stunden Zeit einplanen. Achtung, es gibt unwiderstehliche Wasserspiele!

Übernachten

Familiäre Gastlichkeit – **France:** 9, Bd. Lucien-Arnault, Tel. 04 66 65 00 04, www.hoteldefrance-mende.com, DZ 70–93 €, Menü um 30 €. 150 Jahre alte Poststation am Ringboulevard, 27 komfortable Zimmer. Sehr gepflegtes Restaurant, vorbildliche Weinkarte (Sa mittags, Mo mittags geschl.). Mit Garage.

Essen & Trinken

Ein wenig Zen – **La Safranière:** Chabrits, ca. 5 km westl. an der D 42, Tel. 04 66 49 31 54, So abends, Mo geschl., Menü 25–46 €, Reservierung empfohlen. Nach Lehr- und Wanderjahren eröffnete Sébastien Navetch das kleine erlesene Restaurant im elterlichen Bauernhof, der zuvor gekonnt restauriert worden war. Die harmonische Verbindung von Tradition und Moderne findet sich auch in den Menüs wieder, die zudem eine fernöstliche Note aufweisen.

Einkaufen

Käse – **Au Sourire de la Cremière:** 30, rue du Soubeyran. Gutes Sortiment an Bauernkäse wie Pélardon, Tomme, Salers oder Laguiole.

Regionale Produkte – **Artisans et terroirs:** 4, rue de l'Ange. Im Couvent des Carmes kann man bei Handwerkern, Künstlern und Bauern des Lozère einkaufen.

Wochenmarkt – Mi und Sa auf der Place Chaptal neben der Kathedrale.

Infos

Office de Tourisme: Pl. du Foirail, 48000 Mende, Tel. 04 66 94 00 23, www.ot-mende.fr.

Mont Lozère ▶ L–N 4

Die kahlen runden Granitkuppen des Mont Lozère gipfeln beim **Sommet de Finiels** auf 1699 m Höhe. Erodiertes Gestein übersät die mageren Weiden und Heideflächen, zu denen heute nur noch wenige tausend Schafe auf den *drailles,* den Herdenwegen, im Sommer emporklettern. Im Juni überzieht der Ginster den Berg mit goldgelben Blüten und schwerem Duft. Kiefern, Tannen und Buchen wurden an den Südhängen des Sommet de Finiels wieder aufgeforstet.

Der Mont Lozère ist noch heute berüchtigt wegen der Wetterwechsel mit plötzlichem Nebel, Schnee und eisigen Winden. In früheren Zeiten wies das Geläut der *clocher de tourmente* Reisenden den Weg bei Sturm und schlechter Sicht. Solche Glockentürme sieht man vor allem im Nordwesten des Massivs, in **La Fage, Les Sagnes, Serviès** und **Oulte.**

Durch die raue einsame Höhenlandschaft führen zahlreiche Wanderwege, die oftmals den alten *drailles* folgen. Auf dem **GR 68** kann man den Berg in sechs Tagen umrunden (110 km). Nur ein paar Stunden dauert der Weg vom Col de Finiels zur **Quelle des Tarn.** Wintersportler finden bei Chalet du Mont Lozère Pisten für Alpinski sowie Loipen für Langlauf.

Régordane ▶ N 3/4

Am Osthang des Mont Lozère verläuft die Régordane (D 906), ein mittelalter-

Lozère und Cevennen

licher Handelsweg, der den Warenaustausch zwischen den Mittelmeerhäfen und dem Norden Frankreichs förderte. Auch Pilger zogen von Le Puy in der Auvergne über diese Strecke zum Wallfahrtsort St-Gilles in der Camargue. Burgen und Festungsdörfer entlang des Weges boten Kaufleuten und Pilgern Schutz vor Räuberbanden.

In **La Garde-Guérin** am Rand der wilden **Gorges de Chassezac** scheint die Zeit seitdem stillgestanden zu haben. Kein Souvenirshop stört das mittelalterliche Ensemble mit Bergfried und wuchtigen, großquadrigen Granithäusern, das in der Hochsaison Touristen vom nahen Villefort anzieht.

Beidseits der D 906 reihen sich die Bürgerhäuser von **Villefort,** das sich durch den Stausee am Altier zu einer beliebten Sommerfrische entwickelt hat. Auch der Weiler **Genolhac** weiter südlich ist ein typisches Straßendorf der Régordane. Doch erfreulicherweise wird der Verkehr heute am historischen Zentrum vorbeigeleitet.

Übernachten, Essen

Mittelalter-Romantik – **La Régordane:** La Garde-Guérin, 48800 Prevenchères, Tel. 04 66 46 82 88, www.regordane.com, DZ 57–68 €, Menü 20–49 €. Herrenhaus aus dem 16. Jh. mit strenger Steinfassade. 15 stilechte Zimmer, Salon mit Kamin und altem Mobiliar sowie ein lauschiger Innenhof. Empfehlenswertes Restaurant.

Le Pont-de-Montvert ▶ M 4

Am südlichen Abhang des Mont Lozère zwängt sich der geschichtsträchtige Ort (300 Einw.) ins enge Tal des Tarn. Verwitterte Granithäuser und eine alte Steinbrücke mit Uhrturm gruppieren sich zu einem pittoresken Bild. An diesem idyllischen Fleck nahm 1702 der blutige Kamisardenkrieg seinen Anfang, nachdem der mit inquisitorischer Brutalität auftretende Abbé du Chayla von revoltierenden Protestanten gelyncht worden war (s. auch Entdeckungstour S. 276).

Maison du Mont-Lozère
Tel. 04 66 45 80 73, www.festival-nature.net, April–Sept. 10.30–12.30, 14.30–18.30 Uhr, 3,50 €
Das Museum informiert in Ausstellungen über die Architektur, das Handwerk, die Landwirtschaft und die Natur am Mont Lozère. Darüber hinaus machen diverse Außenstellen, z. B. das **Mas Camargues** (8 km nordöstl) oder die **Ferme de Troubat** (8 km nördl.), Umwelt und Leben im Lozère-Massiv unmittelbar erfahrbar. Im Museum gibt es umfangreiches Infomaterial.

Magische Eindrücke auf der Cham de Bondons

Cham des Bondons ▶ L 4

Nicht nur landschaftlich reizvoll ist der Abstecher über die D 35 zur Westflanke des Mont Lozère. Beim Weiler **Rûnes**, der ganz in Granit erbaut ist, verleitet ein Wasserfall zu einer kurzen Wanderung (hin und zurück 1 Std.).

Weiter nördlich, auf der **Chams de Bondons** *(chams* = kleine Causse), errichteten frühe Bewohner der Region vor mehr als 4000 Jahren etwa 150 Menhire, drei Dolmen und 30 Grabhügel – eine der größten Stätten der Megalithkultur in Europa. Auf einer zweistündigen Wanderung kann man den rätselhaften Ort erkunden. Einen magischen Reiz üben auch die zwei zylindrischen Hügelkuppen *(puéchs)* aus, die das Plateau dominieren. Nach Volkes Glaube sind sie dadurch entstanden, dass hier der Riesenvater Gargantua seine Stiefel ausgeschüttet hat (5 km ab Kreuzung D 35/Route des Combes, gelbe Markierung).

Übernachten, Essen

Dorfgasthof – **La Truite enchantée:** Tel. 04 66 45 80 03, DZ 30 €, Menü 16–28 €. Acht einfache Zimmer (Etagen-WC) und reichhaltige Hausmannskost, z. B. Forelle mit Sauerampfer.

Aktiv & Kreativ

Wanderungen mit Esel – **Gentiâne:** Castagnols, 48220 Vialas (D 998, 20 km östl. von Le Pont-de-Montvert), Tel. 04 66 41 04 16, http://anegenti.free.fr. Christian Brochier vermietet Esel für eine Reise auf den Spuren von Stevenson (s. auch S. 264).

Florac ▶ L 5

Das Städtchen (ca. 2000 Einw.) am Fuß des Causse Méjean sowie am Zusammenfluss von Tarn, Tarnon und Mi-

Lozère und Cevennen

Mein Tipp

Mit dem Esel durch die Cevennen
Getrieben von Liebeskummer unternahm der junge Schotte Robert Louis **Stevenson** 1878 eine Reise durch das seinerzeit unbekannte und unwirtliche Hinterland Frankreichs. In Begleitung der störrischen Eselin Modestine wanderte er in zwölf Tagen von Le Puy in der Auvergne bis ins 220 km entfernte St-Jean-du-Gard. Den Spuren des Romanciers, der durch »Die Schatzinsel« berühmt wurde, folgt heute der Fernwanderweg GR 70. Genaue Reisehinweise gibt die Broschüre der Stevenson-Gesellschaft in Le Pont-de-Monvert (Tel. 04 66 45 86 31, www.chemin-stevenson.org). Den Reisebericht Stevensons gibt es in der Maison de la Presse in Florac auch auf Deutsch.

mente ist ein idealer Ausgangspunkt für die Erkundung des Mont Lozère, der Tarn-Schlucht und der Cevennen. Mitten durch die Altstadt von Florac plätschert das Wasser der **Source du Pêcher,** die im Park hinter dem **Château** entspringt. In dem stattlichen, von zwei Rundtürmen flankierten Gebäude (17. Jh.) residiert die Verwaltung des Cevennen-Nationalparks. Unter Platanen an der **Esplanade** und auf der sonnigen **Place Dides** laden Cafés und Restaurants zur Rast ein.

Übernachten, Essen

Familiensache – **La Lozerette:** 48400 Cocurès (D 998 nordöstl. von Florac), Tel. 04 66 45 06 04, www.lalozerette.com, DZ 58–86 €, Restaurant Di/Mi mittags geschl., Menü mittags 25 €, *menu carte* 32–49 €. Das Haus wird in dritter Generation von Pierrette Agulhon geführt. Als Sommelière achtet sie auf den perfekten Einklang von Essen und Wein. Auf dem Teller raffiniert verfeinerte Gerichte des Lozère, im Keller über 300 Referenzen aus dem Midi. Die 21 Zimmer kommen modern und zugleich ländlich anheimelnd daher.
Verblichene Grandezza – **Grand Hôtel du Parc:** 47, av. Jean Monestier, Tel. 04 66 45 03 05, www.grandhotelduparc.fr, DZ 50–64 €. Pompöses Hotel, sehr ruhig in einem Park mit alten Baumriesen und Pool. 60, teils etwas altmodische Zimmer. Empfehlenswertes Restaurant (Menü 26–34 €).

Essen & Trinken

Mit romantischer Terrasse am Bachlauf – **La Source du Pêcher:** 1, rue de Remuret, Tel. 04 66 45 03 01, Mi geschl. außer Juli/Aug., Menü 35 €. Zum Menü schickt Didier Commandré viele kleine Aufmerksamkeiten aus der Küche. Der Service von Pascal Paulet ist diskret und perfekt. Man muss allerdings etwas Geduld mitbringen.

Einkaufen

Märkte – **Wochenmarkt:** Pl. de la Mairie, Do vormittags. **Bauernmarkt:** Mai–Sept. So vormittags.
Regionale Spezialitäten – **Maison du Pays Cévenol:** 3, rue du Pêcher, www.payscevenol.com. Allerlei Leckereien aus den Cevennen.

Aktiv & Kreativ

Outdoor – **Cévennes Evasion:** 5, pl. Boyer, Tel. 04 66 45 18 31, www.

Gorges du Tarn

cevennes-evasion.com. Geführte Wanderungen, Canyoning, Klettern, *spéléo* sowie Montainbike- und Kanu-Verleih. *Wandern* – Florac ist Startpunkt zahlreicher Wanderwege. Infos hält das Office de Tourisme bereit.

Infos

Office de Tourisme: Av. Jean Monestier, 48400 Florac, Tel. 04 66 45 01 14, www.mescevennes.com.
La Maison du Parc: Im Château, Tel. 04 66 49 53 01, www.cevennes-parcnational.fr (s. auch S. 52).

Gorges du Tarn! ▶ K 5

Der Tarn, der am Mont Lozère entspringt, hat eine tiefe Furche in den Kalkgrund zwischen Causse de Sauveterre und Causse Méjean gegraben. Am schmalen Ufersaum kauern unter den 500 m steil aufragenden Felswänden Burgen und kleine Dörfer. Vor wenigen Jahren noch dem Verfall preisgegeben, wurden viele Häuser inzwischen zu schmucken Ferienwohnsitzen restauriert. Seit Beginn des 20. Jh. folgt eine schmale, teils in die Felswand gesprengte Straße den Mäandern des Flusses. Turbulent geht es in der Hochsaison auf den gut 50 km zwischen Ispagnac und Le Rozier sowohl auf der Straße als auch auf dem Wasser zu.

Am Eingang der Gorges du Tarn liegen im weiten Flusstal zwischen Obstwiesen und Weinfeldern **Ispagnac** mit seiner sehenswerten romanischen Kirche sowie der alte Wallfahrtsort **Quezac,** zu dem eine gotische Brücke mit fünf eleganten Bögen führt.

Doch schon bald danach verengt sich das Tal. Tief unten am linken Ufer schmiegen sich unterhalb einer Burgruine die Häuser von **Castelbouc** an eine Felswand. Während seine Nachbarn auf Kreuzzug im Heiligen Land unterwegs waren, sah sich der Burgherr gezwungen, die daheim gebliebenen Frauen zu trösten. Als er in den Armen einer Schönen sein Leben aushauchte, soll ein riesiger Ziegenbock *(bouc)* über seiner Burg erschienen sein. So hieß sie fortan Castelbouc.

Vorbei am mittelalterlichen **Château de Prades** (13. Jh.) erreicht die Straße mit **Ste-Enimie** den Hauptort der Tarnschlucht. Schmale, von hübschen alten Häusern gesäumte Gassen erklimmen den steilen Hang hinauf zum Kloster, das der Legende zufolge im 6. Jh. von der hl. Enimie gegründet wurde. Das Wasser der hier entspringenden Burle soll die merowingische Prinzessin von der Lepra geheilt haben. Von Ste-Enimie schrauben sich in zahlreichen Spitzkehren enge Sträßchen hinauf auf den Causse de Sauveterre und den Causse Méjean.

Ab Ste-Enemie beginnt der romantischste Abschnitt des Canyons. Eine Steinbrücke gibt Zufahrt zu dem Bilderbuchdorf **St-Chély-du-Tarn,** hinter dem ein riesiger Felskessel aufragt. Das märchenhaft anmutende **Château de la Caze** (15. Jh.) auf der rechten Tarnseite beherbergt ein Hotel-Restaurant der Luxusklasse. Die kleine Ansiedlung **Haute-Rive** am linken Flussufer kann nur per Kahn oder zu Fuß über einen Eselsweg erreicht werden.

Das Burgdorf **La Malène** dient seit alters her als Bindeglied zwischen Causse Sauveterre und Causse Méjean. Der Herrensitz der Familie von Montesquiou (15. Jh.), die einst die wichtige Passage kontrollierte, beherbergt heute ein gediegenes Hotel. Halsbrecherisch mutet die Fahrt vom Flussufer zum Causse Méjean und dem Aussichtspunkt am **Roc des Hourtous** an.

Ab La Malène manövrieren die *bateliers* ihre flachen Passagierbarken

265

Als Ferienwohnsitz hergerichtet – Castelbouc in den Gorges du Tarn

durch die verwegensten Flussmeter, vorbei am Felsdurchbruch **Les Détroits** bis zu den zinnoberroten Wänden des **Cirque des Baumes**. Am **Pas de Soucy** verschwindet der Tarn auf einigen Metern unter riesigen Felsblöcken.

In **Les Vignes** empfiehlt sich ein Abstecher zum **Point Sublime,** der einen wirklich ›erhabenen‹ Blick auf den Canyon freigibt. Das Ende der Schlucht ist beim lebhaften Doppelstädtchen **Le Rozier/Peyreleau** erreicht, wo die Jonte in den Tarn mündet. Hier öffnet sich das Tarn-Tal, das bis nach Millau immer weitläufiger wird.

Kanufahrt auf dem Tarn

Bootsverleih Ostern bis Allerheiligen, u. a. La Canophile, Ste-Enimie, Tel. 04 66 48 57 60, www.canoe-tarn.com;

Gorges du Tarn

Canoë 2000, Tel. 04 66 48 51 28, La Malène, www.canoe2000.fr

Die Schönheit der Tarn-Schlucht erlebt man am besten vom Wasser aus. Insgesamt 36 Flusskilometer laden zwischen Montbrun und Le Rozier zu Touren von zwei Stunden bis zu zwei Tagen ein. Die am meisten befahrene Strecke liegt zwischen Ste-Enimie und La Malène. Unpassierbar ist der Tarn zwischen dem Pas de Soucy und Les Vignes. Von dort bis nach Rozier sind einige schwierigere Stromschnellen zu meistern. Im Frühjahr führt der Fluss zwar genügend Wasser, doch es ist noch kalt, falls die nicht sinkbaren Kanus doch einmal kentern sollten. Im Sommer ist die Schlucht meist überlaufen. Daher empfiehlt sich insbesondere der Frühherbst für eine Paddeltour. Bei Hochwasser, das nach starken Regenfällen sehr plötzlich auftritt, wird der Kanuverleih eingestellt.

Übernachten, Essen

Hochherrschaftlich – **Château de la Caze:** Rte. des Gorges du Tarn, 48210 La Malène, Tel. 04 66 48 51 01, www.chateaudelacaze.com, sieben DZ 112–158, acht Suiten ab 220 €, Menü 39–82 €. Hier ist perfekt: das historische Gebäude mit nobler Ausstattung, die einmalige Lage am Tarn, der Park mit Pool, das exquisite Restaurant in einem herrlichen Saal.

Bei den Rittersleut – **Le Manoir de Montesquiou:** 48210 La Malène, Tel. 04 66 48 51 12, www.manoir-montesquiou.com, DZ 74–144 €. Menü ab 25 €. Romantische Zimmer mit Himmelbetten, einige im Turm. Klassische Küche. Am Mittag kann man auf der lauschigen Terrasse unter dramatisch aufragenden Felswänden einen Imbiss einnehmen.

Familiäre Atmosphäre – **La Maison de Marius:** 8, rue du Pontet, 48320 Quézac, Tel. 04 66 44 25 05, www.maisondemarius.info, DZ 50–100 € inkl. Frühstück. Fünf verspielt eingerichtete, sehr unterschiedliche Gästezimmer in einem einladenden Bruchsteinhaus am Ende der engen Dorfstraße (ausgeschildert). Am abendlichen Gästetisch speist man Hausmannskost mit Produkten aus dem eigenen Garten (Menü 25 €, nur auf Reservierung).

Lozère und Cevennen

Aktiv & Kreativ

Kahnfahrt – **Les Bateliers des Gorges du Tarn:** La Malène, Tel. 04 66 48 51 10, www.gorgesdutarn.com, max. 6 Pers./Boot, 19,50 €/Pers. Die einstündige Flusstour von La Malène zum Cirque des Baumes eröffnet einmalige Naturimpressionen. Rückfahrt im Minibus.

Infos

Office de Tourisme
48210 Ste-Enimie, Tel. 04 66 48 53 44, www.gorgesdutarn.net.

Termine
Marché nocturne: Juli/Aug. Am Donnerstagabend sorgt ein Kunsthandwerker- und Bauernmarkt für lebhafte Stimmung in Ste-Enimie. Manchmal wird auch Lifemusik geboten.

Causses de Sauveterre ▶ J/K 4/5

Der von den Flüssen Lot und Tarn begrenzte Causse de Sauveterre ist der nördlichste und wasserreichste der vier Grands Causses, sodass hier in nennenswertem Maße Ackerbau betrieben werden kann. Seinen hügeligen südwestlichen Teil entlang der D 998 bedecken nach Aufforstungen wieder Nadel- und Eichenwälder, die der Erosion Einhalt gebieten sollen. Typisch für die traditionelle Architektur des Kalkplateaus ist das namensgebende Dörfchen **Sauveterre**.

Utopix ▶ K 4

Bei La Périgouse (südl. von Sauveterrre), Tel. 04 66 48 59 07, www.utopix.lozere.org, tgl. 9–20 Uhr, 6 €
Fernab der realen Welt hat Jo Pillet auf der Causses de Sauveterre sein Reich der Utopien erschaffen. Besonders Kinder lieben die skurrilen Skulpturen, die frei in der Landschaft stehen, und surrealistischen Bilder.

Übernachten, Essen

Urtümlich – **Les Fleurines:** Almières, 48500 St-Rome-de-Dolan (ab Les Vignes D 995 und D 46), Tel. 04 66 48 81 01, www.lesfleurines.fr, DZ 32 €, Schlafsaal 12 €/Person. Mit sehr viel Liebe zum Detail haben Nathalie Chaytan und Bernard Camborde das uralte Gehöft oberhalb den Gorges du Tarn, unweit des Pont Sublime, restauriert und acht Gästezimmer sowie einen Schlafsaal unter dem steinernen Dachgewölbe eingerichtet. Abends lädt der Gästetisch zum gemeinsamen Mahl (17 € inkl. Wein). Küche für Selbstversorger.

Causse Méjean ▶ K/L 5/6

Nahezu baum- und strauchlos überwältigt der Causse Méjean, der zwischen Tarn und Jonte auf über 1000 m ansteigt, durch seine endlose Weite. Die Sommer sind sengend heiß, die Winter eisig, wenn der Wind über die Steppenlandschaft peitscht. Kein Wunder, dass der Méjean extrem dünn besiedelt ist (1,4 Menschen/km^2).

Schafe gibt es hingegen reichlich, und auch den **Przewalski-Pferden** ist das Klima nicht zu hart. Diese vom Aussterben bedrohte mongolische Wildpferdart wird beim Weiler **Hures** gezüchtet und auf die Auswilderung in der asiatischen Steppe vorbereitet (www.takh.org).

Von Wind und Wasser bizarr geformte Felsen setzen markante Akzente im weiten Grasland. Aus der Ferne glaubt man die Ruinen einer Burg oder gar einer ganzen Stadt zu sehen, so beim Felsenmeer von **Nîmes-le-Vieux** am südöstlichen Rand der Causse (ab l'Hom 4,5 km langer, gelb markierter Rundweg).

Die Hauptattraktion der Méjean, der **Aven Armand,** liegt hingegen im Untergrund verborgen (s. Entdeckungstour s. 272).

Essen & Trinken

Kräftige Bauernküche – **Auberge du Chanet:** Nivoliers, Tel. 04 66 45 65 12, www.causses-cevennes.com/auberge duchanet, Menü 20–27 €. Im Fünfseelendorf Nivoliers ist der Gasthof nicht zu verfehlen. Auf der Karte *charcuterie,* Lamm und Schafskäse. Auch vier Gästezimmer (DZ 46 €).

Einkaufen

Käse – **Fromagerie Le Fédou:** Hyelzas (westl. vom Aven Armand), Tel. 04 66 45 66 74. Die Käserei verkauft alle Arten von Schafskäse. Am besten probiert man sie direkt an Ort und Stelle auf dem Picknickplatz mit einem Stück Steinofenbrot von der benachbarten Boulangerie Pacaud.

Meyrueis ▶ K 6

Meyrueis (ca. 1000 Einw.), was ,inmitten von Bächen‹ bedeutet, liegt am Zusammenfluss von Jonte, Brèze und Bétuzon. Und so plätschert ständig Wasser rund um den alten Uhrturm und bei den Caféterrassen unter allen Platanen am Quai Sully. Früher trieb das Wasser die Maschinen der Filzmacher, heute kurbelt es den Tourismus an.

Denn die Bächlein verleihen dem Örtchen am Schnittpunkt von Cevennen und Causses ein einladendes, mediterranes Ambiente.

Die Jonte, die am nahen Mont Aigoual entspringt, hat ab Meyrueis einen tiefen Einschnitt zwischen Causse Méjean und Causse Noir gegraben. Die **Gorges de la Jonte** sind zwar weniger berühmt, mit gut 20 km auch wesentlich kürzer, doch nicht minder beeindruckend wie der berühmte Nachbarcanyon des Tarn. Bei Le Rozier vereinen sich beide Flüsse, um gemeinsam dem Atlantik entgegenzustreben.

Belvédère des Vautours

▶ J 6

Le Truel, www.vautours-lozere.com, tgl. April–Mitte Nov. 10–18 Uhr, April–Juni, Sept.–Nov. letzter Einlass 17 Uhr, 6,50 €

Mit etwas Glück sieht man über der Schlucht der Jonte oder den Causses Gänsegeier majestätisch dahinschweben. In den 1970er-Jahren wurden die hier ursprünglich heimischen Segelkünstler wieder ausgewildert. Der Aussichtspunkt ermöglicht es, teils mittels Videotechnik, die scheuen Aasfresser aus der Nähe zu beobachten. Die Geierkolonie ist inzwischen auf über 500 Tiere angewachsen. So haben die Mitarbeiter der Vogelstation alle Hände voll zu tun, auf den Causses an abgelegenen Futterplätzen Kadaver auszulegen.

Grotte de Dargilan ▶ K 6

D 39, http://grotte-dargilan.com, tgl. Juli/Aug. 10–18.30, April–Sept. 10–17.30, Okt. 10–16.30 Uhr, 8,50 €. Pullover nicht vergessen!

Die Tropfsteinhöhle auf der Causse

Lieblingsort

Ferme Caussenarde d'Autrefois – eine Reise in die Vergangenheit ▶ K 6

Das aus dem 18. Jh. stammende Gehöft in Hyelzas ist ein sehr schönes Beispiel für die typische Architektur auf den Causses. 1946 aufgegeben, wurde der Hof authentisch restauriert und eingerichtet. Bei der Besichtigung der Küche, Stuben und Ställe hat man das Gefühl, die Bewohner müssten jeden Augenblick heimkehren (Causse Mejean westl. vom Aven Armand, http://ferme.caussenarde.free.fr, tgl. Juli/Aug. 10–19 Uhr, April–Juni, Sept./Okt. 10–12, 14–17/18 Uhr, 5,50 €).

Auf Entdeckungstour

Aven Armand – im Urwald der 400 Stalagmiten

»Es ist wie ein Traum aus Tausendundeiner Nacht«, schwärmte einst der erfahrene Höhlenforscher Edouard-Alfred Martel. Noch heute ist der Aven Armand eine der beeindruckendsten Karsthöhlen der Causses.

Reisekarte: ▶ K 6

Dauer: 45–50 Min., im Juli/Aug. Wartezeiten von 20 Min. einplanen.

Ort: Aven Armand, nördl. von Meyrueis (D 986), Tel. 04 66 45 61 31, www.aven-armand.com.

Öffnungszeiten: Führungen tgl. Juli/Aug. 9.30–18, Mitte März–Juni, Sept.–Mitte Nov. 10–12, 13.30–17 Uhr, Eintritt 8,50 €. Abstieg am Seil Juli/Aug. Fr nach Reservierung, ca. 50 €. Temperatur unter Tage 10–12 °C.

Unterirische Kathedralen

Bevor es mit der Zahnradbahn geradewegs in den Bauch der Erde geht, stimmt ein Video auf die Unterwelt ein und verkürzt damit während der Hochsaison die Wartezeit. Dennoch verschlägt es jedem Höhlenbesucher zunächst einmal den Atem. Von einem Balkon schaut er in einen ovalen Saal von riesigen Ausmaßen – 120 m lang, 60 m breit und 45 m hoch. Notre-Dame hätte hier leicht Platz, erklärt der Führer, also ein Kirchenschiff in der Größe des Ulmer Münsters beispielsweise.

In Jahrmillionen hat das leicht saure Regenwasser das Karstgestein der Causses wie Schweizer Käse durchlöchert. Es dringt durch zahllose Risse tief in den Fels ein, gräbt natürliche Schächte und Höhlen, die sich vergrößern und zu einem gigantischen Labyrinth verbinden können. Schließlich stoppt eine wasserundurchlässige Schicht den Vorgang.

Im Languedoc-Roussillon sind etwa 15 Höhlen – *avens* oder *grottes* – für den Tourismus erschlossen. Neben dem Aven Armand zählen der Aven d' Orgnac, die Grotte de Dargilan, die Grotte de Demoiselles und die Grotte de Clamouse zu den imposantesten.

Im Reich der Finsternis

Bei der Entdeckung des Aven Armand ist ausnahmsweise kein Hirtenjunge auf der Suche nach einem verirrten Schaf im Spiel. Louis Armand, der seit 1889 den berühmten Höhlenforscher Edouard-Alfred Martel auf seinen Expeditionen im Süden Frankreichs begleitete, bemerkte am 18. September 1897 ein viel versprechendes Loch auf dem Causse Méjean.

Gleich am nächsten Tag bricht er zusammen mit Edouard-Alfred Martel und Armand Viré zur Erkundung des trichterförmigen Schlunds auf. Als erster klettert Armand mit Hilfe von Leitern und Seilen hinab in die Finsternis. Er ist überwältigt von der Vielzahl der Tropfsteinsäulen und vom Ausmaß der Höhle, die nach ihm benannt wurde.

Wer das wohlkalkulierbare Abenteuer sucht, kann wie die frühen Forscher über den natürlichen Schacht in den Aven Armand vordringen. Dabei lassen erfahrene Speläologen die Hobby-Höhlenkundler am Seil 75 m senkrecht in die Tiefe.

Steter Tropfen baut den Stein

Der gewöhnliche Besucher steigt von der Aussichtsplattform über 200 Treppenstufen hinab in den steinernen Urwald, den *forêt vierge.* Im wechselnden Spiel des Lichts sieht man die kuriosen Kalkgebilde aus nächster Nähe. Man schreckt vor Monstern zurück, erkennt Palmen, Truthähne, Medusen, Kohlköpfe oder Orgelpfeifen. Der Fantasie sind keine Grenzen gesetzt.

Die Figuren entstanden in zigtausend Jahren aus den Ablagerungen des Tropfen für Tropfen auf den Boden fallenden Wassers. Im Aven Armand wächst so ein Stalagmit in 100 Jahren durchschnittlich nur um 1 cm in die Höhe. Am Gewölbe der Höhle haben sich hingegen keine bemerkenswerten Stalagtiten gebildet. Denn weil das Sickerwasser des Aven Armand besonders kalkhaltig und schwer ist, haften Wassertropfen nicht lange genug an der Höhlendecke, um solche von oben wachsenden Tropfsteine zu bilden.

Über gesicherte Wege wandert der Besucher durch den Wald aus Stalagmiten. Über 400 erreichen eine Größe von über einem Meter. Den weltweiten Rekord hält der *Grande Stalagmite* mit 30 m Höhe. Am unteren Ende der Höhle fällt der Blick in einen großen Schacht, der nach 87 m von Steinen und Lehm verschlossen ist.

Lozère und Cevennen

Noir oberhalb der Groges de la Jonte zählt zu den größten in Frankreich. Wegen ihres Farbenspiels wird sie als ›rosa Grotte‹ gerühmt. Martel erkundete die Höhle 1888, bereits 1890 wurde sie für Besucher hergerichtet.

Montpellier-le-Vieux ▶ J 6

D 110, www.montpellierlevieux.com, tgl. Juli/Aug. 9–19, März–Juni, Sept.–Mitte Nov. 9.30–17.30 Uhr, 5,45 €, Petit Train 3,50 €

Das Felsenlabyrinth von Montpellier-le-Vieux an der südlichen Abbruchkante des Causse Noir war bis Ende des 19. Jh. von dichtem Wald umgeben und galt bei den Bauern als verwunschener Ort, in dem nachts der Teufel sein Unwesen trieb. Auf verschiedenen Routen kann man das Gelände erwandern oder sich bequem im Bimmelbähnchen kutschieren lassen.

Übernachten, Essen

Verwunschen – **Château d'Ayres:** Meyrueis, Tel. 04 66 45 60 10, www.chateau-d-ayres.com, DZ 96–160 €, Menü 31–47 €. Efeuumrankter Herrensitz in einem weitläufigen Park mit Pool und Tennisplatz am Ortsrand. Hier logierten u. a. de Gaulle und Adenauer. Wertvolle Einrichtung mit Antiquitäten, Gemälden, Flügel und Bibliothek. Zimmer wie bei Dornröschen. Exquisites Restaurant.

Stilvoll – **Le St-Sauveur:** 2, pl. Jean-Séquier, Meyrueis, Tel. 04 66 45 40 42, http://hotelstsauveur.com, DZ 42–53 €, Menü 24–36 €. Die Renovierung hat den Charme und die Eleganz des 18. Jh. respektiert und dem alten Gemäuer neue Frische verliehen. Zehn Zimmer sowie feine, einfallsreiche Küche.

Aktiv & Kreativ

Outdoor – **Fremyc:** Pl. Sully, Meyrueis, Tel. 04 66 45 61 54, www.nature-cevennes.com. Canyoning, Speläologie, Rafting, Klettern, Gleitschirmfliegen, Verleih von Mountainbikes.

Infos

Office de Tourisme: Tour de l'Horloge, 48150 Meyrueis, Tel. 04 66 45 60 33, www.meyrueis-office-tourisme.com.

Mont Aigoual ▶ L 6

Der mit 1565 m höchste Gipfel der Südcevennen ist sehr oft vom Wind umtost, der Regenwolken heranträgt. Durchschnittlich 2200 mm Niederschlag fallen am Aigoual und machen ihn zu einem riesigen Wasserspeicher sowie zum Quellgebiet zahlreicher Flüsse. Hérault, Dourbie, Jonte und Trévezel, um nur die größeren zu nennen, streben von hier zum Atlantik oder Mittelmeer.

Seit 1887 trotzt auf dem Gipfel das festungsähnliche **Observatoire Météo** Wind, Kälte, Regen und Schnee. Es beherbergt das **Musée Météo-France** mit einer sehr interessanten und kostenlosen Ausstellung zur Wetterkunde (www.aigoual.asso.fr, tgl. Juli/Aug. 10–19, Mai/Juni, Sept. 10–13, 14–18 Uhr). Von der Aussichtsterrasse der Wetterstation reicht der Blick bei klarer Sicht bis zu den Alpen und den Pyrenäen, zum Cantal und zum Mittelmeer.

Der Brennholzbedarf der Glasmacher sowie die Weidewirtschaft hatten den Aigoual kahlgeschoren, sodass die Erosion leichtes Spiel hatte. 1875 veranlasste der Forstbeamte Georges Fabre die Aufforstung des Bergs, der heute wieder ein dichtes Buchen- und

Le Vigan

Bei der Transhumance ziehen tausende Schafe über den Mont Aigoual

Nadelholzgewand trägt. Während im Westen, in Richtung Atlantik, die Berghänge sanft abfallen, prägen tiefe Schluchten und zerklüftete Schieferkämme die dem Mittelmeer zugewandte Bergseite. Kurvenreiche, im Winter oft eingeschneite Straßen folgen den Gebirgsbächen talwärts nach Le Vigan und Pont-d'Hérault.

Abîme de Bramabiau
▶ K 6

Camprieu, 90-minütige Führungen tgl. Juli/Aug. 9.30–18.30, Mitte März–Juni, Sept. 10–18, Okt./Nov. 11–17 Uhr. Warme Jacke nicht vergessen!
Von unterirdischen Flussläufen gespeiste Karstquellen sind ein typisches Phänomen in den Cevennen. Auch der **Bonheur,** der am Col de la Sereyrède entspringt, hat sich bei Camprieu auf 700 m Länge ein unterirdisches Bett gesucht. In einer hohen Felskluft stößt er wieder an die Oberfläche. Bei Hochwasser donnert die Kaskade wie das Brüllen *(bramer)* eines Ochsens *(biou).* Auf Stegen dringt man durch die Bergspalte in das Höhlenlabyrinth mit dem unterirdischen Flusslauf vor.

Termine

Transhumance: Um den 15. Juni herum wird in L'Espérou der Weidewechsel der Schafherden gefeiert.

Le Vigan ▶ L 7

Mediterrane Atmosphäre kennzeichnet das kleine Verwaltungs- und Wirtschaftszentrum der Südcevennen (4500 Einw.). Le Vigan liegt zwischen Weinbergen und Olivenhainen im grünen Tal der Arre. An der zentralen **Place du Quai** plätschert unter Lindenbäumen ein hübscher Brunnen. Hier soll Isis, eine der Priesterinnen im Diane-Tempel in Nîmes, einst gebadet haben. In einer alten Seidenspinnerei (18. Jh.) widmet sich das **Musée Cévenol** der Kultur und Geschichte der Cevennen und informiert über alte Handwerkskünste (April–Okt. Mi–Mo 10–12, 14–18 Uhr, Nov.–März nur Mi, 4,50 €).

Lozère und Cevennen

Übernachten, Essen

Historisches Flair – **Château du Rey:** 30570 Pont-d'Hérault, Tel. 04 67 82 40 06, http://chateau-du-rey.com, DZ 75–150 €. Burg aus dem 13. Jh. in einem 2 ha großen Park mit Pool an der Arre, 13 behagliche Zimmer – stilecht, aber mit jeglichem Komfort. Im alten Schafstall empfängt das Spezialitätenrestaurant **L'Abeuradou** (So abends, Mo geschl. außer Juli/Aug., Menü 23–43 €).

Infos

Office de Tourisme: Pl. du Marché, 30120 Le Vigan, Tel. 04 67 81 01 72, www.cevennes-meridionales.com.

Corniche des Cévennes ▶ L/M 6

Schon immer waren die abgelegenen Täler der Cevennen beliebte Zufluchtsorte. In den Religionskriegen boten sie den Protestanten Schutz, im Zweiten Weltkrieg waren sie Schlupfwinkel für die Mitglieder der Resistance. Die Weltabgeschiedenheit und Stille kann man im **Vallée Borgne** und **Vallée Française** nachvollziehen (s. auch S. 53).

Zwischen den beiden Tälern schlängelt sich die berühmte **Corniche des Cévennes** von Florac über mehrere Pässe hinunter nach St-Jean-du-Gard. Auf 53 km bietet die Kammstraße immer wieder neue fantastische Panoramen. Am späten Nachmittag modelliert die schräg stehende Sonne die gezackten Höhenrücken und schroffen Täler besonders eindrucksvoll. Im Kampf gegen die protestantischen Kamisarden ließ Ludwig XIV. Anfang des 18. Jh. die Straße in das unzugängliche Bergland brechen.

Vallée des Camisards ▶ N 6/7

Der **St-Jean-du-Gard** (2700 Einw.) war im Kamisardenkrieg das Zentrum des protestantischen Widerstands. Sehenswert sind die sechsbogige Brücke über den Gardon, der romanische Uhrturm sowie einige repräsentative Bürgerhäuser an der Grand'Rue. In der Nr. 95 logiert das **Musée des Vallées Cévenoles** mit einer gelungenen Ausstellung zur Bedeutung der Kastanie und der Seide für die Bevölkerung der Cevennen (Juli/Aug. tgl. 10–19, April–Juni, Sept./Okt. tgl. 10–12.30, 14–19, Nov.–März Di, Do 9–12, 14–18, So 14–18 Uhr, 4,50 €). Es ist geplant, dass das Museum im **Maison Rouge**, einer ehemaligen Seidenspinnerei, die bis 1965 in Betrieb war, eine neue repräsentative Bleibe finden wird.

Von St-Jean führt das Vallée des Camisards im Tal de Gardon de Mialet hinab nach **Anduze** (3000 Einw.). Das Tor der Cevennen liegt eingeklemmt zwischen Gardon und den Kalkfelsen des Plateau de Peyremale. Als Hochburg des Protestantismus in Frankreich gilt es als das Genf der Cevennen. Vom Uhrturm, einem Überbleibsel der mittelalterlichen Befestigung, führen kleine Gassen zur überdachten Markthalle, zum pagodenförmigen Brunnen mit farbigen Ziegeln sowie zum protestantischen Tempel. Landesweit bekannt sind die großen gelb oder auch grün glasierten Tonvasen aus Anduze.

Bambouseraie de Prafrance ▶ N 7

Tel. 04 66 61 70 47, www.bambouseraie.fr, März–Mitte Nov. tgl. 9.30 Uhr bis Sonnenuntergang, 7,50 €
Der 1855 angelegte Park, in dem auf

Vallée des Camisards

20 ha etwa 200 Bambusarten und andere exotische Hölzer gedeihen, entführt den Besucher nach Asien. Kinder dürfen im Bambuslabyrinth toben. In der Gärtnerei kann man Bambussprösslinge für daheim erwerben.

Grotte de Trabuc ▶ N 6

Oberhalb von Mialet, Tel. 04 66 85 03 28, www.grottes-de-France.com, einstündige Führungen tgl. Juli/Aug. 10.15–18.30, April–Juni, Sept. 10.30, 11.30, stdl. 14.30–17.30., März, Okt. stdl. 14.30–17.30 Uhr, Febr., Nov nur So nachmittags, 8 €. Pullover nicht vergessen!

Die Höhle diente sowohl den Kamisarden als auch Räuberbanden als Versteck. Ihren Namen soll sie der typischen Pistole der Räuber *(trabuc)* verdanken. Auf dem 1200 m langen unterirdischen Spaziergang entdeckt man die **100 000 Soldaten,** eine Ansammlung dicht an dicht stehender, nur wenige Zentimeter hoher Tropfsteine. Der **Mitternachtssee** bezaubert mit grünlich schimmerndem Wasser.

Übernachten, Essen

Kühle Eleganz – **Le Moulin de Corbès:** 30140 Corbès, 4 km nördl. von Anduze (D 907/D 284), Tel. 04 66 61 61 83, www.moulin-corbes.com, DZ 70–80 €, So abends/Mo geschl. außer Juli/Aug., Menü 36–90 €. Feinschmeckerherberge in herrlicher Natur. Auf den Tisch kommen nur lokale Produkte. Für die Restaurantgäste stehen fünf betont schlichte Zimmer bereit.
Charmant – **Le Mas de Prades:** 30140 Thoiras, 10 km nördl. von Anduze (D 907/D 57 Rtg. Lasalle), Tel. 04 66 85 09 00, www.masdeprades.com, DZ 75–95 € inkl. Frühstück. Uriges Cevennenge-

Mein Tipp

Train à vapeur ▶ N 6/7
Gemütlich, aber mit viel Getöse verkehrt der TVC von April bis Oktober zwischen Anduze und St-Jean-duGard. 40 Minuten benötigt die alte Cevennen-Dampfbahn für die 13 km lange Strecke. Unterwegs kann man die Fahrt für einen Besuch des Bambusgartens von Prafrance unterbrechen. Auch bietet es sich an, bergauf mit dem Zug zu fahren und mit dem Fahrrad durch das Vallée des Camisards nach Anduze zurückzuradeln (Fahrplan: Tel. 04 66 60 59 01, www.citev.com. Radverleih: Viala, place de la Tour, St-Jean-du-Gard, Tel. 04 66 85 19 77).

höft aus dem 17. Jh. mit fünf gemütlichen Gästezimmern. Vom großen Garten mit Pool hat man eine wunderbare Aussicht auf die Corniche. Sophies Gerichte an der abendlichen Gästetafel duften und schmecken nach dem Midi (Menü 25 €).

Einkaufen

Keramik – **Atelier Boisset:** Rte. de StJean-du-Gard, Anduze. Töpferwerkstatt und Verkauf der typischen grün glasierten Anduze-Keramik.

Infos

Office de Tourisme: Pl. Rabaut-StEtienne, 30270 **St-Jean-du Gard,** Tel. 04 66 85 32 11, http://otsi.st.jeanudgard.free.fr. Plan de Brie, 30140 **Anduze,** Tel. 04 66 61 98 17, www.ot-anduze.fr.

Auf Entdeckungstour

Musée du Désert – Glaubensstärke in den Cevennen

Die Lehre Calvins hatte im Languedoc vor allem auf dem Land zahlreiche Anhänger gefunden. Unter dem absolutistischen Regime Ludwig XIV. verloren die Protestanten ihre Religionsfreiheit und wurden verfolgt. In den Tälern der Cevennen formierte sich der Widerstand der Kamisarden.

Reisekarte: ▶ N 6

Dauer: 1–1.5 Std.

Ort: Musée du Désert, Mas Soubeyran, Mialet, Tel. 04 66 85 02 71, http://museedudesert.com.

Öffnungszeiten: Juli/Aug. tgl. 9.30–19, März–Juni, Sept–Nov. 9.30–12, 14–18 Uhr, 5 €, Faltblatt in Deutsch.

Das Ende der Religionsfreiheit

In einem Seitental des Gardon de Mialet liegt weltabgeschieden das Mas Soubeyran. Die Hofanlage aus grauem Schiefergestein mit ihren ineinander verschachtelten Gebäuden ist typisch für die Cevennen. Hier war Pierre Laporte zu Hause, der unter dem Namen Roland die Kamisarden gegen die königlichen Truppen führte. Die Hintergründe ihres Aufstands dokumentiert das Musée du Désert sehr anschaulich in mehreren Räumen des Mas.

Knapp 90 Jahr lang hatten die Protestanten in Frankreich ihren Glauben mehr oder weniger frei ausüben können. Der absolutistische Monarch Ludwig XIV. jedoch duldete neben dem katholischen Glauben keine zweite Religion in seinem Sonnenreich. Als er deshalb 1685 mit dem Edikt von Nantes die Glaubensfreiheit aufhob, setzte ein massiver Exodus der protestantischen Bevölkerung in die Schweiz sowie nach Holland und Preußen ein.

Beten in der Wüste

Die Reformierten in den Cevennen aber waren vor allem Handwerker und Bauern und an die Scholle gebunden. Ihnen blieb nichts anderes übrig, als zu konvertieren oder ihren Glauben in aller Heimlichkeit auszuüben. Und es begann die Zeit des *désert* – eine Zeit der Entbehrungen und der Prüfungen. Das Wort *désert* (Wüste) bedeutet hierbei so viel wie versteckt und abgeschieden von der Welt.

Denn in abgelegenen Tälern unter freiem Himmel oder in Höhlen trafen sich die verfolgten Protestanten zum gemeinsamen Gebet. Die von ihnen verwendeten sakralen Utensilien, wie z. B. Gebetbücher und Kelche, mussten versteckt oder getarnt werden. Bereits der Besitz und die Lektüre der Bibel waren strafbar. Eine sehr umfangreiche Sammlung schöner Psalmbücher ist im Mas Soubeyran ebenso zu sehen wie ein als Weinfass gestalteter Predigtstuhl. Die beklemmende Atmosphäre jener Tage lässt eine anhand von Wachsfiguren nachgestellte Bibelstunde im Kreise der Familie spürbar werden.

Trotz aller Vorsichtsmaßnahmen flogen die heimlichen Versammlungen immer wieder auf. Die Gläubigen erhielten drakonische Strafen, zum Teil wurden sie zur Arbeit auf Galeeren verdammt. Im Museum erinnert hieran die Salle des Galériens.

Revolte im Hemd

Zur Ausrottung des falschen Glaubens schickte Ludwig XIV. 30 000 Soldaten in die Cevennen. Durch Bespitzelung, Verhaftungen und Bestrafungen fühlte sich die Bevölkerung zunehmend terrorisiert. Unter Roland und Cavalier formierte sich der Widerstand der Protestanten. Als junge Aufständische am 24. Juli 1702 den verhassten Abbé in Le Pont-de-Montvert ermordeten, brachen die Kämpfe schließlich offen aus.

2500 bis 3000 aufständische Bauern und Handwerker führten einen aussichtslosen Kampf gegen die königlichen Truppen. Im Gegensatz zu den Soldaten trugen sie nur ein einfaches Hemd (okzit. *camiso*) und wurden daher als Kamisarden bezeichnet. Als der Aufstand 1704 zusammenbrach, hatte sich die Lage der Protestanten keineswegs verbessert. Erst 1787, zwei Jahre vor Ausbruch der Französischen Revolution, erließ Ludwig XVI. erneut ein Toleranzedikt.

Alljährlich am ersten Sonntag im September treffen sich am Mas Soubeyran mehrere tausend Protestanten aus aller Welt, um im gemeinsamen Gebet ihrer verfolgten Vorfahren zu gedenken.

Sprachführer

Allgemeines

Guten Morgen/Tag	bonjour
Guten Abend	bonsoir
Gute Nacht	bonne nuit
Auf Wiedersehen	au revoir
Entschuldigung	pardon
Hallo/Grüß dich	salut
bitte	de rien/ s'il vous plaît
danke	merci
ja/nein	oui/non
Einverstanden	d'accord
Bis später	à plus tard
Wie bitte?	Pardon?
Wann?	Quand?

Unterwegs

Haltestelle	l'arrêt
Bus	le bus/le car
Auto	la voiture
Ausfahrt/-gang	la sortie
Tankstelle	la station-service
Benzin	l'essence
rechts	à droite
links	à gauche
geradeaus	tout droit
Auskunft	l'information
Telefon	le téléphone
Postamt	la poste
Bahnhof	la gare
Flughafen	l'aéroport
Stadtplan	le plan de ville
alle Richtungen	toutes les directions
Einbahnstraße	la rue à sens unique
Eingang	l'entrée
geöffnet	ouvert/-e
geschlossen	fermé/-e
Kirche	l'église
Museum	le musée
Strand	la plage
Brücke	le pont
Platz	la place
Hafen	le port
hier	ici
dort	là-bas

Zeit

Stunde	l'heure
Tag	le jour
Woche	la semaine
Monat	le mois
Jahr	l'année
heute	aujourd'hui
gestern	hier
morgen	demain
morgens	le matin
mittags	le midi
nachmittags	l'après-midi
abends	le soir
früh	tôt
spät	tard
vor	avant
nach	après
Montag	lundi
Dienstag	mardi
Mittwoch	mercredi
Donnerstag	jeudi
Freitag	vendredi
Samstag	samedi
Sonntag	dimanche
Feiertag	le jour de fête
Winter	l'hiver
Frühling	le printemps
Sommer	l'été
Herbst	l'automne

Notfall

Hilfe!	Au secours!
Polizei	la police
Arzt	le médecin
Zahnarzt	le dentiste
Apotheke	la pharmacie
Krankenhaus	l'hôpital
Unfall	l'accident
Schmerzen	la douleur
Zahnschmerzen	le mal aux dents
Panne	la panne

Übernachten

Hotel	l'hôtel
Pension	la pension

Doppel-/Einzelzimmer	la chambre double/individuelle	teuer	cher/chère
Doppelbett	le grand lit	billig	bon marché
mit/ohne Bad	avec/sans salle de bains	Größe	la taille
		bezahlen	payer

Zahlen

Toilette	le cabinet	1 un	17 dix-sept
Dusche	la douche	2 deux	18 dix-huit
mit Frühstück	avec petit-déjeuner	3 trois	19 dix-neuf
Halbpension	demi-pension	4 quatre	20 vingt
Gepäck	les bagages	5 cinq	21 vingt et un
Rechnung	l'addition	6 six	30 trente
Preis	le prix	7 sept	40 quarante

Einkaufen

		8 huit	50 cinquante
Geschäft	le magasin	9 neuf	60 soixante
Markt	le marché	10 dix	70 soixante-dix
Kreditkarte	la carte de crédit	11 onze	80 quatre-vingt
Geld	l'argent	12 douze	90 quatre-vingt-dix
Geldautomat	le guichet automatique	13 treize	100 cent
		14 quatorze	150 cent cinquante
Bäckerei	la boulangerie	15 quinze	200 deux cent(s)
Lebensmittel	les aliments	16 seize	1000 mille

Die wichtigsten Sätze

Allgemeines

Sprechen Sie Deutsch/Englisch?	Parlez-vous allemand/anglais?
Ich verstehe nicht.	Je ne comprends pas.
Ich spreche kein Französisch.	Je ne parle pas français.
Ich heiße …	Je m'appelle …
Wie heißt Du/heißen Sie?	Comment t'appelles-tu/vous appelez-vous?
Wie geht's?	Ça va?
Danke, gut.	Merci, bien.
Wie viel Uhr ist es?	Il est quelle heure?

Unterwegs

Wie komme ich zu/nach …?	Comment est-ce que j'arrive à …?
Wo ist bitte …?	Pardon, où est …?
Könnten Sie mir bitte … zeigen?	Pourriez-vous me montrer … ?

Notfall

Können Sie mir bitte helfen?	Pourriez-vous m'aider?
Ich brauche einen Arzt.	J'ai besoin d'un médecin.
Hier tut es weh.	Ça me fait mal ici.

Übernachten

Haben Sie ein freies Zimmer?	Avez-vous une chambre de libre?
Wie viel kostet das Zimmer pro Nacht?	Quel est le prix de la chambre par nuit?
Ich habe ein Zimmer bestellt.	J'ai réservé une chambre.

Einkaufen

Wie viel kostet das?	Ça coûte combien?
Ich brauche …	J'ai besoin de …
Wann öffnet/schließt …?	Quand ouvre/ferme …?

Kulinarisches Lexikon

Zubereitung/Spezialitäten

à la nage de …	in einem Sud von …
à l'huile d'olive	in Olivenöl
au pistou	mit Basilikumpaste
à point	medium gebraten
bien cuit/-e	gut durchgebraten
bourride	Fischstücke in Suppe oder heller Sauce
braisé/-e	geschmort
chaud/-e	heiß
civet de …	Ragout von …
confit de …	Eingelegtes/Eingekochtes von …
cru/-e	roh
emincé de	Geschnetzeltes
en croûte (de sel)	im (Salz-)Mantel
escabèche	saurer Sud
farci/-e	gefüllt
glacé/-e	gefroren, geeist
grillé/-e	gegrillt
nature	in Salzwasser gekocht, ohne Gewürze
petits farcis	verschiedene junge Gemüse mit Füllung
rouille	Knoblauchmayonnaise mit Peperoni und Chili
saignant	blutig/roh
taboulé	nordafrikanischer Salat aus Grieß

Fisch und Meeresfrüchte

anchois	Sardellenfilet
anchoïade	Sardellenpaste
coquillage	Schalentier
daurade	Dorade, Goldbrasse
encornet/calmar	Kalmar
espadon	Schwertfisch
gamba	Garnele
homard	Hummer
huître	Auster
langouste	Languste
langoustine	Langustine
lotte/baudroie	Seeteufel
loup de mer	Seewolf
morue	Stockfisch
moule	Miesmuschel
palourde	Venusmuschel
poulpe	Oktopus/Krake
rascasse	Drachenkopf
rouget	Rotbarbe
saint-pierre	Petersfisch
sardine	Sardine
saumon	Lachs
seiche	Tintenfisch/Sepia
telline	Herzmuschel
thon	Thunfisch

Fleisch

agneau	Lamm
boeuf	Rind
brochette	Spießchen
cabri	Zicklein
carré (d'agneau)	(Lamm-)Rücken
côte de …	Rippenstück vom …
entrecôte	Zwischenrippenstück
escargot	Schnecke
escalope	Schnitzel/Schnitte
gigot (d'agneau)	(Lamm-)Keule
porc	Schwein
veau	Kalb
tripes	Kutteln

Geflügel und Wild

caille	Wachtel
dinde	Pute
foie gras	Stopfleber
gésier	Geflügelmagen
lapin/lapereau	Kaninchen
lièvre	Hase
magret de canard	Entenbrust
pigon	Taube
pintade	Perlhuhn
poule/poulet	Huhn/Hähnchen
sanglier	Wildschwein

Gemüse und Kräuter

ail	Knoblauch
asperge	Spargel
artichaut	Artischocke

avocat	Avocado
basilic	Basilikum
câpres	Kapern
cèpe	Steinpilz
courgette	Zucchini
fenouil	Fenchel
fleur de courgette	Zucchiniblüte
haricots verts	grüne Bohnen
oignon	Zwiebel
poireau	Lauch
poivron	Paprika
thym	Thymian
truffe	Trüffel

Obst

abricot	Aprikose
cerise	Kirsche
figue	Feige
fraise (de forêt)	(Wald-)Erdbeere
framboise	Himbeere
marron	Esskastanie
melon	Honigmelone
pêche	Pfirsich
poire	Birne
pomme	Apfel

Käse

bleu	Blauschimmelkäse
brebis	Schafskäse
chèvre	Ziegenkäse
fromage blanc	Quark, Frischkäse
pélardon	kleiner Ziegenkäse

Nachspeisen und Gebäck

baba au rhum	Gebäck mit Rum
brioche	süßes Hefebrot
crème anglaise	Vanillecreme
crème chantilly	Schlagsahne
crêpe	dünner Pfannkuchen
fouace/fougasse	Hefebrot mit eingebackenen Kräutern und Oliven
fruits confits	kandierte Früchte
gâteau	Kuchen
glace	Eis
île flottante	Dessert aus Eischnee in Vanillecreme
meringue	weiches Baiser
millefeuille	Blätterteigpastete
profiterolles	mit Eis oder Creme gefüllte Windbeutel
tarte aux pommes	Apfeltorte

Getränke

bière (pression)	Bier (frisch gezapft)
café	Kaffee
eau de vie	Schnaps, Obstbrand
eau gazeuse/plate	Mineralwasser mit/ohne Kohlensäure
jus	Saft
lait	Milch
thé	Tee
tisane/infusion	Kräutertee
vin blanc/rouge	Weiß-/Rotwein
vin mousseux	Sekt

Im Restaurant

Ich möchte einen Tisch reservieren.	Je voudrais réserver une table.
Die Speisekarte, bitte.	La carte, s. v. p.
Weinkarte	carte des vins
Die Rechnung, bitte.	L'addition, s.v.p.
Appetithappen	amuse bouche
Vorspeise	hors d'œuvre
Suppe	soupe
Hauptgericht	plat principal
Nachspeise	dessert
Beilagen	garniture
Tagesgericht	plat du jour
Gedeck	couvert
Messer	couteau
Gabel	fourchette
Löffel	cuillère
Glas	verre
Flasche	bouteille
Salz/Pfeffer	sel/poivre
Zucker/Süßstoff	sucre/saccharine
Kellner/Kellnerin	serveur/serveuse

Register

Abbaye de Fontfroide 203, 205
Abbaye de Valmagne 148
Abîme de Bramabiau 275
abrivado 34
Agde 74, 82, 150
Aigues-Mortes 74, 82, 119
Aiguèze 91
Albigenser 70; s. auch Katharer
Alès 36, 96
Alet-les-Bains 198
Ambrussum 65, 66, 67
Amélie-les-Bains 237
Amphoralis 187
Anduze 276
Les Angles 248
Anreise 22
Apotheken 38
Appellation d'Origine Contrôlée 28, 62
Aqualand 39
Aquarium 124, 140, 151, 235
Aragón, Königreich 47, 128, 197, 198, 217, 220
Argelès 32, 227
Arles-sur-Tech 34, 237
Arques 71
Ärztliche Versorgung 38
Aspres 238
Aubrac 257
Aumont-Aubrac 258
Austernzucht 146, 148, 215
Aven Armand 269, 272
Aven d'Orgnac 94
Axat 198

Baden 30, 95, 123, 140, 144, 155, 163, 178
Bages 214
Bagnols-sur-Cèze 58, 95
Bagnols-les-Bains 260
Balaruc-les-Bains 148
Bambouseraie de Prafrance 276
bandido 34, 115
Banyuls-sur-Mer 33, 64, 235
Le Barcarès 55
Barjac 92
Beaucaire 66, 104
Bédarieux 178
Belvédère des Vautours 269
Benjamin, Walter 229
Bevölkerung 45

Béziers 36, 47, 60, 66, 69, 80, 166, 185
Bisons d'Europe 259
Bolquère-Eyne 247
Bootsausflug 121, 145, 146, 152, 173, 187, 210, 228, 268
Bouzigues 147, 148
Bram 70, 73
Brassens, Georges 143
Brousses-et-Villaret 183
Buron de Born 257

Cabanes-de-Fleury 172
Camargue 31, 34, 115, 124
Cambous 46
Camping 26
Camprieu 275
Canal de la Robine 30, 32, 187, 206, 214
Canal du Midi 30, 32, 45, 48, 49, 82, 141, 170, 172, 173, 175, 181, 184, 187, 191, 206
Canal du Rhône-à-Sète 30, 32, 105, 117
Canet 30, 33, 55, 224
Canigou, Pic du 241, 243, 244
La Canourgue 257
Canyoning 31, 198, 228, 243, 265, 274
Cap Leucate 215
Capcir 248
Le Cap-d'Agde 33, 55, 151
Capestang 187
Carcassonne 49, 59, 70, 73, 74, 190
Carnon 55, 56, 137
Le Caroux 178
Casals, Pablo 243
Castelbouc 265
Castelnaudary 195
Castelnou 239
Castillon-du-Gard 101
Caune de l'Arago 217
Caunes-Minervois 181
Causse du Larzac 73, 159
Causse Méjean 50, 52, 268
Causse Noir 274
Causse-de-la-Selle 155
Causses 52, 53
Causses de Sauveterre 268
Celles 177
Centre de Scamandre 118

Centre Int. de Documentation Occitane 80
Cerbère 229
Cerdagne 247, 248
Céret 36, 37, 236
Cevennen 31, 50, 52, 252, 264; s. auch Parc National des Cévennes
Cèze, Vallée de la 95
Chalabre 197
Cham des Bondons 263
chambres d'hôte 26
Chartreuse de Valbonne 95
Château de la Baume 257
Château de la Caze 265
Château de Peyrepertuse 73, 200
Château de Puilaurens 73, 198
Château de Puivert 197
Château de Quéribus 47, 71, 73, 201
Château de Valmy 227
Châteauneuf-de-Randon 259
Chemin des Verriers 158
circulade 73
Cirque de Mourèze 176
Cirque de Navacelles 159
Cirque de Vissec 159
Cité de la Vigne et du Vin 211
La Clape 63, 210
Clermont-l'Hérault 176
Coeur, Jacques 129, 132
Col de Bonnecombe 259
Col de Finiels 52, 261
Col du Cabaretou 180
Collioure 34, 63, 75, 76, 230
Colombières-sur-Orb 178
Concluses d'Aiguillon 96
Conflent 243, 247
Corbières 63, 72, 190, 200
Corniche des Cévennes 276
Cornillon 95
Côte Vermeille 30, 74, 228
course camarguaise 34, 106, 109, 114, 116, 124
Les Coussoules 215
La Couvertoirade 73
Cucugnan 201

Dalí, Salvador 220
Départements 44, 45, 48
Derain, André 76, 230

Register

Diplomatische Vertretungen 38
DiRosa, Hervé und Buddy 141, 142, 143
Domaine de Falgos 238
Dorres 249
Drachenfliegen 249
Duilhac-sous-Peyrepertuse 200
Dünen 54, 123

Ecluses de Fonséranes 170
Einreisebestimmungen 22
Elektrizität 38
Elne 226
Espéraza 198
L'Espérou 275
Essen und Trinken 27
Etang de Bages 214
Etang de Leucate 215
Etang de Mateille 32, 211
Etang de Montady 175
Etang de Thau 32, 147, 148
Etangs 54
Eus 243

Fauvismus 76, 230
Feiertage 38
félibrige 80
Feria 34, 97, 109, 113, 176, 237
ferme-auberge 26
Ferme Caussenarde d'Autrefois 53, 270
ferrade 34
Feste 34
Fête de l'Ours 36, 238
Fête du cochon 180
Fête de la St-Pierre 34, 125, 145, 214
Fête de la St-Louis 82
FKK 38, 151
Florac 263
Florensac 150
Fontpédrouse 245
Font-Romeu 247, 248
Foster, Sir Norman 49, 109, 256
Four Solaire 248, 249
La Franqui 215
Frêche, Georges 45, 129
Fremdenverkehrsämter 17

Ganges 159
La Garde-Guérin 262

Garrigue 52, 90
Gästezimmer 26
Geld 38
Genolhac 262
Geografie und Natur 44
Geschichte und Kultur 44, 46
Gévaudan 256
Gignac 154
Gleitschirmfliegen 159, 200, 254, 256, 274
Golf 30, 125, 226, 238
Golfe de Lion 54
Gorges d'Héric 178
Gorges de Chassezac 262
Gorges de Galamus 200
Gorges de l'Ardèche 31, 91
Gorges de l'Hérault 155
Gorges de la Carança 245
Gorges de la Fou 238
Gorges de la Jonte 52, 269
Gorges de St-Georges 198
Gorges du Tarn 31, 52, 265
Goudargues 95
Gouffre de l'Oeil Doux 211
Gouffre Géant de Cabrespine 182
Granatschmuck 225
La Grande-Motte 30, 33, 45, 49, 55, 56, 125
Grandes Canalettes 245
Le Grau-d'Agde 150
Le Grau-du-Roi 55, 124
Griechen 46, 150
Grotte Chauvet 91
Grotte de Clamouse 155
Grotte de Dargilan 269
Grotte de Trabuc 277
Grotte des Demoiselles 158
Gruissan 30, 32, 33, 55, 73, 211

Hausboote 30, 185, 196
Haut-Languedoc 180
Héliodyssée 249
Hérault 31, 150, 154, 155
Héric 178
Hochsaison 19
Hochwasser 18
Homps 186, 187
Hures 268
Hyelzas 270

Ille-sur-Têt 239
Innozenz III., Papst 47, 70

Inquisition 71
Internetadressen 16
Ispagnac 265

Jakobsweg 33, 156, 258
Jaur 178
joutes nautiques 37, 81, 125, 145
Jugendherbergen 26
Junas 117

Kamisarden 48, 262, 276, 277, 279
Kanu/Kajak 31, 91, 102, 156, 159, 177, 179 236, 265, 266
Karneval 34, 37, 196
Karten und Pläne 39
Käse 28, 269
Kastanie 53
Katalonien 78, 220, 226, 244
Katharer 44, 47, 69, 73, 166, 181, 201, 204
Kelten 46, 65, 106, 166
Kinder 39
Kitesurfen 32, 150, 216
Klettern 31, 177, 274
Klima 18
Kreuzzug 47, 69, 72, 82, 79, 190, 198
Kubismus 237

Lac des Bouillouses 247, 250
Lac du Salagou 176
Lagrasse 204
Lamalou-les-Bains 178
langue d'oc 78
Lastours 183
Latour-de-Carol 247
Lattes 65, 67
Lesetipps 17, 70
Leucate 215
Lieu d'Art contemporain 215
Limoux 34, 64, 196
Lirac 63, 104
Llívia 249
Llo 249
Lodève 160
Lot 260
Loupian 65, 67, 148
Lozère 254

285

Register

Ludwig IX. (der Heilige), frz. König 119, 191, 200
Ludwig XIV., frz. König 75, 248, 276
Lunel 64, 65
Lussan 96

Madières 159
Magnanerie de la Roque 53
Maguelone 30, 74, 137
Maillol, Aristide 235
Maison du Mont Lozère 53, 262
La Malène 265
Malkurse 94
Mallorca, Königreich 47, 128, 220, 224, 230
Margeride 259
Markt/Markthalle 29, 145,154, 168, 210, 225, 228, 261, 264
Marseillan 56, 64, 148
Martel, Edouard-Alfred 50, 158, 272, 274
Marvejols 74, 256
Mas Camargues 53, 262
Mas Soubeyran 279
Matisse, Henri 76, 230
Maury 64
Medien 39
Mende 260
Meyrueis 269
Mèze 33, 148
Mialet 278
midi 10
Millau 254
Minerve 70, 71, 181
Minervois 63, 181
Mistral, Frédéric 80, 90
Molière 152
Mondial du Vent 216
Mons-la-Trivalle 178
Mont Aigoual 50, 53, 269, 274
Mont Lozère 50, 52, 261, 262
Mont St-Clair 143
Montagne Noire 72, 181, 186
Montclus 95
Montfort, Simon de 47, 70, 181, 190, 197
Mont-Louis 49, 75, 248
Montolieu 183
Montpellier 128

Montpellier-le-Vieux 274
Montpeyroux 63, 154
Monts de l'Espinouse 178
Monts de Liausson 176
Montségur 71
Mosset 244
Moulin de la Foux 162
Musée du Désert 278
Musée-Parc des Dinosaures 149

Narbonne 46, 65, 66, 206
Narbonne-Plage 32, 211
Nasbinals 258
Navacelles 159, 162
Nîmes 34, 65, 67, 101, 106, 107, 115
Nîmes-le-Vieux 269
Notruf 39
Nouvel, Jean 109, 129, 220

Octon 177
Odeillo 249
Öffnungszeiten 39
Okzitanien 78, 176
Olargue 178
Ölmühle 116, 118, 176, 177
Oppidum d'Ensérune 65, 174
Orb 31, 166, 178
Orgues 239
Ouvrages du Libron 151

Palavas-les-Flots 55, 137
Paraza 185
Parc Animalier 248
Parc des Loups du Gévaudan 257
parc éolien 59
Parc National des Cévennes 49, 50, 264
Parc Naturel Régional du Haut-Languedoc 180
pavillon bleu 56
Pegairolles-de-Buèges 155
Perpignan 34, 47, 74, 75, 84, 220
Petite Camargue 115, 118
Peyrac-de-Mer 214
Pézenas 152
Pic St-Loup 63, 158
Picasso, Pablo 236
pieds noirs 45, 49, 129
Pilgerwege 33, 262
Pinet 150

Pointe de l'Espiguette 30, 123
Pomérols 150
Pont du Diable 155
Pont du Gard 49, 66, 101
Le Pont-de-Montvert 262
Pont-St-Esprit 90
Port-Barcarès 32, 33, 55, 215
Portbou 229
Port-Camargue 33, 55, 124
Portel-des-Corbières 214
Port-Gruissan 55
Portiragnes-Plage 172
Port-la-Nouvelle 59, 214
Port-Leucate 55, 215
Port-Vendres 234
Prades 243
Prats-de-Mollo 36, 238
Protestanten 119, 276, 279
provincia gallia narbonensis 44, 46, 66, 206
Przewalski-Pferde 268
Puyvalador 248
Pyrenäen 75, 218
Pyrenäenfrieden 48, 73, 75, 79, 200, 217, 220

Quercorb 197
Quezac 265
Quillian 198

Radfahren 32, 116, 141, 176, 178, 180, 184, 249, 265, 274, 277
Rafting 31, 198, 243, 249, 274
Rauchen 39
Reblausplage 48, 60
Reconquista 78
Régordane 33, 261
Reisekosten 40
Reisezeit 18
Reiten 32, 119, 125, 150, 159, 177, 201, 228, 259
Religionskriege 48, 129, 276
Rennes-le-Château 198
Réserve Africaine de Sigean 214
Rhône 54, 90, 103, 104, 119
Riquet, Pierre-Paul 167, 185
Rivesaltes 60
Römer 46, 65, 101, 105, 106, 148, 175, 206, 220

Register

Roquebrun 178
Roquefort-sur-Solzon 28
Roquemaure 104
La Roque-sur-Cèze 95
Roussillon 44, 47, 79, 218
Le Rozier 266, 269
Rugby 37, 173
Rundreisen 20
Rûnes 263

Salin de l'Ile St-Martin 212
Salins du Midi 120
Sallèles-Cabardes 59
Salses, Forteresse de 47, 74, 217
La Salvetat-sur-Agout 180
La Sanch 34, 84, 223, 231, 238
sardane 37, 79, 227, 236, 237
Sauveterre 268
Schafzucht 52, 261
Segeln 150, 148, 177, 214, 216
Seidenraupenzucht 53
Sentier cathare 73
Sentier sous-marin 152, 236
Sérignan-Plage 172
Serrabonne, Prieuré de 240
Sète 30, 48, 56, 81, 141
Seuil de Naurouze 186
Sicherheit 40
Sigean 214
Le Somail 185, 187
Sommières 113
Souvenirs 40
Spartipps 40
Speläologie 32, 92, 182, 265, 273, 274
Sprachkurse 94
Staat und Politik 45
St-Alban-sur-Limagnole 259
St-Antoine-de-Galamus 200
station kid 39, 226
St-Chély-du-Tarn 265
St-Cyprien 55, 226
Ste-Enimie 265
Ste-Marie-Plage 56, 224
Les Stes-Maries-de-la-Mer 118
Stevenson, Robert Louis 263, 264
St-Gilles 117
St-Guilhem-le-Désert 49, 155
St-Hippolyte-du-Fort 53

St-Jean-de-Buèges 155
St-Jean-de-Fos 154
St-Jean-du-Gard 276
St-Laurent-d'Aigouze 115, 121
St-Laurent-de-Cerdans 237
St-Martin-d'Ardèche 91
St-Martin-de-Londres 158
St-Martin-du-Canigou 240
St-Michel-de-Cuxa 240
St-Michel-du-Canigou 240
St-Pierre-sur-Mer 34, 211
St-Pons-de-Mauchiens 73
St-Pons-de-Thomières 180
St-Quentin-la-Poterie 97
Strände 30, 54, 124, 125, 151, 137, 172, 224
Strandsegeln 216
Surfen 32, 150, 148, 177, 214, 216

tambourin 37
Tarassac 178
Tarn 254, 256, 261, 265, 269
Tauchen 152, 236
Tautavel 46, 217
Tavel 63, 104
Tech 236, 237
Telefonieren 41
Terra Vinea 214
Terrasses du Larzac 154
Têt 244
Thalassotherapie 33
Thuir 64, 238
Töpferei 97, 154, 277
Toreille-Plage 56, 224
Total Festum 79
Tour Madeloc 74, 229
Train à vapeur 277
Train jaune 245, 246
Transhumance 36, 259, 275
Trèbes 187
Trenet, Charles 209
Trinkgeld 41
Trödelmärkte 94, 153
Tunel de Malpas 187

Übernachten 24
Umgangsformen 41
UNESCO-Welterbe 49, 52, 74, 75, 101, 156, 185, 245, 248
Utopix 268
Uzès 97

Vacances à l'Ecole 94
Valcebollère 249
Valéry, Paul 143
Vallée Borgne 276
Vallée des Camisards 276
Vallée Française 53, 276
Vallespir 237
Vallon du Villaret 260
Vallon-Pont-Arc 91
Valras 55, 172
Vauban 49, 75, 217, 230, 238, 244, 248
Verkehrsmittel 23
Verkehrsvorschriften 23
Vernet-les-Bains 244
Vézénobres 97
via domitia 46, 65, 148, 166, 175
via podiensis 33, 258
via tolosana 33
Viaduc de Millau 49, 254, 256
Le Vigan 275
Les Vignes 266
Villefort 262
Villefranche-de-Conflent 49, 75, 244
Villeneuve-lès-Avignon 74, 103
Villeneuvette 176
Villerouge-Termenès 71, 201
Villevieille 116
voie verte 32, 116, 180

Wandern 33, 92, 94, 156, 158, 162, 176,178, 205, 211, 228, 243, 244, 248, 249, 250, 258, 259, 261, 263, 264, 265
Wassersport 150, 176, 180, 214, 216, 248
Wein 45, 60, 62, 64, 104, 105, 121, 139, 149, 150, 158, 166, 173, 181, 186, 194, 201, 206, 211, 214, 230, 231, 235
Wellness 33, 148, 245, 249, 259
Westgoten 46, 72, 190
Windkraft 58
Wintersport 33, 248, 258, 259
Wirtschaft und Tourismus 45

287

Impressum

Abbildungsnachweis
akg-images, Berlin: S. 77 (Lessing)
Aven Armand, Meyrueis/Frankreich:
S. 272
Marianne Bongartz, Köln: S. 10, 12 o.
re.,12 u. beide, 13 o. re, 13 u. beide
19, 25, 28, 30/31, 36, 64, 74/75, 81,
82/83, 88 re., 89 li., 98, 114,
122/123, 133, 138, 141, 160/161,
162, 170/171, 177, 189 li., 199,
232/233, 234/235, 246, 250/251, 252
re., 266/267, 270/271, 278
Corbis: S. 7 (Tomlinson/Harding World
Imagery)
F1 online, Frankfurt: S. 78 (Grandadam/AGE)
Getty Images, München: S. 11 (Travelpix Ltd); S. 108 (Bradley); S. 146
(hemis.fr/ Felix); S. 252 li., 275
(hemis.fr/Jean du Boisberranger)
Björn Göttlicher, Barcelona: S. 12 o.
li., 14/15, 88 li., 106/107, 126 li., 127
li., 130/131, 157, 167, 182, 202/203,
206/207, 218 li., 219 li., 221, 224,
231, 240, 242, 253 li., 255
laif; Köln: S. 50/51, Titelbild (Krinitz);
S. 58 (Langrock/Zenit); S. 60/61
(REA); S. 65 (Steinhilber);
Umschlagklappe vorn (Siemers);
S. 72, 117, 120/121, 228/229, 258
(Hemispheres); S. 93 (Jaeger);
S. 188 li., 212, 216 (hemis.fr/
Guiziou); S. 218 re., 239 (hemis);
S. 262/263 (Hoa-Qui)
Look, München: S. 85, 188 re., 191,
197 (age fotostock); S. 102 (Johaentges)
Mauritius Images, Mittenwald:
S. 56/57 (Fuste Raga)
Camille Moirenc, Aix-en-Provence:
S. 54, 62, 86/87, 164 li., 184,
192/193, Umschlagrückseite
Picture-Alliance, Frankfurt: S. 42/43
(Okapia/Wanecek); S. 68 (akg-images/ British Library);
S. 142/143 (MAXPPP/Bartoli);
S.126 re., 154 (Munday Photographic) S. 126 li., 165 li.,174 (Bildagentur Huber/Simeone); S.164 re.,
179 (united-archives/mcphoto)

Kartografie
DuMont Reisekartografie,
Fürstenfeldbruck
© DuMont Reiseverlag, Ostfildern

Umschlagfotos
Titelbild: Chemin du Fauvisme, ein Pfad in Collioure, auf dem Touristen durch
goldglänzende Bilderrahmen die historischen Malerstandpunkte und Perspektiven nachempfinden können
Umschlagklappe vorn: Stadtviertel Polygone in Montpellier

Hinweis: Autorin und Verlag haben alle Informationen mit größtmöglicher Sorgfalt geprüft. Gleichwohl sind Fehler nicht vollständig auszuschließen. Alle Angaben erfolgen ohne Gewähr. Bitte, schreiben Sie uns! Über Ihre Rückmeldung
zum Buch und über Verbesserungsvorschläge freuen sich Autorin und Verlag:
DuMont Reiseverlag, Postfach 3151, 73751 Ostfildern, info@dumontreise.de,
www.dumontreise.de

1. Auflage 2009
© DuMont Reiseverlag, Ostfildern
Alle Rechte vorbehalten
Grafisches Konzept: Groschwitz, Hamburg
Printed in Hungary